▶ 孙道银　纪雪洪　吴文祥　陶晓波　熊　捷　等 / 著

面向产品创新的 供应链协同

MIANXIANG CHANPIN CHUANGXIN DE
GONGYINGLIAN XIETONG

知识产权出版社
全国百佳图书出版单位

图书在版编目（CIP）数据

面向产品创新的供应链协同/孙道银等著. —北京：知识产权出版社，2016.9
ISBN 978 – 7 – 5130 – 4394 – 6

Ⅰ.①面… Ⅱ.①孙… Ⅲ.①产品开发—供应链管理—研究 Ⅳ.①F273.2

中国版本图书馆 CIP 数据核字（2016）第 196116 号

内容提要

本书从供应链管理、创新管理、知识管理、社会化媒体和供应链契约设计等视角，阐述供应链协同创新问题，主要包括供应链协同机制、供应链协同知识整合、用户参与产品创新、供应商参与产品创新以及供应链机制设计等内容。本书构建了供应链协同创新理论体系及多个理论模型，还提供了具体的供应链协同创新管理策略，融入了大量生动形象的实践案例。本书不但适合那些关注供应链管理、产品创新领域的学者、学生阅读，同时也适合从事供应链管理和创新管理的实业界人士阅读。

责任编辑：江宜玲　　　　　　　　　　责任校对：潘凤越

封面设计：张　冀　　　　　　　　　　责任出版：刘译文

面向产品创新的供应链协同

孙道银　纪雪洪　吴文祥　陶晓波　熊　捷　等◎著

出版发行：知识产权出版社有限责任公司	网　址：http：//www.ipph.cn
社　　址：北京市海淀区西外太平庄 55 号	邮　编：100081
责编电话：010 – 82000860 转 8339	责编邮箱：jiangyiling@cnipr.com
发行电话：010 – 82000860 转 8101/8102	发行传真：010 – 82000893/82005070/82000270
印　　刷：北京中献拓方科技发展有限公司	经　销：各大网上书店、新华书店及相关专业书店
开　　本：720mm × 1000mm　1/16	印　张：13.75
版　　次：2016 年 9 月第 1 版	印　次：2016 年 11 月第 2 次印刷
字　　数：232 千字	定　价：48.00 元

ISBN 978 – 7 – 5130 – 4394 – 6

前　言

　　如今是一个创新的时代，也是一个"打群架"的时代。前者指的是作为企业，如果缺乏创新意识和创新能力，就难以在竞争激烈的市场中持续生存，更不要说获得丰厚利润了。后者指的是企业参与市场竞争再也不能单打独斗，企业必须打造或构建联盟，以联合舰队的形式参与市场竞争，主要体现为生态系统、合作联盟、供应链等。本书同时关注这两者，在创新方面主要关注产品创新问题，在"打群架"方面则聚焦于供应链，从创新及合作中的核心切入，构建了一套利用供应链协同方法促进产品创新的理论体系及实践框架。

　　我和纪雪洪博士有过多年的合作研究经历，纪雪洪博士长期研究供应链管理领域，而我对创新管理和知识管理有较多的关注。我们逐渐发现学术界和实践界虽然都有对供应链上下游环节参与产品创新活动的关注，但对利用供应链协同手段促进产品创新的问题仍然缺乏系统的研究。基于这一点，我们萌生了合作开展供应链协同创新研究的想法，并形成了初步的研究思路。可以说，我们关注的这一课题，是一个交叉综合学科，以一个人的力量很难形成体系性观点，因而后来邀请专注于利用数学模型解决管理问题的吴文祥博士参与，主要发挥他在供应链协调机制设计及优化方面的专长，同时邀请了营销管理领域的陶晓波博士参与，从而使本书增加了社会化商务活动中用户参与产品创新及用户促进新产品扩散的内容。

　　应该说，本书是团队研究成果的系统梳理，也是多个领域知识整合的成果。第一章系统回顾了供应链协同理论，是本书的理论背景及理论基础，由孙道银、吴文祥撰写。第二章从整体视角阐述了创新导向在供应链中的传导机制，并以新能源汽车企业为例，介绍了供应链协同创新策略，由纪雪洪撰写。第三章把供应链协同创新与知识管理结合起来，分析了供应链协同创新中的知识整合策略问题，由张圣媛、孙道银撰写。第四章到第七章聚焦于用户参与产品创新：第四章主要说明产品创新活动中用户激励及用户参与问题，由王海平、孙道银撰写；第五章描述了社会化商务这一特殊情境下的顾客参与产品创新问题，分析了社会化商务中用户参与产品创新的运作原理，并给出了操作步骤，由陶晓波撰写；第六章利用案例研究手段，对比分析了知名企业利用微博吸纳用户参与产品创新的异同，对比了线上用户参与与线下用户参与的异同，并归纳了利用微博吸纳用户参与产品创新的策略，由熊捷、孙道银撰写；第七章则论述了产品创新之后的产品扩散问题，尤其说明了社会媒体中创新扩散的独有属性，由陶晓波撰写。第八章主要分析产品创新过程中的供应商整合及供应商参与，并融入了丰田公司案例。第九章构建了创新导向下物流能力构成要素及指标体系，由施莹和吴文祥撰写。第十章构建了创新型产品的供应链契约协调机制，并计算得到最优方案，由朱雅欣、吴文祥撰写。

当然，尽管我们在设计写作提纲时就考虑到理论的整体性和知识的系统性，但由于本书由多人合作完成，各部分章节之间的衔接仍然存在一定问题。在创新点、主要结论、管理策略等方面，虽然都是作者案例研究、基于问卷调查的实证研究以及模型优化的结果，但考虑到属于较新的领域，一些观点不免要考虑其适用的情境性，甚至有些还有待商榷，因而也特别期待各位专家的指点及交流。

本书最后能够成稿并付梓印刷，要感谢北方工业大学重点研究计划项目基金的支持，感谢在访谈和调研过程中给予我们大力支持的企业界朋友，还要感谢知识产权出版社，尤其是江宜玲女士在本书出版过程中提供的帮助。

孙道银

2015 年 6 月

目　　录

第一章　供应链协同创新理论 ································· （1）

　第一节　供应链类型及匹配理论 ························· （2）

　　一、费舍尔的产品和供应链类型匹配理论 ········· （2）

　　二、精益供应链与敏捷供应链理论 ················· （4）

　　三、实践界提出的创新型供应链理论 ············· （5）

　第二节　供应商参与和客户参与产品创新理论 ······· （6）

　　一、供应商参与产品创新 ·························· （7）

　　二、客户参与产品创新 ···························· （8）

　第三节　关注成本和反应的供应链物流集成优化理论 ··· （9）

　　一、成本导向的供应链物流集成与优化 ············ （9）

　　二、客户导向的供应链物流系统集成与优化 ········ （10）

　　三、平衡的供应链物流系统集成与优化 ············ （11）

第二章　供应链协同创新的机制及策略 ··············· （13）

　第一节　创新导向在供应链中的传递机制 ············· （13）

　　一、下游企业的创新导向会传递到上游企业 ········ （13）

　　二、降价压力和供应链关系稳定性有调节作用 ······ （14）

　　三、理论模型的实证检验 ·························· （15）

　　四、讨论与管理建议 ······························ （18）

　第二节　新能源汽车企业的供应链协同创新策略 ······· （20）

　　一、三家企业的供应链发展模式 ·················· （20）

二、新能源汽车企业协同创新活动的效果分析 …………… (22)

第三节 供应链的整合外包决策 ……………………………… (23)

一、菲亚特汽车公司整合外包的发展过程 ………………… (23)

二、结构性知识和整合外包决策 …………………………… (24)

第三章 供应链协同创新中的知识整合策略 ……………… (25)

第一节 供应链知识整合机制 ……………………………… (25)

一、供应链知识整合的基本概念 …………………………… (25)

二、供应链知识整合机制对知识整合效果的影响 ………… (28)

三、供应链协同创新中知识整合机制的实现 ……………… (32)

第二节 供应链知识分布对知识整合效果的影响 ………… (33)

一、供应链知识分布的概念及维度 ………………………… (34)

二、供应链知识分布对知识整合绩效的影响 ……………… (35)

三、供应链协同创新中的知识分布策略 …………………… (39)

第四章 用户激励、用户参与产品创新及其绩效研究 ……… (41)

第一节 用户激励和用户参与产品创新 …………………… (42)

一、物质激励和用户参与产品创新 ………………………… (42)

二、精神激励和用户参与产品创新 ………………………… (45)

第二节 用户参与产品创新和产品创新绩效 ……………… (47)

一、用户提供信息和产品创新绩效 ………………………… (48)

二、用户共同创新和产品创新绩效 ………………………… (49)

三、用户独立创新和产品创新绩效 ………………………… (50)

第三节 用户参与产品创新中的激励策略 ………………… (51)

一、树立用户参与产品创新的观念 ………………………… (51)

二、选择恰当的激励方式 …………………………………… (52)

三、创造用户参与产品创新的条件 ………………………… (54)

第五章 社会化商务中顾客参与的产品创新 ……………… (56)

第一节 社会化商务简述 …………………………………… (56)

第二节　社会化商务中顾客参与产品创新的运作原理 ……………（58）

　一、顾客参与产品创新的形态 ……………………………（58）

　二、顾客参与产品创新的表现形式 ………………………（59）

　三、顾客参与产品创新的并行条件 ………………………（60）

第三节　社会化商务中顾客参与产品创新的操作建议 ………（61）

　一、理解基础要素 …………………………………………（61）

　二、基于创新阶段的方法把握 ……………………………（71）

　三、参与模式选择 …………………………………………（72）

第六章　利用微博吸纳用户参与产品创新 ……………………（79）

第一节　利用微博平台吸纳用户参与产品创新的案例 ………（80）

　一、小米手机 ………………………………………………（80）

　二、恒达暖宝宝 ……………………………………………（81）

　三、米卡化妆镜 ……………………………………………（83）

　四、乐扣乐扣 ………………………………………………（85）

　五、微软中国 Windows Phone ……………………………（86）

　六、北京地铁 ………………………………………………（89）

　七、诺基亚 …………………………………………………（90）

　八、造字工房 ………………………………………………（91）

　九、Hallmark 贺曼中国 ……………………………………（92）

第二节　案例对比分析 …………………………………………（93）

　一、企业利用微博吸纳用户参与产品创新 ………………（93）

　二、动机及激励设计 ………………………………………（99）

　三、用户参与产品创新的激励策略 ………………………（100）

第三节　企业吸纳微博用户参与产品创新的策略 ……………（100）

　一、建立良好的创新型氛围 ………………………………（101）

　二、制定完善的激励措施 …………………………………（101）

　三、策划有效的创新活动 …………………………………（102）

　四、保持和参与者的互动 …………………………………（103）

　五、充分利用用户创意 ……………………………………（103）

第七章　基于社会化媒体的创新扩散 ……………………（105）

第一节　社会化媒体简述 …………………………………（105）

第二节　基于社会化媒体进行创新扩散的运作原理 …………（108）

一、交流 …………………………………………………（109）

二、社会化 ………………………………………………（110）

三、地位竞争 ……………………………………………（112）

四、社会规范或规范性影响 ……………………………（113）

第三节　基于社会化媒体进行创新扩散的操作建议 …………（114）

一、理解社会化媒体中的影响者与口碑传播的重要性 …（114）

二、理解基于社会化媒体进行创新扩散的四个阶段 …（119）

三、影响者影响力的测算 ………………………………（120）

四、依托关键影响者的正面口碑进行新产品传播 ……（124）

五、合情合理地应对关键影响者的负面口碑带来的不利影响 …（126）

第八章　供应商整合与供应商参与 …………………………（132）

第一节　整合供应商的力量 ………………………………（132）

一、供应商和制造商合作：丰田的最新实践 …………（132）

二、制造商如何缓解同供应商的矛盾 …………………（133）

三、发挥采购中心的作用 ………………………………（134）

第二节　供应商参与影响企业新产品开发绩效的作用机制 ……（136）

一、供应商参与影响企业新产品开发绩效的理论假设 …（137）

二、结构方程模型与假设检验 …………………………（139）

三、实证结果讨论 ………………………………………（140）

第九章　基于创新型产品的供应链物流能力评价 …………（143）

第一节　创新型产品与物流能力 …………………………（143）

一、创新型产品与供应链 ………………………………（143）

二、物流能力 ……………………………………………（144）

三、物流能力构成要素 …………………………………（145）

　　四、物流能力评价指标体系 ……………………………………（148）

　第二节　创新型产品的供应链物流能力评价指标体系 ………（149）

　　一、创新型产品的特点 …………………………………………（149）

　　二、创新型产品的供应链物流特性 ……………………………（150）

　　三、创新型产品供应链物流能力初始评价指标 ………………（151）

　　四、创新型产品供应链物流能力评价指标体系的确立 ………（152）

　第三节　基于创新型产品的供应链物流能力评价 ……………（164）

　　一、物流能力评价 ………………………………………………（164）

　　二、基于组合赋权的模糊综合评价 ……………………………（167）

　　三、实例应用 ……………………………………………………（169）

第十章　基于创新型产品的供应链契约协调 ………………（175）

　第一节　供应链契约简述 ………………………………………（175）

　第二节　创新型产品供应链契约协调的运作原理 ……………（178）

　第三节　创新型产品供应链契约协调的操作建议 ……………（181）

　　一、创新型产品供应链契约的影响因素 ………………………（181）

　　二、创新型产品供应链契约的设计 ……………………………（183）

　　三、创新型产品供应链契约的有效性验证 ……………………（186）

　　四、考虑回购的创新型产品供应链契约的设计与验证 ………（188）

参考文献 ……………………………………………………………（192）

第一章　供应链协同创新理论

自主创新已被提升到国家战略层次。企业作为自主创新主体，需完成从封闭式创新到开放式创新的转变，充分利用企业外部技术成果及创意知识，通过合作提高产品创新水平和创新效果（Chesbrough，2003）。同时，与上游供应商及下游客户的合作愈来愈重要，企业间的竞争已演变为供应链间的竞争（Christopher，Towill，2001）。供应链内部的有效协调机制将会促进相关企业的总体效率（Pardoe，Stone，2007）。

制造企业能否推出客户需要的产品？新产品是否反映了最新的原材料、零部件的技术进展？新产品面世时间是否及时？产品创新过程是否以低成本进行？这些问题都不再仅仅和制造企业自身相关，而是和供应链的各个环节，包括上游供应商及下游客户，有着密切联系。上游供应商、下游客户参与产品创新过程，供应商的零部件及原材料技术知识、生产工艺知识、相关经验和诀窍，以及客户的偏好、抱怨、建议、创意等，对制造企业产品创新的效果、效率、速度具有重要影响。

如联想集团高层不定期与芯片、操作系统供应商高层会晤，提前获知关键组件的技术路线和发展趋势；中层经理间形成定期交流机制，分享技术方案和关键问题解决策略；基层研发人员间则随时沟通交流，供应商的技术人员甚至直接参与联想集团产品开发过程，提供组件技术知识、经验及诀窍。小米手机则充分利用微博、微信等平台与用户互动，获知用户偏好、抱怨及创意，每周更新手机操作系统等软件，把粉丝反馈纳入新产品设计方案中。联泰制衣在选择面料、辅料供应商时，除了考察供应商的原材料质量和供货能力，还把面料及辅料创新能力作为重要考察因素，以确保掌握最新的面料辅料动向并纳入最新的服装设计方案中。西班牙知名时装公司 Zara 在设计、生产、交付时装产品时，以多品种、小批量、上市快、周期短为特点，从形成时装创意到把成品送到服装店面只需三周，使设计的产品总能紧跟潮流，几乎没有存货滞销。为了保证其极速供应链模式，Zara 公司采取了层次较少的供应商体系和高度一体化的物流供应模式。

因此，协调供应链上下游环节参与产品创新，对产品创新绩效具有重要影响，并已得到创新型制造企业的高度关注。企业如何利用供应链协同管理手段，整合供应链各个环节资源，协调供应链各个环节力量，促进产品创新的效率、效果、速度，满足客户需求变化，提高企业竞争力，就成为创新导向型制造企业面临的重要议题，也有必要成为学术界关注的重要研究主题。

第一节　供应链类型及匹配理论

一、费舍尔的产品和供应链类型匹配理论

费舍尔（Fisher，1997）根据产品需求的不确定性，将一般产品划分为功能性产品（functional products）和创新性产品（innovative products）。功能性产品包括大量的零售店面（如蔬菜店、煤气店）销售的产品，这类产品满足人们的基本需求，需求稳定可预测，生命周期很长。但这种稳定性招致激烈的竞争，利润往往非常微薄。为了避免低利润下的竞争，有些企业会在产品中引入新的款式和新的技术，以向客户提供更高的价值。这一类产品被称为创新性产品，如智能手机、新能源汽车、计算机、时装等。功能性产品与创新性产品在需求方面的差异见表1－1。

面对不同的产品类型，企业应选择与产品匹配的供应链：与功能性产品匹配的是效率型供应链（efficient supply chain），与创新性产品匹配的是反应型供应链（responsive supply chain）。

费舍尔（Fisher，1997）对效率型供应链与反应型供应链的特征进行了对比研究，并分别给出了库存管理、供应商选择、产品设计等策略，以应对不同的消费者需求（见表1－2）。

表 1 - 1　功能性产品与创新性产品在需求方面的差异

需　求	功能性产品	创新性产品
产品生命周期	两年以上	三个月至一年
利润率	5% ~20%	20% ~60%
产品种类变动	低（每个大类 10 ~20 个种类）	高（每个大类常有上百万个变种）
生产时的平均预测错误率	10%	40% ~100%
平均缺货率	1% ~2%	10% ~40%
期末被迫降价比率	0	10% ~25%
根据订单制造的提前期	六个月至一年	一天至二周

表 1 - 2　效率型供应链与反应型供应链的特征比较

对比项	效率型流程	反应型流程
主要目的	以最低成本高效供应可预测的需求	对无法预知的需求做出快速反应，以最小化缺货量、被动降价以及过时库存
制造过程中的关注点	维持较高的设备利用率	部署多余的缓冲能力
库存策略	快速周转，减少供应链上的库存	部署零部件或最终产品的缓冲库存
提前期	尽可能缩短提前期	以激进的方式缩短提前期
选择供应商的方法	主要考虑成本和质量	主要考虑速度、灵活性和质量
生产设计策略	最大化性能；最小化成本	推迟策略

　　兰德尔、摩根、莫顿（Randall T.，Morgan R.，Morton，2003）也认同这种分类方式，并认为反应型供应链具有生产周期短、建设成本低、批量小的特点，这样企业可以快速响应市场需求，但是单位成本高。效率型供应链的特点是生产周期长、建设成本高，企业可以以较低的成本生产，但是要牺牲市场反应速度。他们总结了影响效率型供应链与反应型供应链的因素，并通过实证研究得出：反应型供应链与较低的市场增长速度、更高的利润率、更多的产品种类变化，以及更高的需求和技术不确定性相关。

二、精益供应链与敏捷供应链理论

更为流行的观点是把供应链分为精益供应链和敏捷供应链（Christopher, 2000；Christopher, Towill, 2000；Christopher, Towill, 2001；Agarwal, Shankar, 2006）。精益制造最早可以追溯到丰田公司生产系统，其宗旨在于减少及消除浪费。敏捷组织的一个关键特征是柔性（flexibility），"敏捷"一词在商业上本来就是在柔性制造系统中首先使用的。最初，实现制造柔性的途径是通过自动促进快速变化以及由此产生的对产品组合及产品数量要求的快速反应。因此，敏捷策略主要适用于难于预测、产品种类变化大但是每款产品数量较少的产品领域；而精益战略则主要适用于易于预测、种类变化较小而每款产品需求数量较大的产品领域（Christopher, 2000）。

精益供应链是在供应链发展的初级阶段提出的一个重要管理理念。这种管理方式适用于商品种类不多、需求变动不大且可以预测的市场环境（Christopher, Towill, 2001）。随着竞争环境的变化和经济全球化，消费者的需求更加多变，需要有新的供应链管理模式出现。克里斯托弗、托维尔（Christopher, Towill, 2000；2001）指出，当消费者需求多变且有较大预测难度时，宜采用敏捷供应链。"敏捷"是指一个组织迅速应对需求变化的能力，包括产品需求量的变化，也包括产品需求种类的变化（Christopher, Towill, 2000）。在敏捷供应链中，市场制胜因素不再是成本控制能力，而是服务水平，尤其是产品的可获得性，即客户需要某种产品时，能够以最短的时间获得该产品（Christopher, Towill, 2000）。学者们对这两类供应链属性进行了对比（见表1-3）。

克里斯托弗（Christopher, 2000）还指出，虽然存在精益供应链与敏捷供应链的区别，但是有的企业同时具有这两个特点，即采取混合供应链战略（hybrid supply chain strategies）。Zara公司就是一个典型的例子。针对这种情况，学者们又提出了一个新的概念：精益-敏捷供应链（leagile supply chain）（Agarwal, Shankar, Tiwari, 2006；Christopher, 2000；Mason-Jones, Naylor, Towill, 2000）。

表 1-3　精益供应链与敏捷供应链的属性对比

属　　性	精益供应链	敏捷供应链
市场需求	可预测	多变
产品种类变化程度	低	高
产品生命周期	长	短
顾客驱动因素	成本	提前期与可获得性
利润率	低	高
主要成本	物理成本	市场成本
采购策略	购买商品	分配能力
预测机制	计算得出	通过咨询的方式得出
典型产品	一般商品	时兴产品
提前期缩短	必要	必要
消除浪费	必要	最好如此
迅速配置	如此更好	必要
质量	市场资格因素	市场资格因素
成本	市场制胜因素	市场资格因素
提前期	市场资格因素	市场资格因素
服务水平	市场资格因素	市场制胜因素

资料来源：Naylor et al.（1999）；Mason - Jones et al.（2000）.

三、实践界提出的创新型供应链理论

事实上，客户需求变动不仅包括对产品数量需求的变化，还包括对产品种类和品质要求的变化，如对同一类型产品性能要求的提高等。在新型的供应链中，为满足消费者对更高品质的产品以及新产品的需求，要求企业要有能力协同客户进行产品创新，要协调整条供应链来完成产品的创新和设计工作。因此，有必要从供应链战略的角度研究满足客户对新产品以及产品性能的需求类型，以及如何与供应链战略相配合的问题。

而企业管理咨询行业关注了供应链管理的最新进展，如科尔尼（A. T. Kearney）公司根据服务对象的物流特性，把供应链分为三类：效率型供应链（efficient supply chain）、快速反应型供应链（quick response supply chain）和创新型供应链（innovative supply chain）。效率型供应链是以降低成本为目的的供应链；快速反应型供应链是以快速响应客户需求为指导思想的供应链；创新型供应链是指以满足客户不断变化的需求为重点的供应链（张天兵，王晓红，2006）。

效率型供应链等同于费舍尔提出的效率型供应链和克里斯托弗等人（Christopher et al.，2001）提出的精益型供应链，快速反应型供应链基本等同于费舍尔提出的反应型供应链和克里斯托弗（Christopher，2001）等提出的敏捷型供应链。而创新型供应链与以上两类供应链不同，重点在于借助供应链力量和供应链协同手段促进产品创新，满足客户不断变化的需求。产品类型、供应链管理目标、供应链类型之间的关系如表1-4所示。

表1-4 产品类型、供应链管理目标与供应链类型

产品类型	供应链管理目标	对应的供应链类型
功能性	实现低成本、高效率	物理效率型供应链（Fisher，1997）； 精益型供应链（Christopher，Towill，2001）； 效率型供应链（科尔尼公司）
创新性	应对需求变动	市场反应型供应链（Fisher，1997）； 敏捷型供应链（Christopher，Towill，2001）； 快速反应型供应链（科尔尼公司）
	产品创新	创新型供应链（科尔尼公司）

综上所述，学术界已经关注了功能性产品和创新性产品的不同供应链应对策略，但涉及前者时关注的是成本和效率，涉及后者时仅关注如何及时应对需求变动。很少有学者关注如何采用供应链管理方法支持产品创新的问题，目前主要是实业界关注这一问题。

第二节 供应商参与和客户参与产品创新理论

虽然学者从供应链管理视角研究产品创新问题还较少，但已有不少学者开始关注利用供应链合作伙伴促进产品创新的问题，目前主要从供应商参与产品创新、客户参与产品创新两个视角开展研究。

一、供应商参与产品创新

越来越多的证据表明与制造企业关系紧密的供应商对制造企业最重要的贡献是在进行产品生产之前的新产品开发阶段做出的（Clark，1989）。供应链中关系紧密的供应商越来越多地被整合进制造企业的新产品开发中。

莱克（Liker，1996）通过检测日本、美国汽车制造企业在新产品开发中供应商的参与程度，对新产品开发中供应商参与设计流程的特征及支持该流程的商业基础设施特征进行了研究，发现新产品开发中买方与供应商的关系、早期交流的深入程度等因素对新产品开发有重要影响。瓦斯蒂（Wasti，1997）通过研究日本企业新产品设计中的供应商整合问题，探讨了新产品设计中影响供应商整合的因素及在该过程中的供应商整合给企业业绩带来的影响。他的研究表明长期的契约关系、供应商的能力是影响供应商整合的主要因素。彼得森（Petersen，2005）从新产品开发中供应商整合协调机制出发，将详细的供应商评估、技术评估和商业评估作为解决供应商整合中存在的社会化问题的有效协调机制，并论述了其对新产品开发团队绩效及企业绩效的影响。劳森等（Lawson et al.，2009）认为整合供应商的新产品开发中知识共享对企业的创新绩效有正向的影响，知识共享可以通过正式的机制和非正式的机制得以实现，其中非正式的机制通过正式的机制起作用。戈里亚奇克、列克（Klioutch，Leker，2011）发现，与供应商的关系影响供应商参与产品创新的结果，且创新型和非创新型供应商的影响有明显差异。但引入供应商参与产品创新又会产生大量的协调成本，萨尔瓦多、比列纳（Salvador，Villena，2013）发现，制造商的模块化设计能力能够减少与供应商的协调成本，但当产品高端、技术复杂时，这种协调成本减少效应又会弱化。

中国学者李随成、杨婷（2011）研究了供应商早期参与制造企业新产品开发的关键因素，并用实证研究的方法验证了这些因素对供应商早期参与新产品开发的影响路径。马文建、刘伟和李传昭（2011）针对供应商的参与时间和信息交流次数，建立了供应商参与协同产品开发模型，给出了供应商最优参与时间和最优的信息交流次数的计算公式以及供应商参与协同产品开发策略选择的判定条件。

二、客户参与产品创新

瓦戈、勒斯克（Vargo，Lusch，2004）认为价值是由顾客定义、由企业与顾客共同创造、并由顾客在使用价值的基础上确定的，而不是存在于由企业预先确定的产出当中。消费者的需求经常变化，即使在产品开发过程中，消费者的需求也是变化的（Tracey，2004），因此在产品开发中企业必须要了解产品的特征类型和支持该产品的消费者的真正价值。尽早地、直接地并且连续地从消费者处获得信息是新产品开发的关键。将消费者整合到新产品开发团队中有利于了解消费者需求，同时有利于改善产品和流程，从而提升潜在的销售量（Iansita，1997）。罗斯（Roth，1996）认为将消费者整合进新产品开发可以促进生产的灵活性、速度和交付服务的可靠性。考雷欧（Kaulio，1998）指出，客户参与产品创新有为顾客设计、与顾客设计、被顾客设计三种类型。而关系紧密的供应商对企业最重要的贡献是在产品创新阶段做出的（Clark，1989）。

法兰特（Firat，1995）认为消费者正在夺取以前属于生产者的特权地位，争取在生产中发挥更大的作用。他们不再仅仅是处于供应链末端的被动的消费者，而是逐渐将其力量渗透到产品和服务的设计和生产环节，以此来获取个性化的、符合自身需求特点的产品和服务。消费者参与产品开发可划分为：匹配消费者需求的产品开发；消费者对所需产品进行定制；真正意义上的客户参与开发。

希伯尔教授很早以前就提出领导用户（leader user）将更多地参与到创新中来这一观点。领导用户具有两方面的特征：①领导用户对新产品的强烈需求比市场上其他用户早很多，他们的需求具有市场代表性和前瞻性，并且对普通用户有很强的示范效应，因此领导用户的知识对于企业十分重要；②领导用户经常会主动地提出能满足自己需要的解决方案，他们拥有相关的专业知识、创造技能以及强烈的创新意识，经常提前开发新产品或服务。他们对产品的最新需求以及他们所提出的解决方案是企业新产品开发中极度需求的消费者知识，所以基于供应链的新产品开发中要高度重视这种用户的作用，通过吸收领导用户进入新产品开发团队等方式对他们的知识进行有效的整合。

以上研究分别从上游合作、下游合作两个局部视角研究了供应链的协同创新问题，但缺乏从整体角度研究供应链的协同创新问题。

第三节　关注成本和反应的供应链物流集成优化理论

供应链物流系统集成与优化是供应链管理的一项重要内容。选取恰当的设施数目、设施位置，合理确定设施能力、分派服务对象、安排车辆及路径，可以降低整个供应链的物流成本，提高供应链管理的水平，加快对客户需求的响应速度，提高服务质量，增强客户对物流环节的满意度，降低供应链运作成本。集成化供应链管理就是对整个集成化供应链进行管理，即对供应商、制造商、运输商、分销商、客户和最终消费者之间的物流、信息流和资金流进行计划、协调、控制等，使其成为一个无缝的过程，实现集成化供应链的整体目标。

马世华等（2011）研究了影响供应链竞争力的物流能力要素。目前关于物流系统优化和管理策略方面的研究主要有三个视角：成本导向的（Yang-Ja et al.，2002）、客户导向的（Korpela，2001）以及平衡的（Cakravastia et al.，2002）物流系统集成与优化方法。

一、成本导向的供应链物流集成与优化

成本导向的供应链物流集成与优化侧重考虑供应链成员企业间的生产、配送流程的计划和安排；通过合理的整体设计、集成与优化降低供应链总成本、缩短提前期，提高供应链的整体效率。

威廉姆斯（Williams，1981）运用启发式算法规划装配型供应链的生产-配送操作，制定装配型供应链网络总成本（总成本包括平均存储成本和固定成本）最低的生产方式和产品配送计划。威廉姆斯（Williams，1983）采用动态规划的方法确定供应链内部每个节点的生产/配送数量，实现生产周期内最低的平均生产成本。科恩和李（Cohen，Lee，1988）考虑物料管理、产品生产管理、制成品存储管理和配送中心存货管理四个子系统，建立了一个供应链各层所有物料的库存策略模型，每个子模型均以最低成本为目标，通过模型求解，找到四个子模型成本综合最小的订货/库存策略。科恩和李（Cohen，Lee，1989；1990）考虑各类生产成本、运输成本以及生产能力、市场需求和原料提

供能力约束，运用非线性目标函数的混合整数规划研究供应链整体绩效的 PI-LOT 模型，研究表明运输成本对供应链总运作成本作用最明显。

供应链整体设计要涉及多个参数变量，利用混合整数规划求解模型的复杂度和难度大，克洛泽（Klose，2000）采用拉格朗日松弛法求解同时协调战略层与运作层供应链问题设计的混合整数规划模型。达茨、沃特（Dasci，Verter，2001）利用连续函数来表示生产成本和顾客需求，以总体生产和运输成本为目标函数，建立了生产配送系统设计连续函数模型，降低了模型的求解难度，但该模型只适用于单层供应链，在供应链整体设计中需与离散模型结合使用。

江等（Jang et al.，2002）以总生产成本为目标函数，建立了一个供应链的整体设计和生产运输计划问题复合模型，该模型包括供应链优化设计模块和生产、配送计划模块以及模型管理模块和数据管理模块，并提出了一种拉格朗日松弛法和遗传算法相结合的算法。约翰逊等人（Johnson et al.，1999）建立了一套单机的集成供应链管理 GIS 系统模型，为原料、配件和产成品寻找最近的存储地点。

二、客户导向的供应链物流系统集成与优化

客户导向的供应链物流系统集成与优化重点考虑供应链如何更好地应对需求不确定的市场，将与顾客满意度相关的因素作为建模的重要评价指标，以缩短供应链整体响应时间，提高市场灵敏度以及供应链外部柔性和顾客服务水平。

李和比林顿（Lee，Billington，1993）建立了一个随机、周期检查库存政策的供应链物流管理的启发式库存模型，其目标是平衡顾客服务水平和总库存成本，确定给定的库存策略条件下每个供应链成员企业的顾客需求水平。李等（Lee et al.，1993）结合惠普公司（Hewlett－Packard）的例子，建立了一个随机、分散化供应链的物料管理及整体优化模型。该模型的目的是建立一种适合不同细分市场的产品和生产过程，以相对较低的成本提高供应链的顾客需求水平。托维尔、韦基奥（Towill，Vecchio，1994）运用过滤器理论进行了仿真研究，比较不同类型的供应链中过滤器的不同特征，通过仿真分析来确定在满足顾客的需求水平下的最小安全库存水平。沃道里斯（Voudouris，1996）建立

了一个以提高供应链整体系统效率和柔性为目标的确定性模型，系统柔性通过以时间为单位的资源使用率来衡量，该模型的输入变量有资源消耗的数据、物料单信息和生产数据，输出变量有产品生产、运输和配送排程、每类产品的目标存储水平。

科佩尔、莱赫穆斯瓦拉（Korpela, Lehmusvara, 1999）以顾客需求水平为导向建立了一个供应链仓库网络评价和设计模型，该模型利用层次分析法（analytic hierarchy process），对顾客对供应链物流的详细服务需求进行了分析，得到了评价指标体系，并利用混合整数线性规划法建立了敏捷导向的供应链仓库网络设计模型。科佩尔（Korpela, 2001）进一步提出了以顾客需求水平为导向，利用层次分析法，在供应链成员企业的生产能力约束下建立了混合整数线性规划供应链整体设计模型。萨布里、比蒙（Sabri, Beamon, 2000）建立了一个柔性供应链模型，通过在系统中构建产能来获得柔性，使用产量柔性来松弛产能，通过改变计划的发货日期获得发货柔性，并用提前期宽限来测度。费舍尔、拉曼（Fisher, Raman, 1996）提出了一个有 Bayesian 需求预测更新的两期随机动态规划模型来分析短生命周期产品制造商的快速响应系统。通过将模型应用在一个叫 Obermeyer 的滑雪服装公司，他们发现快速响应系统能使 Obermeyer 以较低的库存水平获得较高的服务水平。格纳尼等（Gurnani, Tang, 1999）分析了类似的快速响应系统。

三、平衡的供应链物流系统集成与优化

综合考虑成本（精益化）和响应（敏捷化）因素，综合控制供应链整体收益、柔性等绩效指标，是一种多目标供应链整体设计模型。

李和奥伯里恩（Li, O'Brien, 1999）建立了一个供应链效率集成决策运作和战略两层模型，该模型以提高供应链整体的效率和效益为中心，提出了利润、提前期、配送敏捷程度和生产降耗能力四项评价标准。战略层模型主要是考察与供应链整体阶段相关的标准，确定能够完成顾客服务水平的目标，并对供应链整体进行优化；运作层模型主要是针对战略层模型给出的目标确定成员企业的生产和配送计划。

佩雷亚、格罗斯曼（Perea, Grossmann, 2000）等采用系统动力学和控制理论方法建立了一个供应链整体设计模型，协调供应链内部的物流和信息流，

通过分析比较了不同的启发式库存控制策略和原始需求信息策略对供应链的总运作成本、库存水平和顾客满意程度的影响。

凯科拉瓦斯蒂亚等人（Cakravastia et al.，2002）采用混合整数规划法，以在供应商提供能力的约束下使顾客的不满意程度（包括产品或者服务的价格和配送提前期）达到最低为目标，建立了一个包括运作层和供应链层的供应链设计的两阶段模型。模型运作层要涉及的决策变量和生产与物流的优化相关，在供应链层上主要是评价各类潜在的合作伙伴企业，并对其进行选择来确定最终的供应链网络结构。黑雷尔等人（Herer et al.，2002）提出了利用迟延战略，通过运输配送环节的库存信息传递来同时增进供应链精益化和敏捷化的供应链构建集成模型，分别讨论了两地点间和多地点间的情形，模型可以在降低生产和库存成本的同时显著提高客户服务水平。

第二章　供应链协同创新的机制及策略

第一节　创新导向在供应链中的传递机制

一、下游企业的创新导向会传递到上游企业

供应链是一种跨组织的结构，处于下游的装配制造商所获得的零部件、原材料来自直接供应商，直接供应商向更上游间接供应商采购，产生了多级供应链系统。供应链可大致划分为下游企业、中游企业和上游企业（利丰研究中心，2003）。

熊彼特认为，创新就是引入新的生产函数，创造新的市场价值。创新导向是一种开放性接纳新技术的企业文化。制造商创新导向不仅会影响直接供应商的选择，还促使制造商干预间接供应商，确保其战略意图得到落实。日本本田公司、美国克莱斯勒公司的很多供应基地都设在二级、三级供应商处，这些二级、三级供应商虽不直接对整车厂供货，但一些特殊紧固件、特定部件会同时供应到多条汽车生产线。本田公司甚至认为二级、三级供应商不只是提供部件，而是在制造本田汽车。约翰逊（Johnsen，2011）对汽车和通信行业三家企业的案例研究表明，虽然在对间接供应商具体干预程度上有所差异，但这些企业都在努力将二级、三级等非直接供应商整合到产品开发过程中。

国内外新能源汽车的发展也显示出制造商创新导向会向上游传递。新能源整车企业在产品创新和商业化运行中，一方面会依赖动力电池、电机等零部件

企业的技术创新，另一方面会关注和扶持一些间接供应商，如高强度钢、铝合金、复合材料、动力电池材料、稀土类和半导体材料等企业。基于此，提出研究假设：

H1：制造商创新导向会向供应链上游传递，对直接供应商向间接供应商的创新导向产生正向影响。

日、韩汽车在追赶欧美汽车企业过程中，汽车企业的创新行为也带动了相关零部件的发展，培育了像电装、爱信精机、摩比斯等国际一流零部件企业。中国移动和华为公司在探讨开发技术复杂、投资巨大的 IP 智能网时，起初华为公司并无把握，甚至有所犹豫。中国移动的决心和相应的安排，协助华为解决了中国移动网络升级的问题，华为也因此成为全球最大的 IP 骨干网供应商之一。基于此，提出研究假设：

H2a：制造商创新导向对供应商创新行为有正向影响。

企业创新行为需要供应商的支持，包括在资金、人才和知识资源上的各种支持（Song，Benedetto，2008）。上游企业参与产品设计、产品测试与产品商业化过程，能够减少企业在产品开发后期可能出现的设计变更风险，提前做出反应。振华港机是集装箱起重机领域的领导者，为了更好地满足客户需要，振华港机不断加强供应商的技术要求和指导，通过经费支持、订货等办法支持供应商开发新产品和新材料（国研中心，2011）。基于此，提出研究假设：

H2b：供应商创新行为正向影响其对上游企业的创新导向。

综合 H2a，H2b，提出假设：

H2：供应商创新行为是制造商创新导向与供应商创新导向的中介变量。

二、降价压力和供应链关系稳定性有调节作用

供应链上下游合作中存在利益分配问题，下游企业容易产生压低上游产品采购价格，降低自身成本的动机。库珀、斯拉莫德（Cooper，Slagmulder，2004）认为在下游企业目标成本确定后，供应商产品存在功能、价格、质量之间的权衡，过度降低产品价格将会导致供应商牺牲产品功能和质量。供应链强势企业的价格压榨不利于行业的技术创新，当供应商资金并不充裕时，降价压力会降低供应商利润，迫使其削减甚至取消研发投入。过分强调价格标准，容易将创新能力较强的企业排除在外。因此，供应链降价压力对创新导向在供应

链传递有调节作用：降价压力较小时，制造商创新导向与供应商创新导向正向关系较大；降价压力较大时，制造商创新导向与供应商创新导向的正向关系较低。

供应链企业关系的稳定性维系着供应链企业的共同目标，当双方建立长期合作关系时，下游企业会积极为上游供应商提供技术支持，上游企业也相信短期的利益损失能够随着时间的推移被弥补，从而增强其参与新产品开发的积极性，做更多的专用性投资（McIvor et al.，2006）。建立在相互信任的长期合作基础上，供应商与制造商的技术交流更加广泛，工程师之间的沟通和互动能够拓展其自身的技术能力，潜在的问题容易被发现和解决。当双方合作时间短、制造商频繁地更换供应商时，上游企业的创新很难保持与下游企业的一致性和同步性，制造商创新导向向上游的传递会被削弱。

因此，供应链关系稳定性对创新导向的传递起调节作用。关系稳定时，制造商创新导向对供应商创新导向的正向影响相对较大；关系不稳定时，制造商创新导向对供应商创新导向的正向影响相对较小。基于以上分析，可以得到图2-1的研究结论，供应链的创新行为会在供应链上产生传递，在传递的过程中，受到供应链降价压力和供应链关系稳定性的影响。

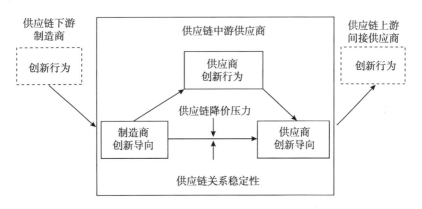

图2-1 创新导向在供应链中的传递机制理论模型

三、理论模型的实证检验

（一）研究方法

本研究主要采用问卷调研方法对图2-1的模型进行假设检验。在预调研分析后，完成正式问卷，发出问卷。对回收问卷进行数据整理，开展信效度检验，验证研究假设是否成立，形成最终结论。

样本数据由工业和信息化部中小企业司委托的"我国汽车零部件中小企业生存现状"课题调研获得。课题组于2012年7月到9月对在吉林、辽宁、河北、山东、江苏、浙江、安徽、河南、湖北、湖南、广东、四川12个省和北京、上海、天津、重庆四个直辖市的部分汽车零部件企业定向发出问卷，由所在省市的经济和信息化委员会协助收集。

调研共回收问卷461份。实际有效问卷297份。样本数量满足多元回归、结构方程分析方法对样本量的基本要求。

（二）描述性统计和相关分析

在297份样本中，中小企业占89.9%，汽车整车一级、二级供应商占81.8%，销售收入在4亿元以下的企业占86.5%（见表2-1）。

表2-1　样本企业分布

企业规模	百分比（%）	所处供应商级别	百分比（%）	销售收入（元）	百分比（%）
小型企业	89.9	一级	32.3	<2 000万	22.9
中型企业		二级	49.5	2 000万~4亿	63.6
大型企业	10.1	三级	18.2	4亿及以上	13.5

从变量均值看，制造商创新导向（3.57）、供应链降价压力均值相对较高（3.48），供应商创新行为（3.02）、供应商关系稳定性相对较低（3.34），供应商创新导向（3.32）居中。从变量的相关系数看，制造商创新导向、供应商创新行为、供应商创新导向有较强的正向相关性（$p<0.001$）。供应商关系稳定性与供应商创新行为、供应商创新导向显著正相关，与降价压力显著负相关。

（三）回归分析结果

表2-2给出了相关回归方程的分析结果。模型1以供应商对间接供应商的创新导向为因变量，制造商创新导向为解释变量，将企业规模、销售收入、成立时间、所有制性质、供应链层次作为控制变量。回归方程中证实了制造商创新导向对供应商创新导向有显著正向影响（$\beta=0.606$，$p<0.001$），研究假设H1得到证实。

表 2 - 2　回归方程分析结果

解释变量	因变量					
	供应商创新导向	供应商创新行为	供应商创新导向	供应商创新导向	供应商创新导向	供应商创新导向
	模型 1	模型 2	模型 3	模型 4	模型 5	模型 6
企业规模	- 0.182	0.232 **	- 0.332	- 0.231 **	- 0.229 **	- 0.232 **
	(0.099)	(0.109)	(0.133)	(0.097)	(0.097)	(0.098)
销售收入	0.132	0.105	0.207	0.110	0.125	0.127
	(0.112)	(0.124)	(0.128)	(0.109)	(0.109)	(0.109)
成立时间	0.029	0.000	0.055	0.029	0.033	0.037
	(0.052)	(0.058)	(0.059)	(0.051)	(0.051)	(0.051)
所有制性质	0.029	- 0.007	0.047	0.030	0.030	0.033
	(0.030)	(0.033)	(0.034)	(0.029)	(0.029)	(0.029)
供应链层次	0.074	- 0.003	0.031	0.075	0.089	0.087
	(0.069)	(0.076)	(0.078)	(0.067)	(0.069)	(0.069)
制造商创新导向	0.606 ***	0.420 ***		0.518 ***	0.522 ***	0.525 ***
	(0.047)	(0.052)		(0.051)	(0.051)	(0.051)
供应商创新行为			0.437 ***	0.210 ***	0.201 ***	0.181 ***
			(0.055)	(0.052)	(0.052)	(0.052)
供应链降价压力					0.027	0.038
					(0.047)	(0.047)
降价压力 × 制造商创新导向					- 0.107 **	- 0.101 **
					(0.045)	(0.045)
供应链关系稳定性						0.107 **
						(0.046)
关系稳定性 × 制造商创新导向						- 0.002
						(0.041)
常数项	- 0.216	- 0.855	- 0.087	- 0.036	- 0.125	- 0.110
	(0.297)	(0.328)	(0.341)	(0.293)	(0.294)	(0.293)
调整 R^2	0.370	0.226	0.191	0.402	0.409	0.422
F 值	29.763 ***	15.084 ***	12.539 ***	29.261 ***	23.98 ***	20.278 ***
样本数	297	297	297	297	297	297

注：*** $p < 0.01$；** $p < 0.05$；* $p < 0.1$；括号内数字为标准误差。

模型 2 的因变量是供应商创新行为，解释变量为制造商创新导向，结果发现制造商创新导向对供应商创新行为有显著影响（$\beta = 0.420$，$p < 0.001$），研究假设 H2a 得到证实。模型 3 得到供应商创新行为对供应商创新导向有显著正向影响（$\beta = 0.437$，$p < 0.001$），H2b 得到证实。综合模型 2、模型 3、模型 4，发现供应商创新行为在制造商创新导向和供应商创新导向中发挥中介效用，中介影响效应为 0.184（0.42×0.437），研究假设 H2 被证实。

模型 5 证实了供应链降价压力对创新导向传递的调节作用（$\beta = -0.107$，$p < 0.05$）。降价压力越大时，制造商创新导向向供应商创新导向的传递相对降价压力较小时，其创新导向传递系数减弱。模型 6 中，供应链关系稳定性显著正向影响供应商创新导向（$\beta = 0.107$，$p < 0.05$）。

六个回归模型的方差膨胀因子（VIF）都低于 10，说明变量间共线性不明显。回归方程的显著性检验值 F 值（$p < 0.001$）显著，回归方程的拟合优度较好。

四、讨论与管理建议

（一）创新导向在供应链上传递

研究假设 H1 被证实，说明制造商创新导向对供应商创新导向有显著影响。假设 H2 得到支持，证实供应商创新行为在供应链创新导向传递中发挥中介作用。制造商创新导向向上游传递有两个途径：一是制造商引导直接供应商创新行为，直接供应商的创新行为引导间接供应商创新，通过上下游开展技术交流、供应商参与新产品开发过程实现；二是制造商创新直接传递给间接供应商，可以通过产品模块化方法或者制造商直接干预的方法实现。以往研究主要关注供应商参与产品开发对制造商产品开发绩效的影响，而忽视了供应商参与对供应商自身甚至更上游的间接影响（Car et al.，2008），这一研究结果是对此内容的一个补充。

企业实地调查也证实了这一结论。某发动机零部件供应商同时给 A、B 两家企业供货，A 是一家规模较大的发动机专业提供商，B 是一家自身生产发动机的汽车整车企业。A 企业技术体系完善，技术管理非常规范，工艺文件齐全，对零部件供应商技术支持较大，供应商技术人员经常被召集在发动机研发院技术交流。供应商不仅清楚发动机企业的要求，也逐步了解和掌握零件在整车使用上出现的问题，供应商研发水平和产品品质能力相应有了很大提升。B企业能力相对不足，只是下发技术资料到该零部件企业，对零部件开发缺少关键设备和技术支持，过程主要依靠零部件供应商自己把握，供应商为其提供的产品和服务也受到很大影响。

当前我国汽车企业创新能力相对跨国企业有较大差距，有人将其归结于两个方面：一是整车企业自主研发能力较弱，二是缺少技术能力强大的零部件企业。从实证结果分析，这两个方面之间还存在相互作用。整车自主研发能力较弱，单纯模仿国外先进产品，不仅不利于自身开发，也不能为供应商提供较好的支持。整车企业不为中上游零部件企业提供创新机会，中上游很难获取技术诀窍，完成基础和前沿技术的积累。零部件企业发展缓慢也会限制整车企业的发展。解决这一问题，需要上下游企业通力合作，下游给予中上游零部件以技术和资金支持，辅助培育其技术能力，下游零部件企业的成长最终会帮助企业完成整车产品技术能力的提升。

（二）影响创新导向传递的主要因素

供应链降价压力对创新导向在供应链的传递起到调节作用。如果下游企业从自身利益出发，一味迫使供应商降价，或者不为供应商提供新产品开发的模具费用，延期支付零部件购买费用等，那么供应商将无法得到正常利润，企业将无力开展技术投入。供应商不得不在功能、价格、质量之间进行权衡，面对价格压力，不得不以牺牲产品品质和服务质量为代价。一家企业在提及压价情况时，认为："我们公司自动化程度高，质量控制严，产品品质较高，某些客户主要以价格来选择供应商对像我们这样的企业不公平，我们为其供货主要是保留一个最低的市场份额，不会把他作为主要对象服务。"

从长期来看，上下游企业应通过技术创新合作的手段解决成本压力问题（Zeng，Williamson，2007）。上游企业要战略性参与到制造商的产品研发过程，参与产品的概念设计开发，可以在更高层次上实现功能、价格、质量之间的统一。一家企业认为："现在企业的材料、人工和工艺上很难有大幅下降。今后成本的下降，还是要靠技术合作，特别是产品开发合作参与，协助客户修改和改进产品设计，掌握关键性能指标要求。通过客户企业或者直接与最终客户交流，在保证关键技术指标的前提下，减少不必要的功能浪费，寻找通过技术优化成本的空间。"

验证发现供应链关系稳定性对供应链创新导向传递未发挥调节作用，但供应链关系稳定性对供应商的创新导向有显著正向影响。供应链企业间长期合作有助于企业互信，上游供应商企业愿意建立对应下游需求的互补性的资产和专用性投资，实现深层次的合作与问题解决。在调查中也发现整车企业基本都意识到建立和巩固核心供应商体系的重要性，但普遍忽视对二级、三级供应商的管理和支持。有企业依然采取短期行为，如将零部件企业具有知识产权的产品图纸，交给低价供货的企业生产。这类企业并未建立长期合作共赢的理念，下游企业应鼓励长期合作，将订单向产品质量好、研发能力强的供应商企业倾斜，并建立长期稳定关系。

通过模型 2、模型 4、模型 5、模型 6 发现，供应商企业规模（分为小型、中性和大型企业）这一控制变量对供应商创新行为和供应商创新导向都有显著相关关系。供应商规模越大，企业创新能力越强，创新行为越显著，而其对供应商的依赖程度相对会减弱。而企业规模较小时，其创新行为得分较低，也会增加对供应商创新能力的依赖。

第二节　新能源汽车企业的供应链协同创新策略

企业能否实现持续稳定的增长，很大程度上取决于能否实现产业链的协同创新，形成共同的协同创新能力。这就要求产业链的核心企业能够打造出一条紧密协同的产业链，时刻关注其协同主体的发展状况，以下以特斯拉、比亚迪和 Better Place 三家企业说明不同企业在供应链上的协同创新策略及其效用（吴永林，李雅荣，2015）。

一、三家企业的供应链发展模式

（一）特斯拉的供应链模式

特斯拉于 2003 年成立于硅谷，主要生产纯电动汽车，且定位于高端跑车市场。特斯拉在供应链上是整合模式的典范。其用 IT 的智慧造电动车，以硅谷的想象力、集众家之技术链打造时尚电动跑车，短时间内股价飙升至几十亿美元，被称为汽车界的"苹果"。

特斯拉选用日本松下的镍钴酸锂电池，该电池在笔记本等电子产品上得到大量应用，借此绕开了一般新能源汽车企业所面临的瓶颈问题——电池的续航里程和稳定性。使用传统笔记本电脑电池作为汽车动能，重量太大，一般汽车不堪重负。特斯拉在车身上以铝合金替代了钢材，从而减重2/3。

在特斯拉的供应商中，松下是在全球具有领先地位的锂电池生产商，达索系统公司拥有世界一流的3D设计软件，瞻博网络则向包括纽约泛欧交易所集团等公司提供服务。

（二）比亚迪公司的供应链模式

比亚迪是国内自主品牌汽车的领军企业，先后开发了F3DM、E6、K9、秦、唐等不同系列的新能源汽车产品。

比亚迪的供应链的主要模式是垂直整合。比亚迪不仅拥有电池、电机、电控等核心技术，还把多个领域的技术专家和技术集成在一个公司。比亚迪已有的和未来的技术将是垂直整合创新的成果。

在整车厂内部，比亚迪设立新能源汽车部门，专门从事新能源汽车的相关事宜；在上游生产电池及电池材料，电机及主要电机材料与零部件；在产品推出之后，成立鹏程电动出租车公司，与深圳公交公司合作推广其新能源车型，并研发了多款新能源汽车充电基础设施。

（三）Better Place的供应链模式

Better Place通过商业模式创新进入新能源汽车领域。Better Place自己不生产汽车，而是为电动汽车提供能源支持和服务，核心是希望通过换电池为消费者提供方便的服务。换电池模式是指电动车进入换电站后自动完成新旧电池的更换工作。

在创建初期，Better Place获得了很多风险资金，利用这些资金在以色列等地区投入建设了多个换电站。与此同时，他还找到了雷诺日产与其合作打造相关车型。这样一种全新的商业模式需要众多的车企加入，要在实现电池标准化、拥有广泛的车辆后才可以实现盈利。

但Better Place此后并没有继续说服更多的车商加入其价值链，以至于公司后期资金周转困难。在雷诺日产宣告退出新能源汽车领域时，Better Place只能无奈走入破产保护程序。

二、新能源汽车企业协同创新活动的效果分析

三家企业在新能源行业中的发展历程表明，不同的供应链协作模式，其最后的绩效会大相径庭。其中，能否有清晰的合作思路和协作模式，能否建立相互信任的关系是两个最重要的因素。

（一）合作思路和协作模式的清晰程度

企业需要根据行业的发展和自身优势建立合适的供应链合作模式。特斯拉主张跳出汽车圈看问题，特斯拉的目标是提供给消费者不一样的驾驶体验。为此，特斯拉将目标定位于高端人群，产品性能定位于豪华车，有效避开了动力电池成本高、电池续驶里程不足的问题。

比亚迪的目标是建立大量的、能够取代传统汽车的电动汽车，为此建立了一条完整的产业链来降低电动汽车的生产成本。比亚迪深知电池的重要性，因此其核心能力集中在电池，电池 BMS 以及整车集成上也取得了成功。

Better Place 成立于 2007 年，当时其创新的商业模式赢得了投资者的青睐。但因未考虑好汽车厂商的阻力，在供应链中让自己处于中心地位，难以获得主要车企的认同和配合，最终未获得足够的支持。

（二）信任关系的稳定程度

特斯拉充分考虑了合作伙伴的利益，通过合作伙伴利益的捆绑解决了一系列产品技术和商业问题。特斯拉整合了来自全世界的优秀供应商，涵盖了轮胎、电池、变速箱等零部件。在整车上，选择英国莲花汽车的 Elise 作为开发的基础，在电池上与日本松下公司签订了有关电池供应的合约；在消费端，锁定具有环保意识的有经济实力的人群，并通过交付定金的方式获得订单以及现金流，稳固与消费者的信任关系；此外，特斯拉依靠环保理念获得了美国政府的财政支持。由此，各方都与核心企业特斯拉有着较好的信任合作关系。

比亚迪认为，在技术发展阶段，供应链的整合具有非常重要的意义。为此，该公司主要采取垂直整合的方式，避免讨价还价、机会主义等成本。比亚迪建立了从原材料到零部件、整车厂、运营公司和充电服务等完整的产业链条。这种依靠自己发展的模式和信任关系能够让比亚迪以较快的速度开发出相关车型，并尽快占领市场，也能够吸引越来越多的市场主体参与进来，导致整个产业链发展较为迅速。

Better Place 的定位是新能源汽车的能源管理和服务商，希望与合作伙伴合作，通过电池置换技术帮助电动汽车上路和运营。该商业模式以及愿景从一成立就受到众多投资者的追捧。但这种商业模式需要与传统汽车厂商合作，以此推动电池的标准化，而许多传统汽车厂商并没有与之合作的意愿，对于一家新兴的企业，缺乏信任关系成为产业链合作的最大障碍。

从三家同期进入新能源汽车市场的企业的发展轨迹中，我们可以看出，在新能源汽车的发展历程中，会涌现很多的供应链创新方式，不同的企业会采用不同的创新策略，供应链合作是技术实现突破性创新的基础。是否有清晰的合作创新策略，能否在供应链上形成足够的信任关系对企业的发展至关重要（吴永林，李雅荣，2015）。

第三节　供应链的整合外包决策

自 20 世纪 80 年代起，企业经历了从垂直整合到垂直非一体化的过程。这一过程对开放性创新会产生什么影响？是否有必要在开放性创新与扩大企业外包范围之间形成合适的平衡？奇拉韦尼亚、米莉（Ciravegna，Maielli，2011）通过菲亚特（FIAT）公司的案例对这两个问题进行了探讨。

一、菲亚特汽车公司整合外包的发展过程

"二战"后，菲亚特与通用、福特等公司一样采取了垂直整合的方式，这主要是因为 Unibody 车辆结构的出现，使得企业需要整合产品开发和生产（Greggio，2002）。在都灵附近，还有玛莎拉蒂、法拉利等专用性汽车企业。到 20 世纪 80 年代，随着 CAD 技术和多样化技术服务的出现，都灵形成了汽车产业集群，成为世界汽车产业的一个重要集聚地。菲亚特的优势集中在小型实用车辆的制造上，同时它也利用一些社会资源开发部分大型或者多样化的汽车。

20 世纪 90 年代后，欧洲地区市场的整合和竞争让菲亚特陷入困境。为了降低成本，菲亚特将 50% 以上的业务外包出去，并降低了供应商数量以简化管理。与大众、奥迪和宝马等企业坚持在核心产品上具备完全掌控能力的战略

不同，菲亚特甚至将一些小型车的核心业务以及重要的产品设计参数等也外包出去。菲亚特的做法被认为"只是委托了外部公司，但没有吸收其知识，公司开发和制造知识空心化"，这导致了公司业绩的不断下滑。

2004 年，马尔乔内（Marchionne）担任 CEO，进行了一系列变革，菲亚特出现了业务转机。这些变革包括用新的中层经理替代一些高级管理者；重新聚焦核心业务——为欧洲消费者提供小车等。为此，菲亚特减少了外包比例，并且重建了研发团队。此外，菲亚特还建立了"500 want you"网站，在 50 天吸引了 50 万人。公司在产品概念设计中也吸收外部公司的创意，但是菲亚特严格控制产品特征，外包的比例并不高。数据表明，随着外包比例的下降，菲亚特的业绩出现了上升，这被认为是核心能力得到了加强的原因。

二、结构性知识和整合外包决策

菲亚特成功复兴的要点在于无形专业性、外包和竞争因素。菲亚特的无形专业性在于技术、组织知识、公司文化等，其实际体现在小型车的产品设计工程师优势以及在成本控制上积累的产品和流程知识。菲亚特加大外包的实际目标是控制成本，而不是搜寻不同的技术，而这与开放式创新的目标并不协调。吸收能力是公司采取开放式模型的关键，研发部门人员的削减实际上影响公司的吸收能力，因此会阻碍创新。

结构性知识是制造商协调新产品开发（NPD）分工，与供应商一起获得问题解决的知识能力，它是获得 NPD 订单的要素。这类知识涉及造型、驾驶感受、特定市场细分、身份地位和生活方式等。将业务过度外包，实际上削弱了菲亚特将无形专业性知识转换为成功商品的能力。切萨布鲁夫（Chesbrough）指出采取不同的开放性创新意味着不同的商业模式。为此，要在不损坏组织结构性知识的同时，开发有助于知识流入和流出的组织结构和惯例。

第三章 供应链协同创新中的知识整合策略

第一节 供应链知识整合机制

一、供应链知识整合的基本概念

(一) 供应链知识整合机制

在基于供应链的产品创新中，知识流动不是自动发生的。产品创新参与成员的整合是一个社会化的过程，这个过程受各种行为因素的影响（Bensaou，1995）。常（Chung，2000）认为社会化是促进知识在企业间流动的重要机制。古普塔（Gupta，2000）将社会化定义为在公司内部或公司之间相互作用和沟通的水平，这种社会化行为可以使人与人之间更加熟悉，提升交流的质量并使面对的问题得到解决。范·登·博施（Van den Bosch，1997）将社会化定义为一种流程，通过该流程个体可以获取在组织中担当一定责任所需的社会知识和技能。而在产品创新中，来自不同组织的团队成员之间的排斥等社会问题主要是由互动机制的缺乏和不当引起的。

以供应链为基础的产品创新成员包括：①核心企业，如在研制新型汽车 Honda City 过程中，丰田公司就是主持研发的核心企业；②供应商，Honda City 项目中提供零部件的上游供应商企业，丰田公司在产品设计阶段就将一些特定的长期合作伙伴纳入产品创新过程中，授权他们设计应用于该种车型的汽车零部件，与其协商不同零部件的衔接问题等；③分销商、零售商和消费者，为企业提供最新的消费者需求变化和企业产品存在的问题，为现有产品的改进和新产品的设计提供相关信息（竹内弘高，野中郁次郎，2006）。

在基于供应链的产品创新中，产品创新参与方来自不同背景的企业，拥有不同的文化和知识背景，组织成员的差异性使得产品创新参与方存在排斥、抵触、沟通不畅等问题。为了促进知识整合效果，需要采取有效的互动机制来解决这些问题。知识整合机制对影响知识交换的效率和效力起到了重要作用（Zahra，2002），可以减少知识共享过程中的结构性认知障碍（Malhotra，2005）。刘浩然（2007）认为供应商知识整合机制是企业为了把供应商对企业产品创新的各种知识吸收到企业的知识系统中，并将这些知识应用到产品创新过程中所采用的相关整合机制。李柏洲（2007）认为，知识整合是一种协调相关资源、专家与系统，将分散的知识加以联结，使知识以可用的形式呈现，进而提升组织的运营效率与解决问题的能力。陈明（2009）认为知识整合机制包括人员交流机制、团队交流机制和程序交流机制，并证明这三种机制均对企业间知识转移绩效产生显著正向影响。

英克彭（Ink Pen，1996）认为知识整合是知识的联结（knowledge connection），个人与企业通过正式或非正式渠道形成密切的关系，这些关系可促进新知识的分享与沟通，并提供一个平台使个人知识转变为企业的知识。格兰特（Grant，1996）在研究企业内部知识整合机制时提出四种整合机制，包括：①规则与指令（rules and direction），采用该机制更有利于显性知识的整合，如企业内的员工手册、操作流程等包含的知识，员工只要学习这些知识便可以完成知识的整合；②程序（sequential），将企业的作业活动分割成不连续阶段，每一阶段所需的知识互不影响，以使知识转移与沟通需求达到最少；③惯例（routine），通过默契的合作来减少沟通的成本；④团队决策，需要人员之间频繁沟通。

马洛里（Malhotra，2005）在研究供应链环境下企业吸收知识的能力时，将知识整合机制分为联合决策、组织间流程模块化、标准化电子商业界面、组织间互动行为记忆系统和组织间信息解读系统。联合决策机制是指合作企业间就影响到他们工作流程的一些因素做出联合决策。组织间流程模块化机制主要是指将组织间合作的流程结构化、清晰化。知识记忆系统是指通过储存从供应链获得的知识，使有用的知识可以被继续使用或者作为创作新知识的基础。知识解读系统是指将从供应链中获得的知识进行组织、重构等来创造新知识的系统。

本书综合马洛里（Malhotra，2005）、李柏洲（2007）、陈明（2009）的理论观点，把供应链知识整合机制区分为五类：供应链沟通机制、供应链联合决策、组织间流程模块化、组织间互动行为记忆系统和组织间信息解读系统。

（二）供应链知识整合效果

蒂瓦那（Tiwana，2005）认为知识整合最终产生应用于创新的新知识，知识整合效果的好坏会影响到形成的新知识的质量，最终影响团队创新的绩效。格兰特（Grant，1996）指出企业的首要角色是知识整合，组织能力的实质也是知识整合，知识整合能够为企业创造独特的竞争能力，并将这种能力持续保存。格兰特（Grant，1996）在研究企业的知识本质过程中确认了企业知识整合的三个特点，包括知识整合的效率、知识整合的范围和知识整合的灵活性。

知识整合的效率是获取和使用组织中个人知识的能力，组织中的知识分为组织层面的知识、团体层面的知识和个人层面的知识，只有个人层面的知识也就是个人所携带的知识才能被应用到实际生产中（竹内弘高，野中郁次郎，2006）。格兰特（Grant，1996）认为知识整合效率通过两种方式实现，第一，拓展现有能力以获取新知识；第二，以新的整合方式对现有知识进行重新配置。我们将其归纳为创造新知识和使用现有知识。知识整合范围包含知识整合的宽度和深度。知识整合宽度是一个知识多样化的概念，参与整合的知识越具有多样性，团队中所产生的知识间的联系就越多，越有利于知识整合。知识整合的宽度是衡量知识整合效果的横向指标，而知识整合的深度是衡量知识整合效果的纵向指标。知识整合的灵活性是指获取额外的知识和连续的以新的整合方式配置现有知识的能力。

知识整合质量也被看作知识整合效果的重要测量指标。拉森（Larson，2000）对供应链管理中的信息质量进行了实证研究，认为信息质量包含了表现信息满足组织要求程度的多个维度，包括精确、完整、易获得、兼容性。惠普尔（Whipple，2002）认为信息只有具备以下条件时，才会有利于整合供应商的产品创新项目的绩效：①可以获得合适精确的信息；②信息的及时性；③在进行决策时商业流程的支持及使用信息的能力。综合以上文献，我们将知识质量作为知识整合效果的一个衡量指标。

二、供应链知识整合机制对知识整合效果的影响

（一）供应链沟通机制与知识整合效果

知识管理理论中将知识分为显性知识和隐性知识，其中显性知识是指那些由形式、系统的语言所表达的，易于传递的知识；隐性知识是指与特定的情景相关的个人知识，难于形式化也难于进行交流。竹内弘高、野中郁次郎（2006）认为隐性知识是知识创造的关键因素。张德茗（2006）将企业隐性知识分为两类：一类是技术方面的隐性知识，包括非正式的难以表达的技能、技巧和诀窍，另一类是认识方面的隐性知识，包括心智模式、信念和价值观。

供应链是一种跨越组织边界的虚拟组织，超越组织边界之后开发团队成员间可能面临语言、组织文化、知识背景及办公地点所带来的创新障碍。在这种组织中，无论是显性知识还是隐性知识，在传播过程中都更加困难。张永成（2011）认为开放式创新模式下，创新参与方在沟通方面主要存在距离、认知及信任三方面的障碍。在基于供应链的产品创新团队成员间同样存在着这些障碍，而通过供应链沟通机制可以克服这些障碍。

（1）空间距离造成的创新障碍。研究表明由于地域分布不同造成的空间障碍不仅影响组织之间的知识共享，还影响组织的创新绩效。空间距离的存在使得显性知识和隐性知识传播的实际成本增加，降低知识传播的效率。企业采用电话、E-mail等媒体工具可以降低知识交换成本，有效的沟通方式能够促进知识的共享，进而促进新知识的创造和对组织间现有知识的使用。

（2）认知距离造成的创新障碍。组织间的认知距离主要受到组织文化、价值观、信念等因素的影响，这些因素恰恰是企业隐性知识的一部分。如果在认知方面存在距离，参与创新的企业在决策过程中会产生各种冲突，不仅不能进行知识交换，连最基本的合作都很难保证。而通过有效的沟通机制，比如非正式会议、共同进餐、共同举行体育活动等方式，可以使参与创新的企业之间进行有效磨合，认同彼此间差异，促进知识交流意愿的形成，有效打破认知距离造成的障碍。因此有效的沟通机制，能够通过减少冲突、增加认同而促进知识更加有效地共享，从而促进新知识的创造和现有知识的使用。

（3）有效的沟通机制可以建立和维系合作伙伴之间的密切关系，组织间进行必要的沟通，可以增强彼此间的信任程度。只有达到一定的信任程度，组

织之间才能进行深度交流，从而保证知识整合的宽度、深度和质量。

基于以上论述，可知：在产品创新活动中，供应链沟通机制对创造新知识、使用现有知识、知识整合宽度、知识整合深度、知识整合质量有正向影响。

（二）联合决策机制与知识整合效果

王振兴（2012）认为供应链成员间的信息是不对称的，如产品成本知识、市场知识等分别由不同的供应链成员独立占有。这是一种流通渠道所造成的信息滞留现象，该现象使产品创新这种知识密集型工作无法充分有效地展开。而基于供应链的产品创新可以有效地消除供应链成员企业间的信息不对称现象。基于供应链的产品创新通过有效机制将零部件供应商、核心企业、分销商、零售商甚至消费者联合在一起，旨在保持信息流通顺畅，解决不同组织间信息不对称问题。其中一种有效的机制就是由供应链参与企业独立决策，转变为联合决策，将迂回曲折的信息流通渠道转变为顺畅直接、面对面的交换信息方式。

马洛里（Malhotra，2005）将联合决策机制定义为在开发活动制定决策时，所有参与企业联合起来，为开发过程中遇到的问题提供意见、技术、知识等，帮助整个组织进行决策，寻找解决问题的新方法，创造新知识。

格兰特（Grant，1996）认为组织可以通过几种方式进行知识创造，其中包括以群组的方式解决问题、进行决策。对于一些复杂的、不确定程度高的问题，必须通过深入的交流，减少交流过程中知识的遗漏，才能最终解决问题，创造出新知识。将其他行业的知识应用于新的行业或产品中，也是产品创新中的一种。联合决策这种知识整合机制联合了不同组织及拥有不同知识背景的组织成员，共同对解决问题的方法发表意见、进行决策。这种联合的、面对面的长期交流，往往更容易产生知识重新配置的行为，因此我们认为联合决策机制可以有效地促进新知识创造和对现有知识的使用。

联合决策机制贯穿于产品创新的全过程，从项目的确立、产品开发初始阶段到产品概念规格的确定，产品的设计、检测及运行生产整个流程中，每一个环节遇到的问题都有供应链成员共同进行商讨。这种决策机制能够最大限度地吸收整个供应链组织中的知识，促进知识整合的宽度。联合决策优于独立决策之处在于联合决策将分布在供应链中的知识孤岛联合起来，通过知识的不断交换和反馈，增进彼此的了解、信任和关系，使得成员更乐于分享知识孤岛内的深度知识，从而有效地提高知识整合的深度和知识整合的质量。

基于以上论述，可知：在产品创新活动中，联合决策机制对创造新知识、使用现有知识、知识整合宽度、知识整合深度、知识整合质量有正向影响。

（三）组织流程模块化机制与知识整合效果

供应链是由若干相互关联的元素组成的庞大系统，元素的关联性越多则系统越复杂。竹内弘高、野中郁次郎（2006）认为复杂的系统会降低经营活动的效率，为此他们提出在组织系统设计时可以采用模块战略，即将这个系统分解成若干部分，然后再将这些部分重新连接起来的方法。马洛里（Malhotra，2005）认为在供应链中可以采用组织间流程模块化机制，它是指将供应链的整个流程分解成多个子系统（subsystem），由分布在供应链不同位置的企业分别负责与其相关的子系统。流程中大部分工作被清晰地描绘和定义，完成系统内工作所需要的知识变得更加明确，进而可以在很大程度上明确每一个子系统需要输入和输出的知识。格兰特（Grant，1996）认为组织在整合外部知识过程中，只有最小化交流的次数，最大化交流过程中所交换的知识量，才能提高知识整合的效率。因此采用这种机制可以有效地降低知识整合成本，提高知识整合的效率，从而促进新知识的创造和现有知识的使用。

竹内弘高、野中郁次郎（2006）认为影响组织架构经营效果的重要因素是架构的复杂性。组织流程模块化机制将整个供应链系统分解成若干个子系统之后，每个子系统内部的复杂性降低。专业分工使得子系统内部成员将更多的精力投入范围更小的开发工作中，加之子系统内部成员数量较少，关系更加亲密，因此能更加提高知识整合的深度和质量。

基于以上论述，可知：在产品创新活动中，组织流程模块化机制对创造新知识、使用现有知识、知识整合宽度、知识整合深度、知识整合质量有正向影响。

（四）组织间互动行为记忆系统与知识整合效果

马洛里（Malhotra，2005）认为供应链中组织互动行为记忆系统是指组织通过信息系统、数据库等方式将供应链中不同企业间的互动行为、成功案例进行记录保存。这种系统的存在，使得成员在产品创新过程中遇到问题时，可以从该系统查找以往的知识。霍林斯赫德（Hollingshead，1998）发现，交互记忆系统为团队成员提供了一个寻找相关信息的目录，获取供应链中的现有知识，帮助解决问题，因此组织间互动行为记忆系统能够有效地促进供应链中现有知识的使用。

即使以往事件所形成的知识不能够完全适应于解决当下的问题，互动行为记忆系统也在很大程度上可以帮助开发成员创造新知识。休伯（Huber，1991）认为组织间存在的这些记忆系统对于组织知识整合过程中创造新知识起到了举足轻重的作用。

记忆系统中的知识是企业间互动的记录，是对企业以前发生事件的总结，这些知识相对于系统外部知识来说，更加适用于当下的供应链环境，因为这些知识本身就是该供应链产生的知识，就知识的精确性、可靠性、与问题的匹配程度来说，比系统外部的知识更加优越，因而可以提高知识整合过程中所获知识的质量。

格兰特（Grant，1996）提出在扩大知识整合范围时，通过学习来复制知识的方法是非常低效的。他举例说，如果格兰特和斯班德（Spender）想联合写一篇文章，一种方法是通过两者的交流、互动等方式将两者的知识进行联合，另一种方法是通过学习等方式将斯班德的知识完全转移给格兰特。因为学习并不是一件简单的事情，尤其是在没有知识基础的情况下学习全新的知识，对每个人都是一种巨大的挑战，需要花费很多的时间和精力才能完成。另外通过学习获取对方的知识，学习的效果具有很高的不确定性，对于所获得知识的精确性、适用性等方面都不能得到有效保证。因此我们可以发现前一种方法的效率和知识整合的质量要远远高于后一种方法。也就是通过不同知识之间的冗余，将不同知识进行相加，会使扩大知识整合范围的工作变得更有效，并且提高了知识整合的质量。因此组织间互动行为记忆系统可以有效地帮助供应链扩大知识整合的范围，提高知识整合质量。

瓦格纳（Wegner，1987）等学者也提出了相似的理论，他认为由于团队成员之间互动行为的存在，使得团队的记忆系统不仅仅是单纯的信息、知识记录程序，记忆系统中更加重要的作用在于团队成员依靠他人记住某些信息，使得每个人掌握的信息和知识的容量大大增加，从而大大提高知识整合的范围和知识整合的效率。

基于以上论述，可知：在产品创新活动中，组织间互动行为系统对创造新知识、使用现有知识、知识整合宽度、知识整合深度、知识整合质量有正向影响。

（五）知识解读系统与知识整合效果

马洛里（Malhotra，2005）认为以信息系统为基础的知识解读系统能够有效地促进知识整合。使用以 IT 为基础的知识解读系统能够对从供应链中获得的知识进行重新组织、排序和处理。知识解读系统将从供应链中获取的杂乱无章的、各种各样的知识进行归类、整理，变成了有序的、开发人员可以迅速查询的知识，有效地使用现有的知识，同时可以提高知识整合的质量，使获取的知识更加精准；在知识整理过程中，很多新知识应运而生。从外部获取的这些知识通过记忆系统加以存储后，变成企业自身的知识，扩大了企业的知识范围和知识深度，也更加便于开发人员使用这些知识，因此能够有效地促进知识整合的效果。

基于以上论述，可知：在产品创新活动中，知识解读系统对创造新知识、使用现有知识，提高知识整合宽度、知识整合深度、知识整合质量有正向影响。

三、供应链协同创新中知识整合机制的实现

基于供应链的产品开发涉及供应链的上下游企业，负责产品的开发工作往往涉及不止一家供应商和分销商，如二汽集团周围就聚集了高达 200 余家的汽车零部件生产商和企业分销商。如果没有有效的机制与供应链成员进行互动，不仅不能达到整合知识的目的，对供应链的管理也将成为核心企业的沉重负担，因此要构建以供应链为基础的产品创新模式，必须首先建立有效的互动机制以保障知识整合的顺利进行。

在基于供应链的产品创新过程中，应发挥核心企业的主观能动性，采取有效的沟通机制、联合决策机制及以 IT 为支持的流程模块化、记忆系统和知识解读系统，在更大程度上促进知识在供应链链条上进行分享、传播和利用，提高供应链组织结构中知识整合的效果，进而推进该模式下产品创新的绩效。

企业在利用这种模式开发新产品的过程中，应充分重视企业间的交流，鼓励开发团队成员采用 E - mail、网络视频、面对面会议等直接方式进行沟通，另外非正式的交流方式，如产品创新团队相关参与方共同用餐、举行体育活动、社交活动等方式可以促进团队成员的感情，有效地促进交流的效果，进而

提升知识整合的效果。

在有效的交流机制基础上，供应链企业还应该采取联合决策机制、流程模块化机制，以 IT 为支撑的互动行为记忆系统和知识解读系统。联合决策可以发挥集体决策的优势，将大量与产品有关的知识聚集在一起，避免了产品创新过程中知识不足的缺陷，因而可以有效地缩短产品创新的时间。通过组织间流程模块化机制可以发挥供应链不同环节在产品创新过程中的专业分工作用，使开发团队成员聚焦于一件或几件工作，或者聚焦于某个知识领域上，有效地提高工作熟练度和工作效率，从而促进产品创新绩效。可以把知识记忆系统作为开发团队成员在供应链范围内寻找知识的目录，帮助企业在产品创新过程中有效使用企业现有的知识，而不用将时间和精力用在重复创造上，有效地节省开发成本，促进产品创新绩效。知识解读系统能帮助开发团队成员将有用的知识从其他成员处获得的知识中挖掘出来，减少其他无用知识的干扰，从而提高开发效率。

第二节　供应链知识分布对知识整合效果的影响

产品创新是企业竞争力的来源，是其适应市场和技术变化的重要手段。然而由于产品创新信息的敏感性和机密性，以往的学者往往是将产品创新局限于企业内部进行研究。当下产品的复合型和复杂性，需要大量的知识储备和资金投入，一个企业已经很难单独完成该类产品创新。核心企业在进行产品创新时，需吸纳上下游企业掌握的知识。

企业在多年的生产经营过程中，与上下游企业间形成了良好的协作关系，基于供应链的产品创新将产品创新建立在这种协作关系基础之上，以核心企业为产品创新主导者，整合上游供应商、下游分销商、零售商乃至消费者的知识，各环节分工、协作，解决了企业在产品创新中知识储备不足的问题。为了更好地开发和利用这种产品创新模式，必须对供应链管理进行有效的研究，以便了解该种开发模式的特点。而企业创新的本质是知识的创新，知识在企业发展中的地位越来越重要，已经变成了企业的核心资源。知识资产成为现代企业最有价值的资源已经受到学者和企业家的普遍认同。然而单独的知识力量有限，不能对产品创新产生巨大影响，在基于供应链的产品创新中，只有整合供应链上下游企业的各种知识（客户知识、供应链知识、行业知识等），才能有效地促进产品创新，因此有必要对供应链上下游的知识整合进行研究。蒂瓦纳（Tiwana，2005）认为知识整合最终产生应用于创新的新知识，知识整合效果的好坏会影响形成的新知识的质量，最终影响团队创新的绩效。

以往文献对知识整合的研究主要集中在知识整合的机制、知识共享、知识吸收等方面，并提出了较为全面的知识整合效果维度和研究方法，没有关注核心企业所在供应链各环节拥有知识的状况对知识整合效果的影响。在这种背景下，本部分主要关注供应链知识分布对供应链知识整合效果的影响。

一、供应链知识分布的概念及维度

下文主要从供应链共同知识水平、异质性知识水平、专业知识水平三个视角考察供应链知识分布。

（一）共同知识水平

格兰特（Grant，1996）认为影响知识整合效率的因素包括：共同知识水平、任务执行的频率和任务中的变量、结构。其中，共同知识被认为是组织成员进行交流的先决条件，共同知识使得不同开发成员的知识之间具有了可加性。知识的可加性是知识转移和传递的基础，同时也加快了开发团队利用知识的效率。野中郁次郎（Nonaka，1994）认为整合内部的知识需要成员对待解决的问题有一个共同的视角，以便将现有的知识进行整合和重构以形成新的观点和解决方案，并提出知识冗余的概念。竹内弘高（2006）提出知识冗余的概念来阐述组织成员间的共同知识，冗余是指有关的业务活动、管理职责和整个企业方面的信息有意图的重叠。知识冗余具有加强知识创造的作用。基于这个概念可知，冗余实质上就是组织成员间共同的知识。如果将这个理论推广到跨组织的知识整合过程中，则表现为产品创新团队中买方与供应商之间知识的重叠。共同知识是团队成员交流的必备条件，成员间共同知识越多，越有利于成员间的沟通与交流，因此越有利于知识整合。

（二）异质性知识水平

基于供应链的产品创新知识整合的目的是为了获取更多对产品创新有用的

知识，供应链参与者知识的多样性对于产品创新非常重要，异质性知识是最具有创新能力的知识。蒂瓦纳（Tiwana，2005）认为知识整合与产品创新有正相关关系。其中，团队成员的异质性知识、成员关系和吸收能力作为知识整合的子要素，通过影响知识整合进而影响产品创新绩效。他将异质性知识定义为组织成员所拥有知识的区别性、互补性和多样性。随着异质性知识的增加，产品创新理念和存在于不同理念之间的联系也变得多样化。最具多样化的知识集合可能造就最具创造力的团队。知识的异质性对项目萌芽状态初期理念的开发及项目进行过程中与产品相关的创新都起到了决定性的作用。

（三）专业知识水平

专业化知识是指参与知识整合的团队或者成员在各自领域的知识领先水平。领先于行业平均水平越大，越有利于知识整合的效果。李随成（2009）认为制造企业之所以要将供应商纳入产品创新中，很大程度上是因为供应商拥有先进的专业技术和市场信息，采用联合供应商的方法可以获得行业先进技术，规避技术开发方面的成本和风险。而将下游分销商、零售商纳入产品创新中，是因为他们直接面对消费者，比供应链核心企业拥有更多的市场信息，能够灵敏地感应到消费者的需求变化。瓦斯蒂等人（Wasti et al.，1997）认为在很多市场关系当中，商品或服务的交易是独一无二的，这要求供应商在为买方提供产品或服务时必须具有针对买方企业的专门知识或工具。专门的知识是供应链整合过程中供应商获得成功的关键因素，专门的知识使得供应商在面临其他对手竞争时能更容易获得新合同，新的合同又为其增加了针对买方企业的专门知识，进一步加强其竞争力。长此以往，其他竞争对手逐渐被排除，形成了买方对供应商的整合。从买方的角度来说，供应商针对买方需求的专业知识使得买方减少形成该部分知识的投资，从而能够降低成本，提高企业绩效。

二、供应链知识分布对知识整合绩效的影响

（一）供应链知识分布与创造新知识

创造新知识的能力，包括获取不断变化的知识和创造全新的知识，如消费者需求变化情况、市场变化情况、竞争对手变化情况、开发新技术等。

共同知识水平是指被整合成员具有相似性或相同的知识，这些知识是成员进行交流的基础，使得成员间的异质性知识具有了可加性，是在所有产品创新参与企业现有知识的基础上产生新知识的基础（Grant，1996）。因此，我们认为共同知识水平与新知识的产生正相关。

异质性知识是指供应链中上下游企业知识的互补性、多样性和区别性。具有区别性的知识是知识整合的最终目标。在产品创新中，企业可能选择具有互补性知识的开发商为其专门提供零部件开发，这种互补性知识是企业所没有的，而专门开发关于零部件的新知识比安排供应商进行开发成本要高很多，这也是基于供应链进行产品开发的优势所在。在开发过程中，引入的知识越具有多样性，知识之间产生的碰撞和联系越多，越有利于产生新知识。

可以从专业知识的质和量两个方面衡量专业知识水平。专业知识的数量越多，知识之间产生的联系越多，通过这种联系可以产生新的知识。专业知识的质量越高，说明这种知识在解决实际生活中遇到的问题越有用。质量高的知识之间产生的联系往往会产生新的高质量的知识。在新产品的理念构思和产品设计阶段，成员的专业知识水平是一个决定性因素。当现有产品不能满足消费者的新需求时，产品开发人员必须首先弄清现有产品的缺陷，并开发新的产品特征来弥补这种缺陷，才能使企业产品与消费者需求相匹配。

基于以上论述，可知：供应链参与者的共同知识水平、异质性知识水平和专业性知识水平对创造新知识有正向影响。

（二）供应链知识分布与现有知识利用

可以从以下两方面促进供应链中产品创新参与厂商使用现有知识：①通过减少组织成员间的相互学习来降低整合成本，进而促进知识整合效率。德姆塞茨（Demsetz，1991）指出当知识整合者的背景不同时，通过相互学习（mutual learning）完全复制对方知识是最低效的知识整合方式。例如，在产品创新中具有不同专业背景的开发成员，应通过彼此交流，相互理解对方的工作和困难，并使用自己领域的知识为对方的工作提供帮助，才是最有效的知识整合方式。②通过减少交流过程中的知识损失（knowledge loss）来促进知识整合的效率，共同知识水平越高，交流过程中的知识损失越少。如果双方的知识完全相同，交流过程中就不会有知识损失。知识损失越少，越有利于使用现有知识。

企业知识整合的另外一种方式是将现有知识应用到其他领域。阿里巴巴公司为我们提供了一个使用现有知识的典型案例，他们将应用于进出口贸易中的信用证业务应用到网络购物平台中，开发出中国首个网络支付工具——支付宝，用以保证网络中 C2C 交易买卖双方的资金和商品安全。这种产品能够问世，开发团队中必须有国际贸易的专业人士和 C2C 网站开发运营专业人士，将信用证相关的专业知识应用到新的领域中实现知识的重新配置整合，可以产生新产品。专业知识水平越高说明知识所有者对现有知识的理解越透彻，应用越灵活。

基于以上论述，可知：供应链参与者的共同知识水平、异质性知识水平和专业性知识水平对使用现有知识有正向影响。

（三）供应链知识分布与知识整合宽度

马洛里（Malhotra，2005）认为知识整合过程中的一个重要成绩是使企业能够接近范围更广的知识。供应链参与者存在的共同知识是不同知识集合的交集，是不同知识集合进行联合和应用的纽带。参与者的共同知识水平越高，成员在交流过程中的交流障碍越少，越有利于成员间的交流。共同知识水平可以有效促进供应链扩展知识领域，有更多的知识储备来创造新产品，随时可以应对来自消费者需求、市场和行业竞争对手的挑战。

异质性知识是不同知识集合中共同知识之外的知识，供应链的核心企业在产品创新中吸收上下游企业参与并整合他们的知识，其目的是为了获取或者以更低的成本运用这些企业自身没有的知识，降低开发成本，提高开发效率。异质性知识越多，企业知识整合的范围越广。实践证明，这种开发模式为企业带来了抢占市场先机的机会和丰厚的利润。

基于以上论述，可知：供应链参与者的共同知识水平和异质性知识水平对知识整合宽度有正向影响。

（四）供应链知识分布与知识整合深度

伍兹（Uzzi，2003）指出跨组织交流行为只有在进行深度的知识交换后才能产生创新，如交流专利技术、产品成本等机密信息，可以有效地帮助企业开发新产品。因此，知识整合深度是衡量基于供应链产品创新知识整合效果的重要因素。供应链知识分布中的参与者共同知识水平对知识整合深度的影响也是基于共同知识作为交流基础这一作用展开的，共同知识水平越高，越有利于促进深度知识的交流。异质性知识是决定知识整合深度的关键要素，因为企业深度知识的最为重要的特点是知识的独有性。对于供应链核心企业来说，其所整合的上下游企业的深度知识大部分是异质性知识。因此，知识整合中异质性知识水平越高，知识整合的深度越深。供应链知识分布中的知识专业性水平，代表的是企业领先行业平均水平的程度，领先水平越高，知识分布中专业性水平越高。而行业中最为先进的知识往往被少数企业所掌握，才能使其领先性持续更长时间，也就是说领先性与保密性是共存的，而保密性信息更是企业的深度信息。所以如果整合中供应链参与者专业知识水平越高，知识整合的深度越深。

基于以上论述，可知：供应链参与者的共同知识水平、异质性知识水平和专业性知识水平对知识整合深度有正向影响。

（五）供应链知识分布与知识整合质量

知识整合的质量决定了整合产生的知识能否成功地开发出新产品，为企业创造独特的竞争优势，进而在市场上取得成功。知识的质量通常通过知识的精确性、完整性、可靠性以及与创新产品的匹配性和对创新产品的价值等方面来进行衡量。通过整合取得高精确、与产品匹配度高的知识，必须要求产品创新参与者能够通过各种机制，在共同知识的基础上进行有效的交流（Whipple et al.，2002）。因此，共同知识水平越高，越容易产生高质量的知识。具有互补性、独有性和专业性的知识是供应链整合过程中知识联合的对象，是真正用于产品开发，对象化到产品，应用于解决产品、技术问题的知识，因此异质性知识水平和专业性知识水平越高，越有利于提高知识整合的质量。

基于以上论述，可知：供应链参与者的共同知识水平、异质性知识水平和专业性知识水平对知识整合质量有正向影响。

根据以上对供应链知识分布状况、供应链互动机制、知识整合效果及新产品开发绩效的论述，可初步获得供应链知识整合影响因素、知识整合效果、新产品开发绩效模型，如图 3－1 所示。

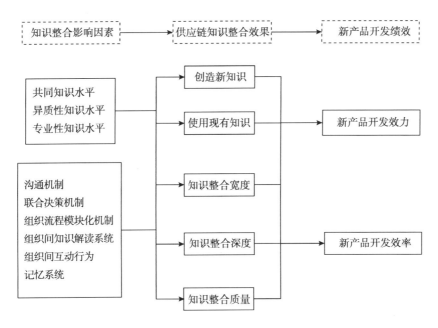

图3-1　供应链知识整合影响因素、知识整合效果、新产品开发绩效模型

三、供应链协同创新中的知识分布策略

共同知识是合作企业用来交流的基础，在共同知识基础上，企业才能进行深度交流。当企业间进行深度的探索和交流时，探索更多的是新知识，交流更多的是彼此独有的知识，如专利知识、专利技术等，只有这些知识的探索和交流才会促进知识整合的深度。企业为促进深度的知识整合应在日常运营中与供应链合作企业建立亲密关系，如互派专家进驻企业，或者通过长期合同等方式建立长期的合作关系，从战略上进行联合并通过有效的法律手段来保证深度知识只在供应链内部进行交流。当然能够有效地整合供应链对于企业来说也存在一定的困难，企业可能需要与供应商和分销商保持长期合作和良好的信任关系，才能分享和使用彼此的知识。无论企业要达到什么样的整合要求，都必须重视共同知识的作用，缺少了共同知识，参与者之间没有办法进行交流，产品创新也就无法进行。

企业间的异质性知识水平越高，越有利于提高知识整合的效果。企业在整合整条供应链进行产品创新，应针对所要达到的知识整合效果来选择产品创新的参与者。例如，注重创造新知识、更加重视异质性知识的作用，应吸收与自身差异比较大的企业参与到产品创新中；如果研发对专业性知识要求比较高，应选择具有行业领先水平的企业进行合作，将现有知识发挥到极致，不断完善现有产品的机能；如果要进行深度的知识整合，如彼此分享专利技术等，选择参与者的专业水平最起码要超过行业的平均水平，如果不能满足这个条件，整合就是失败的。

供应链核心企业通过与供应商、分销商、零售商及消费者的合作，吸收供应链上下游企业参与产品创新过程，目的在于借助供应商、分销商等的专业技术能力，以提高产品创新项的绩效。在专业知识整合方面，供应链核心企业应更加重视供应商的作用，更多地获取供应商企业的专业技术和知识，而供应商的专业知识也为制造企业新产品项目成功以及技术学习提供了可能。为提高供应链合作伙伴的专业知识水平，必须重视供应商的选择。在选择供应商时，应首先根据项目开发目的制定明确的供应商选择标准，针对企业的专业技术领先水平、企业在行业中的技术实力和综合实力等内容进行调查，从原有的供应商资源中选择适合的对象，或者选择新的供应商，但在新供应商选择之前应以长期合作为出发点。

第四章 用户激励、用户参与产品创新及其绩效研究

随着用户需求的日益个性化和市场竞争的逐渐加剧，企业在产品创新方面面临的压力越来越大。而产品创新是企业的生命线，对于企业在市场中的竞争力有重要影响，企业要想在产品创新方面时刻保持动力和能力，就要摆脱内部资源的限制，培养自身获取和利用外部资源和知识的能力。根据资源依赖理论，企业之所以吸引用户是参与产品创新，是因为企业想从用户身上获取企业本身缺少的资源，弥补企业在产品创新方面的不足。与此同时，参与产品创新的用户都带有一定的需求和动机，有的用户是为了满足经济利益和物质需求，有的用户是为了满足精神需求和心理动机，还有些用户则是为了能更好地改善现有产品以满足自己对产品的需求。总之，参与产品创新的用户都有自己的需求和动机，这些需求和动机会随用户的不同而不同，企业想要激励用户参与产品创新、提高用户的参与热情，就要针对不同的用户采取不同的激励措施。

现有研究表明，用户参与产品创新的主观意愿有助于产品创新结果的产生（李霞，郭要梅，等，2010）。用户的参与意愿和参与动机之间是紧密相连的，只有满足了用户参与产品创新的动机和需求，用户的主观意愿才会增强，才会有利于产品创新结果的产生。除了用户参与的动机，用户参与产品创新的程度也是一个很重要的因素，当用户的参与程度很深时，企业就很难离开他们而开展单独的创新活动（张德鹏，张凤华，2013），因而会通过各种措施激励、引导用户不断地加深参与层次，激励用户持续不断地贡献自己的需求、偏好和知识等。在此过程中，用户独特的需求和偏好，会给企业创新团队更多的创意，是企业产品创新的重要源泉，有利于丰富产品概念、提高创新绩效。因此，有效吸引用户参与产品创新，并不断挖掘、利用用户的知识，是实现企业差异化

竞争、提高产品创新绩效的关键。

根据对以往文献的回顾，可将用户激励分为物质激励和精神激励两个维度。所谓物质激励，就是为了激发人们产生某种行为的动力和热情，调动其积极性，而采取的满足人们物质需求的措施。对于用户参与产品创新来说，物质激励的措施包括对采纳创意的用户给予经济报酬、赠送奖品或优惠券、免费赠送（或体验）新产品、满足用户对产品的使用需求等，有的还可以通过举办比赛活动吸引用户参加并发放礼品等。精神激励是指为了让人们产生激发力，影响人的行为和心理，而采取的满足人们精神需求的措施（朱桂芳，2008）。本书结合激励理论、马斯洛的需要层次理论和相关文献，将精神激励划分为权力激励、成就激励、归属激励、享受和感知乐趣、自我提高、自我肯定、沉浸和自我实现等维度。其中，前三个维度主要是针对企业能给予用户的精神激励，其余的维度则是用户希望获得的精神激励。

对于用户参与产品创新而言，用户的参与程度是不同的。在参与的最初阶段，用户参与的作用主要体现在提供信息方面，向企业提供对产品的偏好和需求等信息，为企业提供创意。随着参与程度的逐步加深，用户承担的角色也越来越大，企业会吸纳用户参与产品研发团队，在产品创新的某几个或全部阶段，让用户与研发设计人员共同创新产品。随着参与程度的进一步加深，有些用户具备丰富的专业知识和产品使用经验，会自己动手对现有产品进行改良或创造新产品，并为企业提供成型的产品。因此，本书按照用户参与的程度将用户参与产品创新分为用户提供信息、用户共同创新和用户独立创新三个维度。

第一节　用户激励和用户参与产品创新

一、物质激励和用户参与产品创新

用户由于受到自身需求、知识、经验等方面的影响，在参与产品创新中所扮演的角色有所不同，但有一点可以肯定的是，用户之所以参与产品创新，都是为了满足自身的某些需求。有许多用户追求的就是经济利益方面的需求，如货币奖励、优惠折扣、免费体验使用新产品、满足独特的产品需求等，这些需求主要集中在物质层面。

参与产品创新的用户，都有一定的动机来激发他们的参与热情。如果能够满足用户的参与目的和动机，就能够激发他们的参与意愿，用户也就会积极地将自己对产品的想法和需求表达给企业，企业也就能准确掌握市场需求的信息（李霞，郭要梅，2010）。一方面，有些用户为了满足自己在物质方面的需求，如获得货币奖励、优惠券或折扣券，会更愿意参与产品创新，向企业传递自己所掌握的信息（杨依依，陈荣秋，2008）。另一方面，企业如果向用户宣传参与产品创新能够获得的具体利益，如经济回报等就能够满足用户的经济利益，提高用户贡献需求信息、产品创意的意愿。因此，企业通过物质激励，能够增强用户提供产品创意和信息的意愿（杨依依，陈荣秋，2008）。

在激励用户提供需求、信息方面，小米公司很好地发挥了物质奖励的作用。例如，小米开展征求用户对智能家居的功能需求的活动，最被米粉喜欢的智能家居建议将有机会获得小米免费赠送的小米路由器、蓝牙音箱和红米 F 码等奖品。这一活动得到用户的广泛参与，很多用户在论坛里表示小米公司的奖品太有诱惑力，为了得到这些奖品，他们积极地提供自己的需求和建议，如提出智能家居能够控制窗帘、热水器，如手机控制门窗、开灯等功能。小米通过物质激励的措施准确捕捉到用户最真实的需求信息，调动了用户提供信息的热情，无疑会对小米公司的产品创新提供更多的选择和创意。

基于以上论述，可知：物质激励对用户提供信息具有正向影响。

随着产品创新程度的逐步加深，如果用户只承担信息提供的角色可能对企业的帮助会越来越有限，因为企业已经吸收了有价值的信息而进入产品设计和研发的环节。如果用户仅是局限于表层的基础性参与，可能会使产品获得持续改进，却不能创造出新的产品，这就需要用户更深层次地参与到产品创新中的多个环节和多个阶段，由信息提供者向共同创新者转变。

对于参与产品共同创新的用户来说，如果完成产品创新的任务，企业给予他们金钱或者是礼品等物质激励，会对用户参与产生重要的积极影响（仲秋雁，王彦杰，等，2011），他们会渴望更深程度地参与到企业的研发团队当中，与企业研发团队一起创造出让双方都感到满意的产品。这时，作为激励，企业可以将用户参与创造的新产品的使用权或所有权奖励给用户，或者是向他们提供其他的物质奖励。在姚山季和来尧静等人（2011）的文献中提到，有些学者研究发现：如果用户能从软件改进中直接获得利益，就能够激发用户共同改进和创新软件的创造力。因此，对用户进行物质激励，从外部驱动因素中对用户进行奖励，有利于增强用户在创新过程中的涉入程度和创新意愿（徐岚，2007）。

海尔向用户征求冰箱画面创意的活动，将三门冰箱的 20 年使用权和体验权奖励给用户，因此吸引了一大批用户参与画面的设计和创造。据海尔负责人介绍，此次征求创意作品非常火爆，在上线的几日内，在新浪微博的话题讨论数便已达到 68 万人次，海尔冰箱的粉丝同城会也先后在成都、郑州、哈尔滨等城市举办。海尔冰箱为激励用户积极参与，特别设置了外观创意、内部空间创意、粉丝交互三项大奖，感谢所有粉丝用户的支持和参与。各地的用户也积极响应，与海尔频繁互动，在促进交流的同时，也拓宽了海尔冰箱的研发交互渠道。在获得创意大奖的用户中，一位走温情路线的大学生引起了大家的注意。他一直关注海尔冰箱的产品和技术，针对老年人的实际使用需求，设计了剩菜搁物架，在方便清洗使用的同时还节省了冰箱空间，优化了老年人的使用体验。海尔通过设置奖项，为获奖用户颁发奖品，激发了用户的参与热情，实现了产品创新和用户创意的结合。

基于以上论述，可知：物质激励对用户共同创新具有正向影响。

在所有参与产品创新的用户中，能够进行独立创新的用户，往往是具备很强专业知识和丰富经验的领先用户和资深用户，现有的产品不能满足他们超前的需求，他们会依靠自己的专业能力和知识，借助于用户创新工具箱，自己对现有产品进行改善或创造新产品，在满足个性化需求的同时为企业提供成型的产品，获得相应的利益和权益。通过这种用户独立创新，企业能够获得成型的产品和设计理念，有些甚至只需要完成批量生产即可。

莱特尔、赫施塔特和格明登（Lettl，Herstatt，Gemuenden，2006）的研究发现，进行创新的领先用户能够从使用创新中获取利益，而且有可能自己变为制造商，利益上的驱动有利于用户进行独立创新。除此之外，对独立创新的领先用户而言，物质激励更多地体现在满足领先用户对产品的使用需求上。有些用户虽然具备了设计成型产品的能力，但未必具备独立生产产品的能力，因此，企业可以从领先用户那儿获取成型的产品设计，然后进行生产，生产出来的新产品就满足了用户对产品的独特性需求，这对于用户而言也是一种物质上的激励。领先用户具有独特的产品需求，现有产品往往不能满足他们对产品的要求，郑文清（2010）就认为对产品的独特性需求也有利于领先用户进行创新。

浙江万隆珠宝有限公司就是让用户自己来独立设计珠宝，开通了珠宝设计网站，由公司为用户代加工，为用户提供个性化珠宝，并建立了用户创新的激励机制。用户可以将自己设计好的珠宝产品在网上展示并销售，万隆珠宝会根据实际的销售量与设计的用户进行利润分成；同时，万隆珠宝也会把一部分网上销售较好的产品大批量生产，然后投放到连锁商店进行销售，极大地丰富了产品的样式。正是由于公司大力提倡用户独立创新，并对创新的用户进行激励，增强了对顾客的吸引力，目前由用户设计的产品销售额已经占公司总业务收入的10%以上。通过满足领先用户个性化的产品需求，并采取相应的物质激励手段，能够更有效地促使用户进行独立创新。

基于以上论述，可知：物质激励对用户独立创新具有正向影响。

二、精神激励和用户参与产品创新

现实中很多企业更多地关注用户的经济利益，从价格、产品使用等方面给予用户一定的倾斜，但这种方式是最简单、最容易模仿的，如果仅采取经济利益的措施促使用户参与产品创新可能会带来一系列问题。不难看出，除了物质激励，企业还要关注用户心理方面的动机和需求，采取相关的精神激励措施。精神激励从满足用户的心理动机出发，主要包括权力激励、成就激励、归属激励、享受和感知乐趣、自我提高的需要、自我肯定的需要、沉浸需要、自我实现的需要等维度。

有些用户参与产品创新，更多的是追求精神上的满足。比如领先用户参与产品创新，渴望自己的想法和设计被企业采纳，主要就是出于精神层面的追求，获得认可和尊重，实现自我价值。通过参与产品创新，了解和学习产品的相关知识，享受和感知到参与的乐趣，也是用户愿意参与创新的激励因素。通过对用户参与运动产品创新的研究，吕特耶（Luthje，2004）认为用户能够从产品创新的过程中收获很多利益，而且还能够享受到分析问题、解决问题的乐趣。陈和吉姆（Chen，Kim，2010）通过研究发现，如果用户在尊重、声望等方面的精神激励增强以后，会使用户提供更有质量的信息和答案。如果精神激励能满足参与用户精神方面的需求，那么用户的参与意愿就会提高，有更强的动机向企业传递自己的想法、知识和信息，并对研发过程中出现的问题踊跃提出自己的意见和建议，从而有利于激发用户参与产品创新。

小米手机的"米粉"渴望参与到新系统的改进和创新中，每当看到新的系统版本采纳了自己的建议时，心里就会产生成就感和认同感，进而会更加积极地参与到下次的系统升级中。微软论坛 Windows Embedded CE "社区之星"计划，会对当月积极参与微软论坛中文新闻组或其他中文社区、所回答问题比所提问题数量多、答题正确率高的用户，授予社区之星证书和精美纪念品。论坛的用户为了获得社区之星的荣誉，积极踊跃地参与论坛的讨论和活动，提供有价值的信息，获得了很好的互动效果，这些措施都是企业在精神方面给予了用户充分的激励。

基于以上论述，可知：精神激励对用户提供信息具有正向影响。

由于用户需求的日新月异，新产品的用户体验越发引起企业和用户的关注，用户不再满足于被动地接受新产品，而是渴望能够作为新产品的共同创新者一起参与到新产品的研发和设计中。在这个过程中，共同创新的工作关系在企业、产品和用户之间建立起内在的关联性，用户能够获得一种满足感、成就感（吴伟，2011）。用户作为共同创新者参与企业的产品创新，在了解企业、产品创新过程、提高自己相关知识和能力的同时，还能让自己的需求和想法成为新产品的某些属性，从而内心更加愉悦，获得更大的自我肯定。

有些企业在产品创新的过程中，赋予共同参与产品创新的用户一定的权力，使用户产生自治感，让用户根据自己的需求和愿望支配所掌握的资源和权力，并为他们提供愉悦的创新环境和便捷的创新工具，让用户真正享受到来源于自由选择参与创新的乐趣（张德鹏，张凤华，2013）。达尔等人（Dahl et al.，2007）认为用户参与产品创新活动的自治感是由选择参与创新任务而产生的一种愉悦感。这部分用户获得了权力激励，增强了参与的自治感，享受到参与的乐趣，会更加倾尽所有地向企业提供自己的创意和设计，更专注地承担产品创新的角色和责任，与企业共同创新。

基于以上论述，可知：精神激励对用户共同创新具有正向影响。

用户独立创新对用户具有很高的要求，往往都是具备专业产品知识、技术背景和超前需求的领先用户，他们很了解自己所使用产品的功能、特性和不足之处，对竞争对手产品的产品也很了解，知道自己需要什么和产品应该改进的地方（张辉，等，2010）。独立创新的领先用户对享受乐趣、认知感以及有机会学习新的技能等精神层面的因素非常看重，这些也都是用户创新的重要动机（Brabham，2008）。企业给予领先用户所需要的激励，可以加强用户的责任感，促使用户参与的程度不断加深（李霞，郭要梅，2010）。用户也能够通过企业提供的学习和培训机会，提高自己的知识能力。因此，提高自身的能力也是激励用户持续参与的重要动机（Brabham，2008）。

基于这种情况，有些企业结合产品创新的要求，把创新任务交给用户来进行，而企业更多是为用户创新提供必要的支持和帮助，让用户根据自己的需求创新产品。在这种创新模式下，用户的自主权得到了空前释放，因此变得更加积极主动。

用户参与产品创新，能够满足自我肯定的需要和沉浸的体验。自我肯定是对自身具备某种能力的自信，用户之所以产生参与的行为，自我肯定是重要的动机（苏芬媛，等，1996），通过释放想象力和创造力，证明自己有参与产品创新的能力，满足自我肯定的需要。在用户独立创新的过程中，用户对自己充满信心是自我肯定的表现形式，用户会更有兴趣和动力全身心地投入产品创新，更容易产生沉浸体验。沉浸的概念首先是由希斯赞特米哈伊（Csikszent-mihalyi，1975）提出的，他认为沉浸是当人们完全投入某种场景或情景而体验到的一种感受，是层次最深的内部动机，也是人们愿意继续实施参与行为的主要原因。由于用户进行独立创新，或是出于兴趣爱好，或是出于产品需求和责任感，用户都能全身心投入，把产品创新当作自己的事来做，因而更容易产生沉浸的体验。

现实中，很多用户愿意花钱去陶吧自己动手创作陶器，不是为了省钱，也不是为了炫耀自己，他们只是想单纯地享受创造陶器的过程（徐岚，2007），陶吧可以将一部分用户设计的产品销售给其他用户，这样既保证了用户对产品的要求，又能实现企业的利润。

基于以上论述，可知：精神激励对用户独立创新具有正向影响。

第二节　用户参与产品创新和产品创新绩效

从本质上来说，用户参与产品创新是一种知识共享活动，需要企业根据已有的知识，再综合用户的显性知识和隐性知识来创造新产品。因此，企业对参与创新用户的激励程度以及用户贡献知识的程度是产品创新能否成功的关键（黄海艳，2014）。很多重要的产品创新，并不是来自企业，而是来自用户（Hippel，1997）。因此，用户参与产品创新是影响新产品创新绩效的重要因素之一。因此，企业在拥有技术的同时，需要吸纳用户参与产品创新，鼓励用户提供意见，第一时间了解用户的需求，并将这些需求转化到新产品的设计开发过程中，吸纳用户进入产品研发团队中，与企业研发人员共同创新，为一部分实施独立创新行为的领先用户提供必要的技术和资源方面的支持和帮助。但究竟用户参与产品创新对产品创新绩效有怎样的影响，各个维度是如何影响产品创新绩效的，这是本书要研究的内容。

一、用户提供信息和产品创新绩效

企业要想使创新的产品符合市场和用户的需求，来自用户的信息至关重要。用户信息包括两方面的内容，一是用户自身的需求信息，即用户渴望什么样的产品能够满足自身的需求；二是用户所掌握的专业信息和市场信息，用户可能通过与其他用户的交流，了解其他用户的信息。企业吸纳用户参与产品创新，通过知识共享的方式，获取用户信息，有助于提升企业的产品创新绩效。

具体而言，企业与用户通过各种形式的互动，获取用户对产品的需求和信息，实现资源共享的效果，将缩短产品的开发时间（Sherman et al.，2000），提高新产品的上市速度。李和卡兰托内（Li，Calantone，1998）发现用户为企业提供解决问题的信息，能够帮助企业更快地挖掘有价值的思想和研发下一代的新产品，从而极大地加快产品的创新速度和面市速度。

由于用户是产品的最终使用者，他们了解所使用产品的差异，知道自己想要什么样的产品以及产品需要改进的地方，所以用户将需求信息和专业信息反馈给企业，有利于企业更为全面地获取用户市场的真正需求，所生产的产品更加符合市场需求，有利于刺激新产品销售，增加企业的销售额。关系营销的理论认为，获取用户的信息有助于企业创新小组掌握用户需求和市场机会（Griffina，1993），通过加强用户与企业之间的信息交流和共享能够提高产品创新效率（Fang，2008）。吸纳用户参与产品创新，能够降低产品创新过程中的不确定性（Leonard，1995），提高产品开发的成功率。奥兰（Olaon，2001）等就认为让用户参与产品创新能够极大地提高新产品成功的概率。

MIUI 系统最初只有 100 个用户，但他们是小米论坛的"敢死队"，他们不怕手机死机，在刷机中尝试各种新版本系统，现在这一系统已有 1000 万个用户。小米论坛是"米粉"的天下，他们积极活跃在论坛中，踊跃发表各种意见和建议，其中不乏一些"米粉"根据切身体验为操作系统提出修改建议。在MIUI系统每次更新的诸多功能中，大约 1/3 是由"米粉"们提供的。

因此，在产品创新的过程中，用户提供信息对产品创新绩效有正向影响。

二、用户共同创新和产品创新绩效

如果用户仅仅是提供信息，但没有参与制定决策的权力或机会，那么他们对于产品创新很少有甚至没有影响（Olsson，2004）。企业仅掌握用户的信息，对进一步的产品创新而言是不够的，还应该吸纳用户参与到产品创新团队中，保持与用户的实时沟通，将用户信息付诸实践，这样才能有效地开展产品创新活动（Lagrosen，2005）。用户作为产品研发团队中的成员共同参与产品创新对企业价值创造具有明显的促进作用，这不仅能体现出企业对用户的重视程度，还能提高创新能力（Lengnick，1996）。企业和用户共同开发新产品，进行直接的互动，可以从用户那儿获取修正产品的创意、共同商讨解决问题的方案。这种做法可以将用户对产品的期望和建议直接地反映在产品创新中，包括对产品质量、外观、性能等方面的期望和建议，企业和用户共同创新的一体化创新体系能够使新产品更符合用户和市场的需求。用户共同参与产品创新，与企业进行深层次的交流和共享，能够有效提升产品创新绩效（Fang，2008）。

方（Fang，2008）的研究还证明，在产品创新的全部过程中，用户参与创新的程度对产品创新水平具有积极影响。随着用户作为共同创新者参与创新的程度逐渐加深，企业研发团队可以随时随地与用户直接沟通交流，加快产品创意的生成，完善产品设计，在测试和商业化推广等阶段的速度也会加快，能够缩短产品开发的周期，改进企业产品创新的时间/成本曲线（Rothwell，1994），加快新产品的面市速度。同时，由于新产品是用户亲自设计的，会产生强烈的购买欲望，并影响和带动周围的用户一起购买，有利于提高用户对企业产品的评价，增加新产品的销售额。弗兰卡（Franke，2004）的实证研究从另外一点证明，用户对自己所参与创新的产品的认可度要明显高于其他没有参与创新的同类产品，他们愿意支付的价格大概是其他同类产品的两倍。

惠而浦将可移动的产品实验室带到用户家中，与用户共同探讨和创新，研究什么样的产品有利于改善他们的生活。通过与用户共同创新产品，惠而浦将产品创新的失败率一直维持在行业内的最低水平。思科公司向用户开放公司的信息资源系统，允许用户登录系统与企业直接合作。通过这种方法，用户和企业会就各自遇到的各种问题进行讨论，共同寻找解决方案，在缩短创新周期、提高思科产品质量性能的同时还降低了成本。

基于以上论述，可知：在产品创新的过程中，用户共同创新对产品创新绩效有正向影响。

三、用户独立创新和产品创新绩效

无论用户作为信息提供者还是共同创新者，只是部分或局部地参与到产品创新过程中，虽然对产品的设计研发起到的作用越来越大，但企业还是占主导权和领导权。用户要想更多地发出自己的声音，满足自己的精神需求和独特性需求，就要向独立创新的层次演进。

参与独立创新的领先用户拥有专业的知识和特殊的经验，能够预测出市场上大多数用户的需求，他们经常会为了满足自己的需求而对产品进行改进和创新，提供产品原型和设计（Hippel，1986）。有些企业运用用户创新工具箱的方法，让用户来完成产品创新的任务，能够加快产品创新的速度，降低创新成本并提高用户的满意度（高忠义，王永贵，2006）。创新工具箱能够帮助用户进行独立的创新，以满足用户的需求为目的进行产品设计和研发（Hippel et al.，2002）。由于是用户独立自主地对产品进行创新，因而对所研发的产品非常熟悉，能够降低新产品的支付成本和使用成本，而且愿意与其他用户分享，能提高对该产品的评价。

由此，在产品创新的过程中，用户独立创新对产品创新绩效有正向影响。

根据以上对用户激励、用户参与产品创新及对产品创新绩效关系的讨论，我们初步获得了用户激励、用户参与产品创新及其绩效的理论模型（见图4-1）。

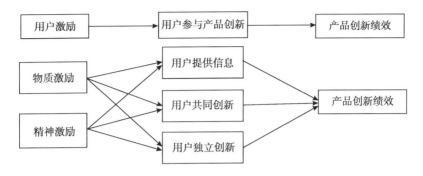

图 4 – 1　用户激励、用户参与产品创新及其绩效模型

第三节　用户参与产品创新中的激励策略

在产品创新的过程中，吸引用户参与产品创新不仅能在短时间内吸引大批用户的关注，而且能够帮助企业了解用户和市场的需求，有效避免产品创新失败的风险。但是在现实的产品创新中，在一些需要用户参与的行业中，还有很多企业虽然希望用户参与，但苦于没有一套完整的激励用户参与的体系，导致在市场竞争中较为被动。本书通过实证研究对用户激励、用户参与产品创新及产品创新绩效进行了研究，提出一套激励用户参与产品创新的管理策略，为企业更好地激励用户参与产品创新提供一定的借鉴。

一、树立用户参与产品创新的观念

用户是企业外部重要的创新源，能够向企业提供需求、创意等信息，还可以加入研发团队，以共同创新者的身份共同创新产品，向企业提供创新理念、产品设计，有的用户甚至能够进行独立创新，靠自己的知识和能力独立地改进或创造出一款新产品。有效地挖掘和利用用户资源，有利于增强企业的产品创新能力，提高用户的满意度，最终提高企业的产品创新绩效。既然用户参与产品创新具有如上所述的积极意义，作为企业来讲，就要努力激励和吸纳用户参与产品创新的过程，参与程度的深浅则可以根据企业和产品创新的实际情况而决定，但首先企业必须得树立用户参与产品创新的观念。

现在有很多企业意识到了用户参与产品创新的重要性，在观念上进行了变革，通过各种途径激励用户参与产品创新，源源不断地获得了好的创意和想法，降低了创新成本，提高了企业的产品创新绩效。比如缔造了中国手机行业神话的小米手机，从成立伊始就牢固树立了用户参与的观念，将用户思维贯穿于整个创新过程中，销售的就是用户的参与感，因此获得了大批的"米粉"和良好的口碑效应。随着现在的市场由卖方市场向买方市场转变，企业不能再一味地固守"以我为中心"的传统观念，而要对用户参与产品创新给予充分的关注，树立激励用户参与产品创新的观念，综合采取多种激励措施鼓励和引导用户参与，建立与用户交互式的产品创新模式，发挥出隐藏在用户中的想象力和创新力。

二、选择恰当的激励方式

用户在产品创新中的作用越来越重要，企业要吸引和激励用户参与进来，但不同用户参与的动机和需求是不同的，只有满足了不同用户的动机和需求，才能激发用户的参与热情。用户参与产品创新可以分为用户提供信息、用户共同创新和用户独立创新三种角色，企业要激发用户参与产品创新的热情，就要随着用户角色的不同和用户参与程度的不同，对症下药，建立一套物质激励和精神激励相结合的激励机制，从而激发用户的参与意愿。

（一）物质激励

根据本章结论，物质激励对用户提供信息、用户共同创新具有显著的线性关系，因此，企业在激励用户提供信息、将用户吸纳到研发团队的阶段，可以采取物质激励的措施，鼓励用户提供、分享自己掌握的需求和偏好信息，吸纳用户加入企业的研发团队。然而，物质激励对用户独立创新没有显著的影响，说明物质激励并没有随着用户参与程度的加深而变得更有效。因此，在吸纳用户参与创新的初始阶段和中期阶段，要积极发挥物质激励的作用，采取物质激励的措施，在更大程度上激发用户提供信息，鼓励用户共同参与新产品开发。具体来说，有以下三种方法。

（1）主办比赛，颁发奖项，这是一种鼓励用户提供信息、共同参与产品创新的方法。企业可以通过举办创意大赛的形式来征求用户的创意，为比赛提供资金、技术等方面的帮助，对参赛的用户进行奖励。通过主办比赛，一方面，企业不仅能够获得好的创意，将这些好的创意融入产品的研发过程中，生产出更好的产品，建立竞争优势；另一方面，参赛用户大部分都是领先用户和资深用户，他们拥有较为专业的知识背景和一定的影响力，他们会宣传和带动周围的用户，通过这种口碑宣传来提升产品和企业的知名度。比较典型的例子就是海尔海立方创客大赛，海尔在技术、资金、信息等方面给予比赛很大的支持，参与创客项目的用户也非常积极和踊跃，与创新团队实时沟通，提出了很多的意见和建议。在这种双方互动的过程中，参与的用户逐渐建立起对企业和产品的喜好感，成为创客的忠实拥趸，并利用自己的影响力去影响周围的人。海尔通过主办比赛、颁发奖项的激励方式，让用户真正地参与到项目创新中，激发了用户的参与意愿，收到了很好的效果。

（2）金钱激励、赠送优惠券或优惠折扣，也是激励用户提供信息最为直接的方式。物质或经济方面的奖励往往是最基础又最有实效的激励方式，很多用户之所以愿意提供自己的需求信息、之所以愿意共同参与到创新过程中，物质或经济方面的刺激是重要原因。现金或优惠折扣作为对参与用户的奖励是最直接也是最有效的激励方式，这种例子在企业的实践中非常常见。百度无线邀请部分用户参与产品调研，以100元礼金作为奖励；小米公司赠送F码等都是最好的例子。这种激励方式能在短时间内刺激用户提供信息、与企业共同研发的热情，是一种直接有效的激励方式。

（3）共享创新成果，与用户分享创新产品和成果来激励用户共同创新和独立创新。这种激励方式主要侧重于共同创新或独立创新的用户，因为现有的产品并不能满足领先用户的需求，他们对新产品本身往往更加关注，与他们共享产品创新的成果，满足他们对产品的需求可能对他们的激励作用更大。

（二）精神激励

根据本章结论，精神激励对用户参与产品创新具有显著的影响，即对用户提供信息、用户共同创新和用户独立创新具有显著的线性关系。这说明，精神激励在用户参与产品创新的过程中一直发挥着作用，而且随着用户参与程度的逐步加深，精神激励要比物质激励发挥的作用更为明显。因此，在利用好物质激励的基础上，要充分利用精神激励的方法激励用户提供信息、激励用户共同创新、激励用户进行独立创新。此外，能深入参加产品创新阶段的用户主要是领先用户，因为相比较而言，领先用户更关注的是产品质量、功能以及通过参与产品创新获得的认可。因此，在实施精神激励的过程中也要抓住适当的用户群，即应以领先用户为主。具体来说，有以下三种方法。

（1）授予用户荣誉、认可用户身份。有些用户在产品创新的过程中，积极向企业贡献自己的创意，如果创意被企业采纳，可以授予用户类似于"最佳用户发明奖""创新达人"等的荣誉称号或是身份象征。通过这种措施，会让用户心理上得到满足感和认同感。最有说服力的案例便是乐高对用户的重视。乐高经常会邀请用户一起参与产品的设计，对优秀的用户会授予"乐高认证专家"，或者是聘用用户作为乐高的设计师。通过这种方法，用户欣然接受，企业能捕捉到用户的最新需求，此可谓一举两得。

（2）展示用户的优秀创意，体现用户的个人价值。这种措施主要应用于企业的官方论坛社区、微博等网络场所，企业可以经常就新产品的问题展开话题讨论、竞猜活动等，鼓励用户积极发言，并将有价值的评论或创意置顶展示，体现用户的个人价值。

（3）奖励用户特权。用户对企业产品创新的贡献程度是不同的，有些用户自始至终跟随企业创新的步伐，他们的活跃度和意见采纳率都很高，参与的程度逐渐加深，在创新中扮演的作用也是越来越大，这部分用户就要引起企业的重视，可以授予他们不同的特权、增值服务或奖励勋章。通过这种措施，会让用户感觉自身受到企业的重视，是与其他用户不同的，从而内心产生优越感和成就感，会对企业更加忠诚。比如小米手机将一部分用户分为 VIP 用户，这部分用户要比普通用户享有更多的购买优惠和服务待遇。

三、创造用户参与产品创新的条件

去中心化是互联网时代的一个明显特征，企业和用户可以不受地域和时间的限制进行知识的分享、资源的共享和利益的共享，用户也可以利用各种途径表达自己的信息和诉求。用户参与的程度是保证其有效性的基础，而且本章的结论也证实了用户提供信息、用户共同创新和用户独立创新都对产品创新绩效具有显著的线性关系。因此，为了让用户更多地提供与产品创新相关的信息，应该创造一些可能的条件。

（一）提供用户参与产品创新的平台

这个平台主要是一个灵活有效的沟通机制或是能够吸引用户广泛参与的平台，能让用户有更多的渠道向企业提供信息。企业不仅要搭建好正式的沟通平台，也要充分利用非正式沟通的平台，尤其是在自媒体迅速发展的今天，企业更要充分利用好各种非正式的沟通手段。一方面，企业要建立和完善自己的官方论坛和社区，建立适合企业和产品创新的沟通渠道和激励机制，对参与产品创新、贡献信息和知识的用户进行奖励，对提供信息的用户、共同创新的用户和独立创新的用户要区别对待，利用好不同的激励措施。与此同时，为了与用户的沟通更加顺畅，企业可以实施友好的界面管理，包括沟通平台和合作平台，从而构建起有利于企业和用户深度沟通合作的机制。另一方面，企业要主动建立或加入用户自发成立的社区论坛中，鼓励用户在社区中自由发表言论和意见，进行信息的交流和沟通，鼓励和邀请用户共同参与产品创新，与用户打成一片。企业主动地加强与用户之间的联系，用户能够随时随地地提供自己的需求和建议，企业研发团队也能及时有效地与用户进行互动，收集和整理用户的意见，最终落实到产品创新中。

（二）降低用户参与产品创新的难度

降低用户参与产品创新的难度，让用户共同创新和用户独立创新变得更加简单。产品创新是一个复杂、艰巨的过程，用户所掌握的需求、知识和能力是不同的。为了能让更多的用户参与其中，企业要将产品创新方面的知识和对产品创新的要求尽可能地用简单明了的方式向用户表达，以一些用户熟悉的技术和知识为基础，辅之一定的设计知识，而不是让用户重新开始学习，这种将产品创新技术显性化的方法能够提高用户参与产品创新的效率。除此之外，可以向参与的用户提供创新工具、组织用户培训或其他形式的帮助，降低用户参与产品创新的难度，扩大参与用户的范围，加深用户参与的程度。

第五章　社会化商务中顾客参与的产品创新

顾客参与产品创新又被称为价值共创，它指的是消费者与生产者共同创造价值的一种活动（Zwass，2010）。顾客参与的思想最早可以追溯到 19 世纪，20 世纪 60 年代被经济学家以消费者生产理论的方式进一步呈现，突破了消费者对价格创造贡献仅局限于服务经济领域的观点，以经济学的方式更一般地阐述了消费者的价值创造作用。根据这一理论，厂商提供给消费者的任何产品，都不能直接满足消费者的需要，消费者的需要是通过消费者生产来得到满足的，生产者在这一过程中的首要任务就是帮助消费者完成他们的生产过程，生产者在消费者生产过程中所起作用的大小和独特性直接决定生产者的竞争优势和利润。1999 年，卡姆比尔（Kambil）、弗里森（Friesen）和孙达拉姆（Sundaram）三位学者首次明确提出价值共创（value co-creation）的概念，这一概念最早只包括由企业发起的邀请消费者共同参与价值创造的活动，之后，随着社会化商务的兴起，顾客参与涵盖的范围扩大，也包含由消费者自发选择与企业合作，共同创造价值的活动。且这一活动近年来逐渐成为顾客参与活动的主体。

第一节　社会化商务简述

社会化商务是一种基于社会化媒体开展的新型电子商务模式。2005 年，Yahoo 公司融合 Web 2.0 技术推出 Shoposphere 网络服务，使全球用户都可以将自己感兴趣的商品按主题放到自己的精选列表（picklists）中，并与网络中的好友分享。Yahoo 用社会化商务（social commerce）一词来表示这种新的商业活动，这标志着社会化商务的产生。随着经济全球化与互联网技术的不断演进，社会化商务蔚然成风，席卷世界。截至目前，社会化商务的发展可以分为三个阶段。

（1）2005 年到 2010 年。许多传统的电子商务企业纷纷效仿 Yahoo 公司的 Shoposphere 服务，在自身的电子商务平台中添加社交功能，诱使更多的消费者网上购物，形成范围经济。此时的社会化商务又被称为社会化购物（social shopping），重点强调电子商务与社交功能的兼容，典型表现形式为团购。同时，这一阶段的社会化商务并未对社会化媒体形成足够的重视，仅仅将其作为宣传品牌的一个重要工具，而非可以展开交易活动的一个平台。

（2）2011 年。一些运营社会化媒体的企业开始认识到社会化媒体对于社会化商务的推动作用，纷纷在自己的平台中添加交易功能，以基于用户间形成的协作关系实现信息共享，并扩大交易规模。此时的社会化商务又被称为协作式商务（collaborative commerce）或协作式购物（collaborative shopping），重点强调社会化媒体中的用户连接，典型表现形式为在线用户推荐计划。从这一阶段开始，社会性开始成为社会化商务领域研究的一个主要议题。

（3）2012 年到现在。随着移动终端的不断普及，移动互联网获得了一个蓬勃的发展，此时的社会化商务开始探索线上与线下的有机融合，O2O（On-line to Offline）模式获得了越来越多企业的认可与实践，商业活动由以往的直线式向网络状发展，并进一步向商业生态群落的方向演进。这一阶段的显著特征就在于越来越多的互联网巨头涉足社会化商务，并不惜成本地和竞争对手抢夺社会化媒体（固定互联网与移动互联网）中的用户资源。

学者们的研究表明，社会化商务在多种多样的表现形式之下，存在四个共同的核心要素：人际互动、社会化媒体、商业意图和信息流动。人际互动行为是社会化商务的依托手段与重要前提，社会化媒体是社会化商务的基础平台与环境保障；商业意图的融入是社会化商务的必要条件与核心动力；信息流动是社会化商务的内在特征与外在表现。四个核心要素相辅相成，缺一不可。最近的一份研究表明，社会化媒体技术、大数据采集技术与云计算技术的发展，使得个体消费者的行为特征与个性化需求容易被捕捉，也促使个体消费者信息成为与土地、资本、劳动力同等重要的生产要素，社会经济的形态开始由以往的小品种、大批量的规模经济向多品种、小批量的范围经济过渡。个体消费者的中心地位不断凸显，个体消费者之间的互动越来越频繁及深入，开始成为顾客参与活动的主角。这一切都使得社会化商务环境中的顾客参与活动和传统顾客参与活动存在诸多不同之处。

第二节　社会化商务中顾客参与产品创新的运作原理

社会化商务中顾客参与产品创新的运作原理可从以下三个方面进行表述。

一、顾客参与产品创新的形态

社会化商务基于社会化媒体产生并发展，社会化媒体是一种给予成员极大参与空间的新型在线媒体，是人们彼此之间用来分享信息、意见、见解、经验和观点的工具和平台，是社会化的沟通方式，其本质是将作为物理媒介的互联网变作个人媒体的互联网，将口耳相传的信息传递形式搬移到网络上，模糊了媒体与传媒者、受众之间的区别，实现了媒体与个人的有机合一（王明会，丁焰，白良，2011）。从这一定义可以看出，社会化媒体为个体消费者创造出一个复杂而又庞大的社会化网络。早期研究社会化网络的学者便指出，社会化网络中节点的任何行动都不是孤立的，而是相互关联的，网络结构影响个体的行动机会和结果（Wellman，1983）。近年来，多位学者围绕社会化网络中的人际关联和顾客参与之间的关系展开过研究，重点关注个体消费者在虚拟空间中形成的关联关系是否稳定而紧密，能否被生产者利用，从而提炼出商业价值。其中，具有代表性的研究成果来自史蒂芬、托比（Stephen，Toubia，2010），两位学者的研究发现：社会化网络中稳定和紧密的人际关联能够产生可观的经济价值，但并不是距离社会化网络中心点越近的节点越能产生价值，而是那些更具备可接入性的节点最能和生产者实现顾客参与。杨等（Yang，Tang，Dai，Yang，Jiang，2013）将这一结论通过引入显性联结与隐性联结的概念更为清晰具体地进行了展示。根据五位学者的研究结果，社会化网络中的个体拥有的可接入性，同时包含其显性联结与隐性联结，联结数越多，可接入性越强，个体在顾客参与中发挥的效应越大。因此，社会化商务环境中的顾客参与模式，已经不再是传统的价值链状，而是在向一种价值网的模式进行转变。在这一价值网中，生产者也化身为一个普通的节点，与已经成为节点的个体消费者在共同的社会化网络中展开人际互动，进而实现顾客参与。与传统价值链最大的区别在于，这种顾客参与活动的效率与效果不再取决于参与者所处的位置，而是取决于参与者所拥有的网络资源。在价值网模式中的顾客参与活动，一个重要的表现就在于参与者彼此之间平等的地位与人际互动。此时的个体消费者与生产者，均可以发起并组织顾客参与活动。一言以蔽之，社会化商务中的价值网模式能够充分地采集到由海量个体积聚而成的群体智能，使个体消费者信息成为与土地、资本、劳动力同等重要的生产要素，从而加快顾客参与的速度，改善顾客参与的效率，提升顾客参与的效果，为社会化商务环境中的企业塑造更强的竞争优势。

二、顾客参与产品创新的表现形式

在社会化商务环境中，个体消费者与生产者依托社会化媒体开展顾客参与活动，其实质是一种虚拟社区的参与行为。社会化商务中的虚拟社区指的是分布在社会化媒体中的，被企业在商业活动中加以运用的特定虚拟空间，这些虚拟空间多由拥有并分享共同兴趣爱好的社会化媒体使用者聚合而成（Shen，Huang，Chu，Liao，2010）。在社会化商务中，虚拟社区成员的参与行为包含两个方面的内容。第一个方面基于虚拟社区运营者和社区成员之间的关系考虑，指的是社区成员提供内容从而对社区经营者做出贡献的行为；第二个方面基于社区成员之间的相互关系考虑，指的是社区成员之间通过互动交流促进社区成员关系和社区凝聚力形成的行为（楼天阳，褚荣伟，李仪凡，陆雄文，2011）。目前，社会化商务中虚拟社区成员的参与行为有跟帖、发帖、发表图片、发站内短信、上传文件、共享音频视频等表现形式。这些参与行为可以基于社区成员与社区之间的心理距离被区分为边缘参与和核心参与，也可以基于时间长度被区分为初始参与和持续参与。虚拟社区成员的参与动机一方面可以按照功能利益和社会利益进行划分，另一方面可以按照内在动机与外在动机进行划分。

当前，学者们已从多个理论视角对虚拟社区参与行为的心理驱动机制展开研究。

（1）社会认同理论。巴格兹、达勒吉雅（Bagozzi，Dholakia，2004）提出网民个体在虚拟社区中的行为受群体社会影响的理论框架，研究发现群体规范和社会认同是促进社区参与意向形成的重要心理中介变量。马等（Ma，Agarwal，2007）研究发现，虚拟社区IT系统的特性会通过促进网民的自我身份验证来显著影响网民的身份满意度与知识贡献行为。楼天阳和陆雄文（2009）的研究表明，虚拟社区的沟通是基于虚拟身份的沟通，不仅社会身份认同对网民的参与行为有正向影响，网民在虚拟世界扮演角色所产生的自我身份验证同样会影响其行为。

（2）消费者行为理论。康等（Kang et al.，2007）利用认知图谱证明社区承诺与参与行为之间的强烈关系。金等（Jin et al.，2010）基于扩展信息系统持续模型发现成员参与社区的持续意向由满意度和情感承诺共同决定。贝特曼等人（Bateman et al.，2010）基于组织承诺三维度理论框架，证明承诺的三个维度对应于虚拟社区参与行为的三个不同层次。

（3）社会资本理论。迈斯维克等人（Mathwick et al.，2008）研究发现，由关系规范决定的社会资本的互惠规范、自愿捐助和社会信任三个维度显著影响社区成员感知到的社区信息价值和社会价值，进而影响成员的社区承诺。波特（Porter，Donthu，2008）则从企业获利的角度探讨了由企业赞助的社区应该如何建立信任，从而让参与者愿意分享个人信息，并参与新产品开发的问题。

（4）合法边缘参与理论。方和诺伊费尔德（Fang，Neufeld，2009）首次基于这一理论证明了OSS社区成员情境学习和身份建构的互动关系。一言以蔽之，虚拟社区的参与行为是社会化商务环境下顾客参与的表现形式，对驱动机制的深入理解能够因势利导地促进顾客参与活动。

三、顾客参与产品创新的并行条件

社会化商务中的个体消费者是处于广泛的社会网络连接中的顾客参与者。伴随社会化技术的不断发展，他们的个性化需求，尤其是隐性需求，正被不断激发出来，他们对设计、生产、售后等的参与更为便捷和主动。生产者一方面可以借助云设计等工具较方便地参与到企业的商业流程之中；另一方面又能够基于云计算对个体消费者留下的海量行为数据进行分析，进而不断丰富和深化价值网，创造出更大的价值。过去那种单向、僵化的供应链，将不再是企业间主导性的协同模式，柔性协同呼之欲出。

柔性协同分为以下两个方面。

（1）生产者基于海量个性化需求实现的柔性生产。云计算对分散化设计和分散化生产的支撑，以 SaaS（软件即服务）化方式所推动的软件等生产工具的推出，正在倒逼、支撑起柔性生产过程的普及。在我国当前的工业化进程中，机器对人力的取代使得自动化水平不断提高，不远的未来将是由高端柔性化设备、3D 打印机等快速成型技术推动的柔性化生产的不断深化。

（2）企业管理变革所带来的柔性组织。社会化商务的基本结构，是一种以苹果 AppStore 为典型代表的"共享平台 + 多元应用"的双层结构。这种结构不仅降低了计算资源等物理设施的分享成本，更降低了数据分享的成本，并有望成为信息时代最为主流的一种商业结构。随着越来越多的个体消费者参加顾客参与活动，这一双层结构给组织带来的影响就是，由于共享云平台的所有权与使用权实现了分离，企业之间、企业与消费者之间，过去那种界限分明、基于资产专用性的组织边界正在发生很大的松动。大量的商业流程被流动的数据所驱动，并在企业之间、企业与消费者之间展开灵活组合，新的组织边界也呈现为一种产消合一、网状交融的格局，企业组织由此将进一步走向开放化、社区化。因此，社会化商务让内部管理成本和外部交易成本（包括协同成本）都在下降，但后者的下降速度远快于前者。这种速度上的不一致所带来的结果，正是在于公司这种传统的组织方式在顾客参与过程中的主导地位开始下降。

一言以蔽之，社会化商务中的顾客参与，既需要柔性生产技术的不断发展和运用，也对柔性组织的大量产生提出了要求。从整体上看，未来的柔性协同将呈现出"后端集中化扎实管理 + 前端分布式灵活创新"的特点。

第三节　社会化商务中顾客参与产品创新的操作建议

一、理解基础要素

在分析顾客参与产品创新的模式之前，我们有必要先理解四个基础要素。

（一）顾客的类型

企业面对的顾客群体并非铁板一块，而是由存在差异的诸多个体顾客所构成。顾客与顾客之间，在产品创新过程中发挥的效应也不尽相同。根据顾客对需求、创新的认识不同，以及顾客对产品创新过程的控制程度不同，赫尔斯托克、梵赫（Herstattc, Vonhe）将顾客分为普通顾客和领先顾客两种类型。其中，领先顾客比其他顾客领先一步觉察到市场变化趋势和产生新的特别需要，因而他们主动进行产品创新，并期望能够从创新产品获得一定的经济利润。另外一种分类法由布鲁克霍夫（Brockhoff）提出，这一分类法根据在产品创新过程中顾客投入的形式和方法，将顾客分成五种类型：苛求顾客、发起顾客、领先顾客、参考顾客和率先购买者。苛求顾客往往是市场需求的代表，他们经常向企业提出建议和投诉，因为投诉是对当前产品的使用效果和产品特征的最好响应，所以苛求顾客投入是新产品创意的来源。发起顾客则积极参与产品创新过程，他们有新的需要并愿意参与产品创新的各种活动。领先顾客则和之前提及的概念基本一致，这些顾客群体自己拥有几乎完整的创新方案来解决自己的问题，并形成了产品创新的基础。参考顾客把自己使用某产品的经验告诉生产商和其他顾客，因此他们提供了应用经验，能在原型测试和产品使用反馈中扮演最有效的角色。率先购买者指那些敢于承担一定的风险，对新产品情有独钟的顾客。他们的购买有利于降低创新产品引入市场的风险，有利于市场对创新产品的认可。但率先购买者往往在产品创新中扮演了被动的角色，他们只是在使用产品后反馈相关的信息，产品开发者可以根据这些反馈信息对产品做进一步的改进。

（二）产品创新的不同阶段

产品创新是指企业从事新产品的研究、试制、投产，以更新或扩大产品品种的过程。一个完整的产品创新过程要经历八个阶段：创意产生、创意筛选、产品概念的发展和测试、营销规划、商业分析、产品实体开发、新产品试销、商品化。

1. 创意产生

产品创新过程的第一个阶段是寻找产品创意，即对新产品进行设想或创意的过程。一个好的新产品创意是产品创新成功的关键，缺乏好的新产品构思已成为许多行业产品创新的瓶颈。

企业通常可从企业内部和企业外部寻找新产品构思的来源。公司内部人员包括：研究开发人员、市场营销人员、高层管理者及其他部门人员。这些人员与产品的直接接触程度各不相同，但他们总的共同点是熟悉公司业务的某一或某几方面。企业可寻找的外部构思来源有：顾客、中间商、竞争对手、企业外的研究和发明人员、咨询公司、营销调研公司等。

2. 创意筛选

创意筛选是采用适当的评价系统及科学的评价方法对各种创意进行分析比较，从中把最有希望的创意挑选出来的一个过滤过程。在这个过程中，力争做到除去亏损最大和必定亏损的新产品创意，选出潜在盈利大的新产品创意。构思筛选的主要方法是建立一系列评价模型。评价模型一般包括：评价因素、评价等级、权重和评价人员。其中，确定合理的评价因素和给每个因素确定适当的权重是评价模型是否科学的关键。

3. 产品概念的发展和测试

新产品创意是企业希望提供给市场的一些可能的新产品的设想，新产品设想只是为产品创新指明了方向，必须把新产品创意转化为产品概念才能真正指导新产品的开发。产品概念是企业从消费者的角度对产品构思进行的详尽描述。即将新产品构思具体化，描述出产品的性能、具体用途、形状、优点、外形、价格、名称、提供给消费者的利益等，让消费者能一目了然地识别出新产品的特征。因为消费者不是购买新产品构思，而是购买新产品概念。新产品概念形成的过程亦即把粗略的产品创意转化为详细的产品概念，并通过产品概念测试筛选出可以进一步商业化的产品概念。

4. 营销规划

对已经形成的新产品概念制定营销战略计划是产品创新过程的一个重要阶段。该计划将在以后的开发阶段中不断完善。

营销战略计划包括三个部分：第一部分是描述目标市场的规模、结构和消费者行为，新产品在目标市场上的定位，市场占有率及前几年的销售额和利润目标等；第二部分是对新产品的价格策略、分销策略和第一年的营销预算进行规划；第三部分则描述预期的长期销售量和利润目标以及不同时期的营销组合。

5. 商业分析

商业分析的主要内容是对新产品概念进行财务方面的分析，即估计销售量、成本和利润，判断它是否满足企业开放新产品的目标。

6. 产品实体开发

产品实体开发主要解决产品构思能否转化为在技术上和商业上可行的产品这一问题。它是通过对新产品实体的设计、试制、测试和鉴定来完成的。根据美国科学基金会调查，产品创新过程中的产品实体开发阶段所需的投资和时间分别占总开发总费用的 30%、总时间的 40%，且技术要求很高，是最具挑战性的一个阶段。

7. 新产品试销

新产品试销的目的是通过将新产品投放到有代表性的小范围目标市场进行测试，帮助企业真正了解该新产品的市场前景。市场试销是对新产品的全面检验，可为新产品是否全面上市提供全面、系统的决策依据，也为新产品的改进和市场营销策略的完善提供启示。

进行新产品试销一般有五个步骤：①决定是否试销。并非所有的新产品都要经过试销，可根据新产品的特点及试销对新产品的利弊分析来决定。②试销市场的选择。所选择的试销市场在广告、分销、竞争和产品使用等方面要尽可能地接近新产品最终要进入的目标市场。③试销技术的选择。常用的消费品试销技术有：销售波测试、模拟测试、控制性试销及试验市场试销。工业品常用的试销方法是产品使用测试，或通过商业展览会介绍新产品。④试销过程的控制。对促销宣传效果、试销成本、试销计划的目标和试销时间的控制是试销人员必须把握的重点。⑤试销信息资料的收集和分析。例如，消费者的试用率与重购率，竞争者对新产品的反应，消费者对新产品性能、包装、价格、分销渠道、促销等的反应。

8. 商品化

完成以上七个步骤后，才是新产品的商品化阶段，即新产品的商业化阶段的营销运作。企业应在以下几方面慎重决策：首先，何时推出新产品。针对竞争者的产品而言，有三种时机选择，即首先进入、平行进入和后期进入。其次，何地推出新产品。新产品是否推向单一的地区、一个区域、几个区域、全国市场或国际市场。最后，如何推出新产品。企业必须制定详细的新产品上市的营销计划，包括营销组合策略、营销预算、营销活动的组织和控制等。

（三）顾客参与产品创新的方法

目前存在很多顾客参与产品创新的方法，比较典型的有以下六种。

（1）质量功能展开。用"质量屋"的形式，把顾客对产品的需求进行多层次的演绎分析，转化为产品的设计要求、零部件特征、工艺要求、生产要求，如汽车制造业和建筑设计行业。

（2）以顾客为中心的设计。是指在进行产品设计时从顾客的需求和顾客的感受出发，以顾客为中心设计产品，而不是让顾客去适应产品，强调考虑顾客的使用习惯、预期的交互方式和视觉感受等方面，如机床行业和软件开发行业。

（3）概念测试。将初步形成的有关产品的概念，在目标顾客中进行调研，测试这些概念被接受的程度和预期可能达到的效果，如汽车部件行业和食品行业。

（4）Beta测试。Beta测试是顾客在实际使用环境下对产品进行的测试。产品开发者通常不在测试现场，由顾客记下遇到的所有问题，定期向开发者报告，开发者在综合顾客的报告后，做出修改，如软件开发行业和消费品行业。

（5）顾客化定制。根据顾客提出的需求信息和相关要求，企业提出解决方案，由顾客修改并做出决策，选定方案，交由企业完成相关的产品和服务，如家庭装修业和电脑行业。

（6）领先顾客法。创新的主体不再是企业，而是领先顾客。领先顾客利用企业提供的创新工具和其他资源进行产品创新。设计、开发、构建原型和反馈等产品开发中的往复过程都在顾客端进行，如医疗器械行业。

（四）产品创新过程中顾客参与的程度

顾客的投入决定了顾客在产品创新过程中的作用，不同的顾客投入内容代表了不同的顾客参与程度。在产品创新过程中，顾客的投入包括顾客信息、顾客经验、顾客专业知识和技术诀窍。顾客信息是顾客交易的基本信息，比如顾客的购买次数、购买频率和顾客的购买金额等，而这些信息的投入只需要顾客低程度的参与即可。企业通过分析顾客信息、确定顾客偏好、预测市场发展趋势，从而确定产品创新方向。顾客经验是顾客在长期使用某种产品而积累的关于产品的感觉和使用小窍门，顾客经验的投入需要顾客至少中等程度的参与。

顾客专业知识和技术诀窍是指顾客依靠自己的专业知识和经验对市场、企业、产品认知后产生的创造性知识。当顾客具有足够的创造性知识时,他们可以根据自己面临的问题,提出创新方案,进行产品创新。当顾客投入创造性知识时,顾客的参与程度就较高。这一现象,可以用精细加工可能性模型进行解释。

精细加工可能性模型由贝蒂、凯奇奥博(Petty,Cacioppo)于1981年提出,该模型认为当消费者接触到说服性信息时,会依据消费者当时的处理动机与能力的差异而遵循两种不同的说服途径产生态度,即当消费者具有处理信息的动机(或处于高涉入的状态下)与能力时,将遵循中央路径(center route)形成态度,此时评估线索在于中央线索;而当消费者欠缺处理信息的动机(或处于低涉入的状态下)或能力时,则遵循边缘路径(peripheral route)形成态度,此时评估线索在于周边线索。

消费者在具有足够的动机(或处于高涉入的状态下)与能力的前提下,将遵循中央路径处理形成态度,此时,他们会以非常理性的方式处理说服性信息,并投入相当多的精力去仔细评估信息内容,对信息内容的说服力特别重视,此时需要付出相当多的认知资源。如果消费者认为信息内容是既中肯又具有说服性,将会推敲出更多有利于说服性信息的想法,而且朝着说服性信息所主张的方向来改变自己的态度;相反地,如果消费者认为信息内容不太可信或令人怀疑时,将会推敲出更多不利于说服性信息的想法,不仅对说服性信息产生抗拒,甚至可能朝着说服性信息所主张的相反方向来改变自己的态度。然而,无论遵循中央路径所产生的态度是正面或负面,因为消费者更多地经历的是理性思考阶段,所以态度产生或改变后较为持久一致,且不易受外界冲击的影响。

当消费者不具有足够的动机(或处于低涉入的状态下)与能力的前提下,将遵循边缘路径形成态度,这时,他们并不会仔细评估信息内容,而是根据一些与信息内容无关的情境因素来做简单的推敲,此时用到的多为消费者的情感资源。例如,产品包装、背景音乐、代言人、个人情绪等,这时,消费者仅凭周边线索的直觉推论,就足以形成态度或改变态度,然而,无论遵循边缘路径所产生的态度是正面或负面,因为消费者更多地经历的是感性直觉阶段,态度产生或改变后仍容易受其他情境的影响而改变,是较不持久、一致的态度表现。

　　精细加工可能性模型认为有两个主要因素会影响消费者遵循何种态度改变路径：一为处理信息的动机，二为处理信息的能力。然而不论是处理信息的动机或能力都可能会受到内在或外在变量的影响，呈现或高或低的动机与能力状态。现将影响处理信息动机与能力的重要因素说明如下。

　　信息涉入程度即信息与个人的相关程度，会对消费者信息处理的动机产生影响：当消费者感到说服性信息对自己的相关程度较高时，会对信息内容仔细推敲，因此有较高的信息处理动机；当消费者感到说服性信息与自己较不相关时，会根据一些与信息内容无关的情境因素来做简单的推敲，因此有较低的信息处理动机。涉入（involvement）一词，最早由社会学学者谢里夫（Sherif）和坎特利尔（Cantril）于 1947 年提出，他们认为人有不同形态的涉入，如对活动、人物、理念或社会事件的涉入，而购买产品属于活动的一种，因此人们也会对其产生涉入的情形。之后的学者在观察消费者观看电视广告的情形后，提出了低关心度学习的概念，首次将涉入的概念应用于广告效果的研究。自此，涉入的概念便被广泛应用于营销学研究之中。

　　在涉入的定义上，最简单的说法是：个人对某件事或物所感觉的相关程度。尽管各领域学者早已公认涉入概念的重要性，涉入的定义却直至今日尚没有确定的说法，已有定义中最清楚且常被人引用的是："个人基于本身的需求价值与兴趣，对某事物所感觉到的相关程度"。换句话说，涉入可代表消费者对某一产品或服务产生兴趣的程度。此外，不同的涉入前因会产生不同的涉入结果，将涉入的前因、涉入的对象与涉入的结果做了有系统的整合，按照该学者的观点，涉入前因会受个人因素、刺激因素与情境因素的影响，并分别对广告、产品与购买决策等涉入对象产生不同程度的涉入结果。

　　在涉入的分类上，学者依据研究领域、对象与目的之差异定义出不同的分类。其中，以涉入的本质与来源，以及涉入的对象作为划分的分类方式最常为人所引用。现将上述两种分类方式分述如下。

　　（1）依涉入的本质与来源分类：休斯顿、罗斯柴尔德（Houston, Rothschild, 1978）认为涉入代表的是产品在消费者眼中具有的个人关联性，因此，依涉入的本质与来源之不同，将涉入形态分为情境涉入（situational involvement）、持续涉入（enduring involvement）与反应涉入（response involvement）三类。①情境涉入是指消费者对于购买或使用产品产生了特定外在目的欲望时，所引发对该产品重要性的短暂觉知，亦即消费者在特定情境下对某一事物所产生的短暂性关注。情境涉入的起因是外在因素，一旦目标达成或外在因素改变，涉入程度则会随之改变，因此，消费者在购买或使用该产品时所面对的社会、环境、目的等因素都可能是影响情境涉入程度的短暂外在因素。举例而言，如果消费者近期必须出席某个特别重视衣着的场合时，可能会从本来对衣着的不甚关心转而投注大量的心思、时间与金钱在选购衣饰上，但一旦该情境消失后，涉入程度随即降低。②持续涉入是指消费者对于产品种类有持续关心的关系存在，而无关特定购买情境，亦即消费者对某一事物的持续性关注。持续涉入的起因是内在因素，不会因为情境不同而有所差异，因此，消费者对一项产品如果具有持续涉入，主要是该产品能满足其内在的持续性需要，不一定与购买或使用该产品有关。举例而言，如果消费者将自己视为引领时尚的衣着达人，则会不断投注大量的心思、时间与金钱在时尚信息的搜寻、服装秀的参与、衣饰的选购与搭配上，不会受情境改变所影响，而持续表现出对衣着的关切。然而，影响持续涉入的来源因素有二：一是个人的主观价值系统，如个人的自我观念、个性、目标、需求等都会影响消费者对某一事物的持续涉入。二是对该事物的先前经验，如使用某事物的经验的好坏与否、对某事物的熟悉程度高低等都会影响消费者对某一事物的持续涉入。③反应涉入是指情境涉入与持续涉入结合所产生的对某事物的心理状态，亦即在整个决策过程中，消费者认知历程与行为历程的广泛度。反应涉入受内、外在因素共同影响，显得格外复杂。事实上消费者即使只是从事一项产品购买，整个决策过程也可能是相当复杂，难以区分究竟是情境涉入、持续涉入或是两个来源因素结合之结果。因此，在决策过程中每一个阶段都可能发生的反应涉入，对于复杂的购买决策确实提供了很好的解释。举例而言，如果将自己视为衣着潮流引领者的消费者近期必须出席某个服装盛会，则会受情境涉入与持续涉入结合的影响产生反应涉入，展现出比平时更复杂的购买决策过程。

（2）依涉入的对象分类：以涉入对象来做分类可强调个人处理涉入对象时之行为表现，因此，依涉入的对象不同，将涉入形态分为广告涉入、产品涉入与购买决策涉入三类。广告涉入是消费者对广告信息的认知反应程度或信息处理程度（Greenwald, Leavitt, 1984），亦即消费者对广告信息所给予的关心程度或接触广告时的心理状态，可从对广告的聚精会神观看，到松懈的视而不见。不同广告涉入程度会使消费者在接触广告时的认知处理过程产生不同深度、广度与复杂度的差异，使消费者在寻找与产品有关的信息、对不同立场信息的抗拒能力、对广告内容的争论程度上有所不同。一般而言，广告涉入与消费者对广告信息所产生的注意力多寡或对该信息所产生的反应有关，又称为信息涉入；产品涉入是消费者将产品与持续或特定情境目标相联结的程度，亦即消费者对于产品的重视程度或消费者个人赋予产品的个人主观意识，是以个人之认知而非针对产品本身来定义。因此，产品属性与消费者特质的交互作用是影响产品涉入程度的主要因素，可从对产品完全投入的自我认同，到不屑一顾的漠不关心。不同产品涉入程度会使消费者在接触产品时的认知处理过程产生不同深度、广度与复杂度的差异，使消费者在处理产品有关之信息、采购该产品之方式，对产品属性之重视形态与对品牌忠诚度的表现上有所不同。一般而言，产品涉入被视为是一种较持久而不易受外在情境因素所影响的消费者涉入形态；购买决策涉入是消费者对某一购买活动的关注程度。购买决策涉入与产品涉入程度之间有密切关系，当产品涉入程度高时，消费者的购买决策涉入程度会因之提高；反之，当消费者的购买决策涉入程度高时，产品涉入程度也会随之提高。不同购买决策涉入程度会使消费者在从事购买决策时的认知处理过程产生不同深度、广度与复杂度的差异，使消费者对价格在决策上的重要性认知、信息收集数量、决策时间与决策模型的表现上有所不同。一般而言，购买决策涉入通常是指个体的倾向而非反应行为。

①认知需求。认知需求（need of cognition）这一概念最早由科恩、斯托特兰德、沃尔菲（Cohen，Stotland，Wolfe，1955）提出，代表个人以"有意义的、整合的方式来建构相关状态的需求；是一种了解相关世界并使其合理化的需求"。然而，该需求的强度与满足方式因人而异，有些人可能会通过仔细检查外来信息的方式避免不清楚的状况，而有些人则可能通过寻求专家的建议来达到目的。但一般而言，当个人处于对信息较为不清晰的情况时，紧张与挫折会随之产生，进而促使个人主动花费较多的心思去建构情境来促进了解，这就是个人认知需求无法被满足的结果。

②干扰是否出现。干扰现象的出现会使消费者接收到的信息量与注意力受到影响，会对消费者的信息处理能力产生影响：无干扰会使消费者容易分辨论点的强弱以及能够对信息做更深入的推敲，因此有较高的信息处理能力；干扰

的增加会使消费者难以分辨论点的强弱以及无法对信息做太多的推敲，因此有较低的信息处理能力。

③信息的重复性。信息的重复次数会影响消费者对信息注意、推敲与理解的机会，会对消费者信息处理的能力产生影响：消费者对无重复的信息有较低的注意、推敲与理解机会，因此有较低的信息处理能力；消费者对有重复的信息有较高的注意、推敲与理解机会，因此有较高的信息处理能力。

④接收者对信息的知识。消费者必须对信息具有基本的知识才能够处理说服性信息，会对消费者信息处理的能力产生影响：消费者对接触到的说服性信息如果不具备足够的知识便无法理解信息内容，因此有较低的信息处理能力；消费者对接触到的说服性信息如果具备足够的知识便能够理解信息内容，因此有较高的信息处理能力。

⑤信息环境的复杂性。消费者每天都要接触大量的信息，信息环境的复杂性会影响消费者解读说服性信息的难易度感受，会对消费者信息处理的能力产生影响：信息环境简单会使消费者容易了解信息内容，因此有较高的信息处理能力；信息环境复杂会使消费者难以了解信息内容，因此有较低的信息处理能力。

根据顾客在每一个参与点参与深度的差别，可将顾客参与创新的程度分为三类，即为顾客创新、与顾客共同创新、由顾客创新。为顾客创新指企业在顾客研究的基础上进行产品创新，顾客并不深入地参与产品创新活动。在这种类型下，顾客参与是被动的，参与顾客的选择具有很大的随机性。企业是产品创新的主体并控制着整个创新过程，顾客只是被动地向企业提供有关的需求信息。与顾客共同创新代表了企业与顾客之间的持续互动，企业与顾客一起共同进行产品创意和其他产品创新活动。企业不仅需要顾客的需求信息，而且还利用顾客的使用经验。在整个创新过程中，企业还是占据主导地位，但顾客的反应直接影响企业的决策。企业在产品创新的不同阶段向顾客展示不同的方案，顾客对这些方案进行评价，并将这些信息反馈给企业，企业随后进行修正。由顾客创新是一种积极参与的产品创新形式，顾客的性质发生了质的飞跃。顾客成为创新的主体，企业为顾客创新提供必要的资源。企业最大限度地利用了顾客资源，不仅吸收了顾客信息和顾客使用经验，而且成功利用了顾客的专业知识和技术诀窍。

二、基于创新阶段的方法把握

如前所述，产品创新包含不同的阶段，对顾客参与的要求不同，顾客参与的作用不同，顾客参与的可行程度也不一样。综合考虑产品创新对顾客参与的要求以及顾客参与的可行性，可以将顾客参与的产品创新过程简化为五个阶段：创意产生、概念开发、细节设计、原型测试、引入市场和评价。在每一个阶段，顾客参与产品创新的方法存在差异，需要企业用心把握。

1. 创意产生

创意是"新产品、服务或环境方案的胚胎形式"，它来源于市场上潜在的或未被满足的需求。在科学仪器产品创新行为中，有77%的创意来自顾客的意见。领先顾客根据自己面临的问题产生创意，是顾客积极主动地提出创意的一种代表。更多的是顾客被动地提出创意，如参与企业的市场研究活动和向企业投诉等。传统的产品创新过程一般就是随机地挑选顾客参与创意产生活动，但实证研究表明，苛求顾客作为提建议和投诉的积极分子，选择他们参与创意更加有效。质量功能展开和以顾客为中心的设计两种方法，都是基于顾客的被动角色。它们在市场调研的基础上，将潜在顾客的需求转换成为适当的产品或服务的功能特性，形成产品创意。顾客化定制和领先顾客法，则是顾客积极主动地提出创意。市场上现存的产品或服务不能解决顾客面临的问题，因此刺激他们产生出新的产品创意。

2. 概念开发

产品概念对新产品的各项特征给予具体的说明，作为未来开发产品的具体指引和沟通基础。概念开发需要经过较详细的市场机会分析与销售预测的考验，以保证产品开发能够成功。苛求顾客和领先顾客的参与，都是为了确保最终产品满足顾客的需求。质量功能展开、概念测试和顾客化定制都是为了检验产品概念与顾客需求是否一致，从而让顾客被动地参与概念开发。而领先顾客法则需要领先顾客提出产品概念，解决自己面临的问题。

3. 细节设计

由于时间和成本的投入较大，产品细节设计一般是由企业完成的，并不适合顾客参与。企业如果想利用外部的知识资源，可以有选择性地让具有专业知识和技术诀窍的顾客参与。这类顾客一般是发起顾客和领先顾客，企业采用的方法一般是领先顾客法。

4. 原型测试

原型测试阶段的顾客参与被格外重视，也是企业实践中顾客参与最多的阶段。原型测试向顾客提供真实的产品，检验产品符合顾客需要的程度。许多企业根据其目标市场选择合适的顾客参与产品的测试，这时候最起作用的就是顾客的产品使用经验，因此参考顾客参与原型测试的效率和效果较好。

5. 引入市场和评价

创新产品在引入市场之前需要一系列的计划，如定价、促销手段和产品定位等，虽然这些计划早在概念开发阶段已经着手进行，但必须在产品实际完成后，才能具体地定案执行。发起顾客和参考顾客是创新产品在市场定位等方面的坐标，率先购买的顾客的行为则能检验企业计划的正确性。这是因为领先顾客进行产品创新是为了满足自己的需要，所以此时只是对产品的进一步检验。评价是顾客对产品表现的反馈，有利于产品的改进和完善。

三、参与模式选择

社会化商务中的顾客参与行为存在三个核心的特征，这也催生出三种主要的顾客参与产品创新模式。

1. 重构驱动的顾客参与产品创新活动

随着多种形式社会化媒体（微信、微博、社交网站等）的发展，个体消费者穿梭在不同的时间和空间，传统意义上的消费者群体已经被支离破碎，消费者通过消费空间重新聚集并形成新的族群。未来的市场细分，将是按照消费符号和兴趣图谱细分，而不再是按照人口学、社会学特征进行细分，消费者的重构成为必然的趋势。伴随不断进行的重构，消费者个性化需求，尤其是隐性需求，正被不断地激发出来，他们对设计、生产、售后等的参与更为便捷和主动。

社会化商务中的用户群体主要依赖于共同兴趣而形成，用户群体的不断重构，显示出用户共同兴趣点的迁移，也在很大程度上反映出消费趋势的变化。企业把握住这一重构过程中呈现的规律，就能实现与消费者价值共创的无缝对接。例如，针对用户重构过程中不断涌现的个性化需求信息，企业可以实现柔性生产。云计算对分散化设计和分散化生产的支撑，以 SaaS 化方式所推动的软件等生产工具的推出，正在倒逼、支撑起柔性生产过程的普及。在我国当前的工业化进程中，机器对人力的取代使得自动化水平不断提高，不远的未来将是由高端柔性化设备、3D 打印机等快速成型技术推动的柔性化生产的不断深化。此外，社会化商务的基本结构，是一种以苹果 AppStore 为典型代表的"共享平台 + 多元应用"的双层结构。这种结构不仅降低了计算资源等物理设施的分享成本，更降低了数据分享的成本，并有望成为信息时代最为主流的一种商业结构。随着越来越多的个体消费者被重构，大量的商业流程被流动的数据所驱动，并在企业之间、企业与消费者之间展开灵活组合，新的组织边界也呈现为一种产消合一、网状交融的格局，企业组织由此将进一步走向开放化、社区化。一言以蔽之，重构驱动的价值共创路径，既需要柔性生产技术的不断发展和运用，也对柔性组织的大量产生提出了要求。

成立于 2004 年的广州尚品宅配家居用品有限公司是这方面的典型代表，该公司是一家强调依托高科技创新性迅速发展的家具企业。公司创始人李连柱于 1994 年下海创立圆方软件。2004 年，圆方软件已逐步打通了家具企业从销售端到生产端的全流程信息化。也就是在这一年，李连柱看到了家具定制的蓝海，也看到了改变一个行业的可能。尚品宅配由此成立。

成立之初的尚品宅配面临两种选择：步大部分家具企业的后尘，以大生产、大库存的模式面向大众市场销售单一产品；面向小众市场销售个性化家具产品。出乎所有人的意料，李连柱两种模式都没有选择，而是为企业制定了一条新的道路：大规模实现个性化定制。目标确定之后，尚品宅配从 2004 年到 2007 年年初，历经三年，全面完成了全流程信息化改造，最终支撑起了个性化定制的商业模式。

（1）消费者参与的设计端。尚品宅配通过互联网或专卖店，使消费者可以参与设计平面布局、体验全屋模拟，还可以借助条形码化生产系统自助查询订单进展。它构筑了一个基于互联网的实时交易和互动设计系统，把消费者、加盟店、总部及工厂联系在一起。相关各方都可以共享信息，形成通畅的网络渠道。

（2）需求端。面对消费者近乎漫无方向的个性化意愿，如何确认真正的需求？为此，尚品宅配采集了数千个楼盘的数万种房型数据，建立了"房型库"，辅以自身的"产品库"，消费者的选择、对比、修改，就有了现实的基础。基于这两个数据库，也就可以组合出多种多样的空间整体解决方案。目前，尚品宅配还在推动云设计的发展。超过几万名的家居设计师，将通过尚品宅配的产品库和房型库，利用云计算服务去设计各种家居空间解决方案。

（3）生产端。尚品宅配的创新更是令人耳目一新。由于销售的不只是单个产品，而是近乎魔方组合的空间解决方案，这就对生产柔性化提出了很高的要求。最初，当工厂的日加工量达到30单时，生产体系就会出现混乱。而如果要引入国外全自动的板式家具柔性生产线，则花费高昂。尚品宅配脱胎于圆方软件的背景，在此发挥了关键作用。仅在软硬件上投入数百万元，尚品宅配就大大提升了柔性化生产的能力。比如为电子开料锯加装"制造执行软件"，以实现快速、准确的裁切加工；为加工中心安装CAD/CAM接口软件，设计师为消费者提供的设计图，同时也转换为指导机器生产的工业化制造图纸；为加工设备加装电子看板，则大大压缩了找图、读图的准备时间。此外，尚品宅配还采用了排产软件，以杜绝误工、返工的情况。通过信息技术的改造，对于消费者而言的个性化全屋板式家具组合，在车间则变成了一块块贴有准确条形码编号的板件。个性化定制与标准化大批量生产的矛盾因此得以解决，生产流程得到了极大的简化。通过一系列的系统和流程再造，尚品宅配的日产能力提高了10倍，材料利用率从85%提升到93%以上，出错率从30%下降到3%以下，交货周期从30天缩短到10天左右，同时也由于先下单、后生产而实现了零库存。在资金周转率方面，传统家具企业年资金周转2~3次，尚品宅配则可以做到10次以上。如今，尚品宅配已有千余名员工，在全国有数百家连锁专卖店，同时拥有在线定制的活跃网站，年销售额也达到了数亿元（曾鸣，宋斐，2012）。

2. 互动驱动的顾客参与产品创新活动

人际互动行为是社会化商务的核心要素，也是其发展的依托手段与重要前提。社会化商务中消费者的互动行为包含两个方面的内容：第一个方面基于社会化媒体运营者和消费者之间的关系考虑，指的是消费者提供内容从而对社会化媒体经营者做出贡献的行为；第二个方面基于社会化媒体成员之间的相互关系考虑，指的是个体消费者之间通过互动交流促进彼此关系和群体凝聚力形成的行为（楼天阳，褚荣伟，李仪凡，陆雄文，2011）。

社会化网络中的个体消费者基于多个方面的原因展开互动：①群体规范与

社会认同。群体规范和社会认同是促进人际互动意向形成的重要心理中介变量，在一些社会化媒体中，人际沟通是基于虚拟身份的沟通，不仅社会身份认同对网民的参与行为有正向影响，用户在虚拟世界扮演角色所产生的自我身份验证同样会影响其行为。②情感承诺。社会化媒体用户的人际互动行为与情感承诺间存在强烈的相关关系，人际互动的持续意向由满意度和情感承诺共同决定。③社会资本。由关系规范决定的社会资本的互惠规范、自愿捐助和社会信任三个维度显著影响社区成员感知到的社区信息价值和社会价值，进而影响社会化媒体中的人际互动。一言以蔽之，互动驱动的价值共创路径，需要价值共创参与者彼此之间平等的地位与人际互动，从而充分地利用由海量个体积聚而成的群体智能，确保品牌价值与用户体验的提升。

安徽三只松鼠电子商务有限公司（以下简称"三只松鼠"），是中国第一家定位于纯互联网食品品牌的企业，该品牌于 2012 年 6 月 19 日上线。"三只松鼠"主要是以互联网技术为依托，利用 B2C 平台实行线上销售。凭借这种销售模式，"三只松鼠"迅速开创了一个快速、新鲜的新型食品零售模式。这种特有的商业模式缩短了商家与客户的距离，确保让客户享受到新鲜、完美的食品，开创了中国利用互联网线上销售食品的先河。"三只松鼠"以其独特的销售模式，在 2012 年"双十一"当天销售额在淘宝天猫坚果行业中跃居第一名，日销售近 800 万元。当年便实现了销售收入 3000 余万元，2013 年销售收入更是突破 3.26 亿元。"三只松鼠"一直将自己视为消费者的伙伴，通过在社会化媒体中与消费者的互动形成紧密纽带，共创价值。为了做到这一点，公司在虚拟空间中设计出三只卡通形象的松鼠作为与消费者互动的代言人：松鼠小美，双鱼座，喜欢甜食，外表温婉可人，偶尔会爆发惊人的小宇宙；松鼠小酷，天蝎座，喜欢专注地盯着，最讨厌喋喋不休，梦想拥有机器松鼠让自己时间更充足；松鼠小贱，处女座，喜欢唱歌街舞的混搭风。"三只松鼠"还推出松鼠动画，进行粉丝互动宣传，以使每一个消费者都成为自己的研发员和质检员。为了更好地营造互动效果，公司网站在以下几个方面进行了重点设计：第一，网页以树的浅棕色为主色调，整体感觉简洁明了，而且也紧扣"三只松鼠"的主题，松鼠和树互不分离；第二，网站内动画松鼠随处可见，感觉很可爱，也很美观；第三，一个飞翔的纸飞机引出"小橡树也曾是小坚果，大梦想也是小坚持"，给顾客以鼓舞，吸引更多的人购买店里的东西；第四，店里的产品图片画面感很强，很有诱惑力；第五，设计的结构很合理，有不同的版块，有智慧果实、异域果实，还有开心果实，满足人们的不同需求。同时，公司始终坚持依靠"三只松鼠走出森林，松粉转发有奖"这样质朴的现代微方式在粉丝间进行口碑宣传，依靠赠送试吃装和顾客购买数据分析进行定向维护和品类拓展。依靠宠物松鼠、松鼠老爹这样的童话世界的角色设计瞬间直达消费者的内心，独创了"6月19日坚果节"，独创了各种实用化包装，并让粉丝兴趣盎然地参与到包装设计中，甚至连招聘广告都别出心裁、独树一帜地演绎成招鼠令，松鼠们的办公间极其另类地设计成树林和树洞。松鼠们的卖萌文化——"你若安好，坚果管饱""主人们，等待坚果的日子里，不要烦躁；坚果会有的，花茶会有的，一切都会有的""松鼠们正在努力为主人们打包发货ing"，让人忍俊不禁，微笑关注。鉴于出色的市场表现和良好的成长前景，2014年，安徽三只松鼠电子商务有限公司再次获得今日资本、IDG资本两家境外基金第四轮1627万美元（折合1.2亿元人民币）天使投资，用于"三只松鼠"智能一体化食品园项目建设。这一切，都显示出互动驱动的顾客参与产品创新的强大之处。

3. 链接驱动的顾客参与产品创新活动

社会化商务基于社会化媒体产生并发展，社会化媒体是一种给予成员极大参与空间的新型在线媒体，是人们彼此之间用来分享信息、意见、见解、经验和观点的工具和平台，是社会化的沟通方式，其本质是将作为物理媒介的互联网变为个人媒体的互联网，将口耳相传的信息传递形式搬移到网络上，模糊了媒体与传媒者、受众之间的区别，实现了媒体与个人的有机合一。从中可以看出，社会化媒体为个体消费者创造出一个复杂而又庞大的社会化网络。早期研究社会化网络的学者便指出，社会化网络中节点的任何行动都不是孤立的，而是相互关联的，网络结构影响个体的行动机会和结果。近年来，多位学者围绕社会化网络中的人际关联与价值共创之间的关系展开过研究，重点关注个体消费者在虚拟空间中形成的关联关系是否稳定而紧密，能否被生产者利用，从而提炼出商业价值。其中具有代表性的研究成果来自斯蒂芬、托比（Stephen, Toubia, 2010），两位学者研究发现：社会化网络中稳定和紧密的人际关联能够产生可观的经济价值，但并不是距离社会化网络中心点越近的节点越能产生价值，而是那些更具备可接入性的节点最能和生产者实现价值共创。杨等

（Yang, Tang, Dai, Yang, Jiang, 2013）将这一结论通过引入显性联结与隐性联结的概念更为清晰具体地进行了展示。根据五位学者的研究结果，社会化网络中的个体拥有的可接入性，同时包含其显性联结与隐性联结，联结数越多，可接入性越强，个体在价值共创中发挥的效应越大。因此，社会化商务环境中的价值共创模式，已经不再是传统的价值链状，而是在向一种软性价值网的模式进行转变。在这一软性价值网中，生产者也化身为一个普通的节点，与已经成为节点的个体消费者在共同的社会化网络中展开人际互动，进而实现价值共创。与传统价值链最大的区别在于，这种价值共创活动的效率与效果不再取决于参与者所处的位置，而是取决于参与者所拥有的网络资源。在软性价值网模式中的价值共创活动，一个重要的表现就在于价值共创参与者彼此之间平等的地位与人际互动。此时的个体消费者与生产者，均可以发起并组织价值共创活动。

在社会化商务中，价值共创不再取决于参与者所处的位置，而是取决于参与者所拥有的链接属性。链接数越多，活跃的链接越多，价值共创的接口也越多，成功的机会也更大。因此，拥有更多活跃的显性链接与隐性链接，成为价值共创参与各方的努力方向。一言以蔽之，链接驱动的价值共创路径，需要首先形成对人群的影响力，然后通过有规律的信息推送、接收与反馈行为，维持稳定的活跃链接，实现价值共创。

当前，众多企业和个人在微信平台中开通自己的微信公众号，以实现和特定群体的文字、图片、语音、视频的全方位沟通与互动，从而共创价值。在此过程中，活跃粉丝数是决定价值共创效果与效率的关键。以小米公司为例，小米的微信公众号是目前公开的第一大号，它的定位是：做发烧友喜爱的手机，专注手机玩家。目前，小米微信公众号稳定的关注用户数已经超过600万。

关注用户数如此之多的原因在于以下三个方面：①超过10%的微信粉丝来自微博导流。在小米手机微信公众号运维初期，新媒体营销团队认为微博将是核心的拉新渠道，"小米有几百万的微博粉丝，好好拉一拉，一下50万应该没有问题"。不过，后来只有10万微博用户成了微信粉丝，约占12.5%，当然还有一个前提条件——小米拥有国内领先的微博运营团队；②约30%的粉丝来自活动策划。在注册小米手机微信公众号后，小米团队并没有急于做活动，一方面不想过度骚扰用户，另一方面需要时间摸索何种活动策划适合微信营销。直到注册两个月后，他们才策划了一个"小米非常 6 + 1 你敢挑战吗"的互动活动，使用类似趣味答题的方式，并设置了米 2 手机、F 码、小米盒子以及移动电源等奖品，鼓励用户关注小米手机公众号。三天里小米公众号收到了 400 万条消息，共有 20 多万人参与微信互动；③约 60% 的粉丝来自小米官网、论坛以及电商渠道转化。在电商渠道中，小米公司善于拆解自己的业务流程，看哪些环节可以和微信相结合，引导用户在购物过程中关注小米公众号。如购买小米手机，小米公司会告知用户用微信可以查物流。

关注用户数如此稳定的原因在于小米公司自主开发的微信后台系统。在早期发展中，当小米的微信粉丝增长到近 10 万时，后台每天接到的用户留言峰值能够达到 4 万条。在微信的后台回复这些留言非常费劲。微信公众号自带的后台功能很简单，其后台没有搜索功能，无法在众多的粉丝当中搜索出一个特定粉丝。为此，小米自己开发了一套后台。用户在微信上给小米的留言基本上都会被抓到小米自己开发的后台里面，这个后台比微信官方提供的后台更加清晰、容易管理，可以设置人工回复关键字、回复范本、加强用户管理等，小米自己的微信后台同样也支持搜索。不过，这种"自动 + 手工"的回复模式，仍然无法满足不断增长的用户需求，由于用户的留言千奇百怪，许多可能并不在其人工回复的范围之内，很难让用户有一个满意的结果。为此，小米从微信官方拿到了比其他企业更高的 API 接口权限，并使得该公众微信号可直接实现小米手机个性化需求的发布与反馈、各型号手机的预约购买、手机话费的充值和订单查询等诸多功能。小米公众号每天会接收到大量的留言信息，针对关键词很明确、问题又比较简单的部分，系统会自动回复，但更多的留言都是靠人工客服一对一进行回复。据统计，通过微信推送信息并回收反馈信息，小米的文章打开率最高可以达到 70%，链接驱动的顾客参与产品创新效果非常显著。

第六章　利用微博吸纳用户
参与产品创新

如今，大多数的企业家和学者都已经认识到用户参与在企业创新理论中的重要意义。为了在新产品开发过程中整合用户资源，获取用户价值，加深企业与用户之间的交互程度，企业必须联合用户，鼓励用户参与到新产品的开发流程中。而盛行于互联网上的微博正是企业家们实现这一目的的重要工具。

近年来，微博已逐渐走入人们的生活，并已发展成为网络媒体的一大主力军。越来越多的企业开始利用微博实现企业与用户的互动，扩大品牌知名度。纵观整个互联网，利用微博进行产品营销的企业随处可见，但利用微博开展产品创新的企业却并不多见。

随着知识经济的到来，市场竞争加剧和经济全球化的发展，产品创新变得越来越重要。为了实现有效的产品创新，企业必须更加重视用户的需求，这就要求企业加深与用户之间的交互程度。用户在创新中的角色也相应发生变化，由被动的、被引导的消费者角色，转变为价值的创造者以及企业的合作者。产品创新活动中顾客的主动参与对企业创新的影响也已经引起众多研究者的关注。无论是新产品开发，还是新产品上市，理解顾客的声音都是一件举足轻重的事情。

为了适应日新月异的市场变化，越来越多的企业开始采取措施让客户参与到产品创新中来。而盛行于当下的微博正是企业联合用户、整合用户资源到产品创新过程的一大利器。因此，如何利用微博平台的优点让客户参与到企业产品创新中来，以此提高企业新产品开发的效率、降低开发成本及有效满足用户需求就成了当下企业在产品创新领域脱颖而出所需要解决的关键问题。

新浪微博于 2009 年正式上线，自新浪微博横空出世以来，注册用户数已超过5亿，其中有13万多家企业与机构账户。截至2014年3月底，新浪微博的日活跃用户数达到6660万，月活跃用户数达到1.438亿，领跑中国最大的社交圈。❶微博已成为企业不可或缺的重要品牌窗口。大量的微博用户也蕴藏着巨大的商机，不少商家瞄准微博，做起了微博营销。一时间，微博营销炙手可热，各界学者对这一新兴课题的研究十分热衷，相关文献也有很多。但在越来越多企业利用微博进行营销的同时，只有少数企业开始运用微博平台进行鼓励用户参与产品创新的活动。本章针对九家企业利用微博情况进行调查和归纳，并进行案例对比，在其基础上给出了企业利用微博吸纳用户参与产品创新的管理策略。

第一节　利用微博平台吸纳用户参与产品创新的案例

一、小米手机

小米公司正式成立于2010年4月，是一家专注于智能产品自主研发的移动互联网公司。"为发烧而生"是小米的产品理念。

截止到2014年8月7日，小米公司的新浪微博已有4070907个粉丝，发微博数达9413条。公司利用微博平台实现的功能有：新产品宣传、开售预告、分享生活感悟、话题讨论等。小米公司微博更新十分频繁，每天都会发近十条微博，其发布微博的转发次数以及评论数也是较高的。

小米公司主要鼓励用户通过新产品讨论、创新意见分享参与产品创新过程。

（一）新产品讨论

为了在宣传新产品的同时了解用户的使用体验，小米公司在发布新产品后，总会发起一些话题，吸引粉丝参与讨论。例如，在小米手环面市之后，小

---

❶　此数据来源于新浪微博官网，于2014年8月7日摘录（http://ir.weibo.com/phoenix.zhtml?c=253076&p=irol-homeProfile&t=&id=&）。

米公司于 2014 年 7 月 28 日发布微博询问用户最喜欢它的哪一点功能。❶ 该活动吸引了许多粉丝的积极参与，其中也不乏粉丝就新产品提出的一些宝贵意见。例如，网友"刘志猛同学"表示："期待显示时间，显示天气温度，可以接听手机来电，期待这些的点个赞"（7 月 28 日 17：21）。

（二）创新意见分享

创新精神是小米公司一贯倡导的企业文化。在小米公司的微博中，创新二字随处可见，对创新精神的宣传也非常多。除了宣传之外，小米公司还会时常发微博邀请用户参与关于小米创新方向问题的探讨。例如，小米公司于 2014 年 3 月 5 日，发布微博邀请粉丝们对小米会做出怎样的改变和创新的话题展开讨论❷，许多粉丝参与其中，各抒己见。"幸福一生 lux"表示："希望小米不搞饥饿营销，让更多的人能够买到"（3 月 5 日 22：32）；"芯水可可"认为："米 4 的外观必须要高档优雅，不能像米 3 那样方方正正充满浓厚的工程机味道，iPhone 的外观那么注意圆角并且受追捧是有原因的。还有 MIUI V6 要做减法，不要什么功能都有图标！图标的样式需要有焕然一新的感觉"（3 月 5 日 14：53）。可见，米粉们提供的建议为小米公司未来的产品创新提供了许多宝贵的参考意见。

二、恒达暖宝宝

河南核信恒达实业有限公司是一家军工企业，是国内最早从事一次性取暖用品开发的公司。恒达一直致力于做最好的暖包，旗下有贝贝熊、核信、尚乐三个品牌。经过近几年的创新经营和迅速发展，目前恒达已成为以随身暖为主营业务，兼营多种一次性取暖用品，集科研、设计、生产、销售和服务于一体的创新型企业。

截止到 2014 年 8 月 7 日，核工业恒达的新浪微博已有 143870 个粉丝，发微博数达 11958 条。公司利用微博平台实现的功能有：宣传产品使用说明、新产品广告、分享粉丝的产品体验、分享生活小常识、开展客户参与的产品创新

---

❶ 微博内容："你最喜欢#小米手环#哪一点：A. 手环绑定身份，免密码解锁手机；B. 分析记录运动睡眠数据，智能闹钟唤醒；C. 超长待机 30 天；D. 手机来电提醒功能；E. 防水又漂亮。"

❷ 微博内容："总理这样重视互联网新经济，小米一定要更加努力才行！2014，你心中的小米会做出怎样的改变和创新？欢迎转发讨论～～。"

活动等。恒达暖宝宝的微博更新十分频繁，每天会发十多条微博，每天发布的微博中基本都会有与产品创新相关的信息出现。

恒达暖宝宝主要鼓励用户通过分享体验、客户反馈、创意大比拼参与产品创新过程。

（一）分享体验

2013 年 2 月 28 日，恒达暖宝宝通过微博平台推出"我是贝粉，我为贝贝熊代言"❶的活动，以"你若爱我，就分享我"为口号，号召用户在微博上分享恒达任意产品的使用体验，并以"赢取恒达春夏季神秘礼包"作为激励手段。同时，恒达暖宝宝还对粉丝的精彩分享进行转发。不少网友参与了此次活动，此条微博被转发了 15 次，共有评论 68 条。网友"狂奔的小懒熊"分享说："第一次使用恒达暖贴，就被它的温暖而感染，并查询了相关内容，渐渐接触了很多恒达的产品，比如一贴凉、驱蚊手环等，可爱贝贝熊相伴我们每个春夏秋冬，有你不寒冷，有你不怕蚊虫叮咬！"这种正面评论给企业的产品进行了宣传。也有一些网友在评论中提出了使用中所遇到的问题，如网友"小肥妞妞"说："我有那个压缩袋，可是那个打气筒有点问题，抽气没把我给累死啊！"而针对这类评论，恒达暖宝宝也给予了回复，提出了解决措施："手动抽气泵相对来说比电动抽气泵费力气的。那个打气筒不好抽主要是因为气密性不是太好，看能不能紧密一点，或者可以使用吸尘器哟！"

（二）客户反馈

恒达暖宝宝注重"贝粉"的利益，发布以"贝粉的利益，恒达的动力"❷为主题的微博寻求用户的问题和建议。不少网友参与其中，"穆穆棣棣"说："啥时候开发件暖贴大衣就好啦！哈哈，穿上像贝贝熊暖贴一样温暖！""洁洁小乔"说："希望能够做出来那种长长的护腰的暖贴，我觉得年纪大的人需要

---

❶ 微博内容："#我是贝粉 我为贝贝熊代言#你若爱我，就分享我。即日起至 3 月 15 日，凡在网上分享恒达任意产品的使用体验（博客、长微博、试用报告等形式）然后加话题#我是贝粉 我为贝贝熊代言#分享到微博上，同时@恒达暖宝宝就有机会赢取恒达春夏季神秘礼包！快来报名吧＞＞ht-tp：//t.cn/zYjvEOW。"

❷ 微博内容："#贝粉的利益 恒达的动力#你是暖贴控吗？为了大家的切身利益，微博上的朋友皆可对暖贴提出任何问题和建议，我们恒达王局将在此次标准制订会上针对大家的问题和建议让同人们展开讨论。"

更多的关爱和温暖啊！"对于"贝粉"们的热心评论，恒达暖宝宝也一一进行回复。

（三）暖宝宝创意大比拼

2010 年 12 月，恒达暖宝宝开展了"头脑风暴之暖宝宝创意大比拼"❶ 的微博活动，鼓励微博友跟帖给出创意。凡是被认为是创意用途的，将获 30 片暖宝宝作为奖励。活动累计被转发 14368 次，得到 7261 次评论。此次活动得到了各界的好评。让粉丝参与到产品的创意设计中，成为企业的设计师，这一举措不仅有利于产品的创新，还对产品品牌进行了宣传，让用户在产品上市前就爱上了产品。

三、米卡化妆镜

北京米卡贸易有限公司是一家专注于高档时尚艺术化妆镜的研发、设计、销售一体化的现代企业。经过九年的发展，目前八个系列产品全部拥有著作权，并拥有多项技术发明专利，新款研发速度行业领先。公司专注于化妆镜的销售四年有余，旗下品牌米卡（ME'COR）在互联网上同类产品销量稳居第一。

截止到 2014 年 8 月 7 日，米卡化妆镜的新浪微博已拥有 24220 个粉丝，发微博数达 4318 条。公司利用微博平台实现的功能有：促销活动宣传、宣传新产品、开展产品创意大赛等。米卡化妆镜会不定期更新微博，每当公司举办促销活动或需要用户参与的创新活动时，米卡化妆镜的微博动态就会在一段时间内十分活跃。

米卡化妆镜主要鼓励用户通过创新有奖活动、有奖征集建议参与产品创新过程。

（一）创新有奖活动

米卡化妆镜长期以来一直坚持产品的持续创新。曾开展以"你想要什么

---

❶ 微博内容："我们在微博上举办'头脑风暴之暖宝宝创意大比拼'活动征集到了很多好的创意，并应用到了新产品的研发上。博友@中意轩 W@ 珊瑚林子 等都提出了很多好的创意，有兴趣的朋友可以看一下哟！"

主题的化妆镜"● 为主题的活动，并持续了很长一段时间。米卡化妆镜鼓励网友大胆说出自己心仪的化妆镜主题，并表示凡是被米卡采纳的，均赠送单独定制的全球独一无二的化妆镜一面，并且会在从草稿到成品的每一步都征求粉丝的意见，如果产品大卖，还会给予参与者以丰厚的奖励。米卡化妆镜的这一活动引来了粉丝的广泛参与。粉丝们提供的"薰衣草花和女孩""江南水乡""烈焰红唇""可爱狗狗"等设想都十分具有创意。同时，也有粉丝为米卡提供了很多宝贵的建议。例如，网友"戒念茶"认为米卡可以将客户群按年龄、工作性质等进行划分，为各类人群分别设计不同主题的化妆镜。

（二）有奖征集建议

米卡化妆镜不仅在产品设计前期征集客户创意，还在微博的友情链接中提供博客地址让客户参与到后期的设计活动中。在"米卡新产品故事"主题博客中，公司将正在进行的设计和新完成的设计稿展示在博文中，并再次通过微博分享邀请粉丝们对产品的外观设计、用途等方面提供建议。在新产品刚刚设计出炉时，米卡通常会发布微博征求粉丝的建议，并对观点精彩的粉丝予以公司产品（化妆镜）奖励。在为"百年好合主题化妆镜"征求建议时，有网友建议再设计一套相应的比较西式的镜子，认为应该注重中西合璧，为不喜欢传统风格的人提供其他选择；也有网友建议在镜子的实用性上加强，如做成小型情侣款，或者做成镜子挂件、加上情侣锁扣等；还有网友建议将两个图案做成镜子外面的正反面，内部做成双面镜，并在两个图案中分别写上"老婆我爱你""老公我爱你"的温馨话语。在为"薰衣草主题化妆镜"征求建议时，米卡也收到了很多粉丝的建议，如在镜子上加上薰衣草的香味，在镜子表面加上一层透明材质并在各层中加入花瓣，将镜子做成那种从不同角度可以看到不同画面的效果，等等。这些建议都为米卡化妆镜的创新设计做出了不可磨灭的贡献。对于粉丝的热心建议，米卡不仅给予物质的奖励，还特意在微博上转发精彩评论并公开致谢。例如，2011 年 4 月 9 日，米卡发布微博："@ Mina 小沫呵呵，这是零舞同学参与我们米卡百年好合化妆镜设计建议有奖征集活动得到的

● 微博内容："#你想要什么主题的化妆镜#大胆说出来：凡是被米卡采纳的，均赠送单独为你定制的全球独一无二的化妆镜一面，并且我们从草稿到成品，每一步都将征求您的意见，如果产品大卖，还有丰厚的奖励！想参与设计化妆镜吗？想让梦想成真吗？让米卡帮你实现梦想吧，你只需大体描述，剩下的让米卡来完成！"

奖品哟，这款红粉佳人化妆镜是很多女孩子喜欢的款式呢！谢谢零舞的建议和分享哟！"

四、乐扣乐扣

韩国乐扣乐扣（LOCK & LOCK）株式会社是生产新概念乐扣乐扣保鲜盒的专业企业。1985 年设立之后开始生产厨房、浴室、婴儿用品等 600 多种生活用品，1997 年之后统一为乐扣乐扣一个品牌，开始生产新概念四面锁扣扣乐扣保鲜盒。乐扣乐扣产品现出口到 103 多个国家和地区，遍布了 10 多万个销售网点。

截止到 2014 年 8 月 7 日，乐扣乐扣的新浪微博已拥有 118331 个粉丝，发微博数达 1546 条。公司利用微博平台实现的功能有：开展客户参与的产品创新活动、公布获奖名单、分享生活小常识等。乐扣乐扣的微博更新比较频繁，基本每周都会更新十多条微博。其中，公布粉丝中奖名单的微博占了一大部分。

乐扣乐扣主要鼓励用户通过消费者座谈会、有奖问卷调查、创意设计参与产品创新过程。

（一）消费者座谈会

为了了解消费者对乐扣乐扣产品的看法，乐扣乐扣每个月会定期召开消费者座谈会，聆听大家的声音。每期的活动，乐扣乐扣会发布在其官方微博上，粉丝可以通过私信报名的方式参与其中，也可以通过微博中提供的企业官网地址报名参加。例如，2011 年 5 月 20 日，乐扣乐扣在其官网上发布微博号召大家参与。❶乐扣乐扣公司举办的这一活动正是结合线上线下两种方式让用户参与到产品创新中来的一种表现。

（二）有奖问卷调查

为了鼓励用户参与到新产品创新过程，倾听消费者的需求，乐扣乐扣开展了有奖问卷调查活动，每一期问卷都是针对乐扣乐扣不同的新品，提供链接给

---

❶ 微博内容："乐扣乐扣消费者座谈会再开！接受您的意见和建议～以及您对乐扣乐扣的看法和使用产品上遇到的困惑～参加者均可获赠价值 300 元左右的格拉斯套装一份！报名地址：http：//t. cn/IDCmLp，有兴趣的同学来参加吧（本次仅限上海～长期招募其他城市～）！"

粉丝做问卷，让用户为新产品出谋划策。例如，2014 年 7 月 21 日，乐扣乐扣开展了第四期有奖问卷调查活动❶，这期问卷是针对乐扣的保温杯新品进行的，而公司提供的奖品是三包湿巾。这次活动得到了粉丝们的大力支持，共有 180 人参与问卷调查。之后，乐扣乐扣于 8 月 1 日公布了中奖名单，并对其他没有中奖的问卷参与者也公开表示了感谢。

（三）创意设计

除了上述让客户体验产品、表达建议以外，乐扣乐扣公司还通过微博平台开展创意设计活动。2011 年 7 月，乐扣乐扣发布微博招募参赛者。❷ 此次活动，乐扣乐扣同时运用了微博和博客进行发布，通过微博进行宣传，通过博客发布大赛详情。在大赛结束之后，乐扣乐扣还通过微博转发了粉丝的获奖感言以鼓励更多的用户参与到下一期的活动中去。例如，2011 年 11 月 17 日，乐扣乐扣转发了网友"圆耨耨"的微博，微博中写道："我参加了创意设计，中奖了，哈哈，寄来的奖品很好，质量更不用说了。十分满意。"

五、微软中国 Windows Phone

微软公司是世界 PC 机软件开发的先导，由比尔·盖茨与保罗·艾伦创始于 1975 年，总部设在华盛顿州的雷德蒙市。Windows Phone 是微软发布的一款手机操作系统，它将微软旗下的 Xbox Live 游戏、Xbox Music 音乐与独特的视频体验整合至手机中，力图打破人们与信息和应用之间的隔阂，提供适用于人们包括工作和娱乐在内完整生活的方方面面，最优秀的端到端体验。利用微博平台实现的功能有：开展客户参与的产品创新活动、公布获奖名单、分享生活小常识等。

截止到 2014 年 8 月 7 日，微软中国 Windows Phone 的新浪微博已拥有 126608 个粉丝，发微博数达 3141 条。公司利用微博平台实现的功能有：开展

---

❶ 微博内容："#乐扣乐扣有奖问卷调查#第四期新鲜出炉！做问卷赢奖品！整整三大包 HelloBebe 湿巾等你赢。本期问卷是针对保温杯新品，点链接做问卷，为我们都喜爱的乐扣乐扣产品出谋划策，新品由你决定！链接：http：//t.cn/RPL48WB，问卷回答完毕后请留言评论。本问卷分页，题目很少务必做完，感谢大家的配合～。"

❷ 微博内容："乐扣乐扣创意大赛开始接受报名，新产品由您决定！为了创造出更好的产品，并吸取广大用户的更多意见，由你来开发乐扣乐扣的新产品，并投入实际生产中去！【大赛主页】http：//t.cn/a0oiNw，具体比赛详情请见http：//t.cn/a0hWvt。"

客户参与的产品创新活动、新应用简介、产品功能介绍等。微软中国 Windows Phone 基本每天会更新 2～3 条微博，更新频率较为频繁。其中，大部分微博内容都是关于产品介绍和宣传的。

微软中国主要鼓励用户通过如下方式参与产品创新过程，包括 Windows Phone 原创应用大赛、收集用户反馈、与用户分享新应用。

（一）Windows Phone 8 原创应用大赛

Windows Phone 8 原创应用大赛❶是由微软、诺基亚和芬兰阿斯托大学共同举办的全球移动应用加速项目 AppCampus 的一部分。大赛根据应用的功能性、特色和创新三个标准对参赛的 Windows Phone 8 首发应用进行评选。微软中国 Windows Phone 通过微博对整个大赛的流程进行全面的报道。大赛的奖品更是十分吸引人，2013 年 3 月 28 日据微软中国 Windows Phone 称，获得一等奖的参赛作品"科学微答"将获得 7 万欧元的丰厚奖金。

（二）收集用户反馈

在开展创新活动的过程中，微软除了使用微博，还借助了贴吧、邮件等多种平台收集客户建议以对新产品进行改进。以"倾听你的声音"为主题的活动就是利用多种平台开展活动的一个范例，该活动以接收邮件的方式收集客户反馈，与此同时，利用微博对产品改进情况进行介绍，并对用户反馈进行感谢。例如，2013 年 2 月 25 日，微软中国 Windows Phone 发表微博："感谢@Malik_Kinte 的反馈❷和@ 微软帮助和支持的跟进，也欢迎用户们多多反馈使用过程中的问题。"本次活动的出发点是好的，但遗憾的是，公司并未真正地做到对客户反馈的信息及时处理，这引起多数网友的不满。网友"思念不加 V"表示："在看完这个一波无数折的经历，我决定近期不再选择 WP8 系统的产品。以小见大，微软在 WP8 的反应上，低效而且伤人。持有问题、执着于此

---

❶　微博内容："Windows Phone 8 原创应用大赛在华跨年起航啦！此次大赛是由微软、诺基亚和芬兰阿斯托大学共同举办的全球移动应用加速项目 AppCampus 的一部分，旨在为中国开发者提供可靠的平台，激发创新，打造更为优异的 Windows Phone 应用生态，为用户提供更优质的应用程序。详情点击：http：//t. cn/zj3iPb1。"

❷　用户评论内容："@ cnBeta：【［遭遇］做一名 WP8 手机的用户 我很后悔……】我是一名微软的忠实用户，从正版的 Windows 系统到正版的 Office 办公套件，以及 Surface RT 平板电脑和 WP 手机及众多他们的正版 Apps。但是最近的一些遭遇，让我非常地不愉快，也感觉到这个软件巨人的迟暮……http：//t. cn/zYC5mZJ。"

的客户才是微软真正的客户。"（2 月 26 日 15：15）"火樹銀花"说："用了两个月，只是觉得有些开发商对 WP 版本很不重视，技术上态度上都有问题！"（2 月 25 日 18：03）这一类负面的评价对产品的声誉造成一定程度的影响。与这类评论不同的是，在另外一些负面性的评论中，网友不仅仅是表达自己的不满，同时还为公司提出服务改进建议，并透露出自己希望看到改进的愿望。例如，网友"生鱼片国安控"说："作为一个普通消费者，力量能有多大？要求能有多高？影响能有多广？WP8 是个有创意的新系统，我们允许你有这样那样的不足和更新，但是在对待投诉和质疑下的态度，团队服务的专业性和及时性上，看完文章，任何一个之前看好 WP 的支持者都会失望。微软，你是服务商还是无照流窜小贩？我分不清了……关注结果！"（2 月 25 日 18：02）"Nests 星星"说："我个人觉得是不是中国的消费者使用习惯和其他国家的消费者不一样，很多系统细节的人性化在 WP8 中都没有。"（3 月 6 日 06：29）这样的评论如果能被公司关注并认真对待，是可以成为企业产品创新的来源。反之，若公司未进行必要的回复，也未发布微博提出解决措施，就会导致其产品创新活动的失败。

（三）与用户分享新应用

除了主动收集用户反馈之外，微软中国还时常发布微博与粉丝分享新应用，一方面为了增加用户对产品的了解度，另一方面为了获取用户对新应用的意见和感受。但是，在开展这一系列活动时，微软公司同样存在与用户沟通不足的问题，对用户提出的问题没有及时解决和答复。例如，2014 年 8 月 4 日，微软发布微博宣传其为国内用户专门定制的 Cortana（小娜），并询问粉丝对小娜的看法❶。这条微博共收到 234 条评论，126 次转发，但多数评论都是对微软小娜提出的各种意见。例如，网友"鹞首徐回"评论说："能不能不要用这么丑的 logo……还是圆圈就好了……"（8 月 5 日 14：51）；网友"雨林林 13"询问："什么时候才会推送啊"（8 月 4 日 12：22）；还有"柳二橙""曾劲淞 AtTheClose""王昌平"等网友都反映了安装失败的问题，而对于这些问题，微软中国始终都没有给予答复。

---

❶ 微博内容："#全新 Windows Phone# 期待与@微软小娜 的第一次对话，你是否也是这样？"

六、北京地铁

北京市地铁运营有限公司成立于 1970 年 4 月 15 日，负责地铁 1 号线、2 号线、5 号线、6 号线、8 号线、9 号线、10 号线、13 号线、15 号线及八通线、机场线、房山线、昌平线、亦庄线十四条线路的运营管理工作，运营总里程 395 公里，231 座车站。

截止到 2014 年 8 月 7 日，北京地铁的新浪微博已拥有 1529191 个粉丝，发微博数达 14546 条。公司利用微博平台实现的功能有：提供出行温馨提示、介绍公司历史、分享生活图片、征集乘客建议等。北京地铁微博更新十分频繁，每天会发十多条微博，且每天发布的微博中基本都有征集乘客建议、地铁服务改进、出行提示等相关信息出现。

北京市地铁运营有限公司主要鼓励用户通过如下方式参与产品创新过程，包括"in 地铁"建议提供平台、网络地铁投票、"新线瞭望"话题讨论。

（一）"in 地铁"建议提供平台

北京市地铁运营有限公司相信了解乘客需求，才能更好地做好服务，并同时在线上、线下开通了建议提供平台。北京地铁不仅通过微博平台开展"in 地铁"❶ 活动倾听网友的心声，还开展"站区长接待日"活动，邀请附近的社区居民乘客一起座谈。许多网友参与其中，有的建议给乘客多发放些乘车攻略，有的建议给孩子们讲解一些安全乘车常识，还有网友建议公司尽快解决部分线路收不到手机信号的问题。

（二）网络地铁投票

为了了解乘客的需求，北京地铁还开展了"新线期待"的调查活动。2012 年 12 月 10 日发表以"你最期待哪条线路"❷ 为主题的投票活动。截止到目前，已经有 8800 人参与到投票活动中。

---

❶ 微博内容："#in 地铁#【in 车站】你知道闸机和自动售票机的使用方法吗？你知道哪些行为属于地铁不文明乘车行为吗？您对北京地铁有何意见建议？站区长接待日，北京地铁在行动～。"

❷ 微博内容："@北京地铁：#网络地铁#【新线期待】2012 年年底版最新北京地铁线路图出炉了，快来分享吧～快到地铁来，你才到地铁去。本月底，地铁 6 号线一期、8 号线南段、9 号线北段、10 号线二期即将开通，你的第一次体验选择从哪座车站起程？你最期待哪条线路？动动手指，投出你的最期待吧。投票地址：http：//t. cn/zj6G46g。"

（三）"新线瞭望"话题讨论

为了让市民掌握地铁开发新动向，并听取用户需求，北京市地铁运营有限公司还开展了以"新线瞭望"为主题的话题讨论，信息更新及时且频繁，吸引了不少粉丝参与讨论，也赢得了市民们的好评。例如，2014 年 8 月 5 日，北京地铁发布微博分享北京地铁公共艺术创作方案征求意见❶，不少粉丝给出了正面评价。

七、诺基亚

诺基亚公司（Nokia Corporation）是一家世界著名的移动通信产品制造商，创始于 1865 年，1871 年组建为诺基亚公司，总部位于芬兰的埃斯波。诺基亚的主要产品是手机，借助 Symbian 系统，逐渐发展成为全球第一大手机厂商。截至 2006 年，塞班手机销量达到了一亿部。

截止到 2014 年 8 月 7 日，诺基亚的新浪微博已拥有 3977252 个粉丝，发微博数达 5678 条。公司利用微博平台实现的功能有：开展客户参与的产品创新活动、新应用简介、产品功能介绍等。诺基亚每天基本会更新 3 ~ 5 条微博，更新频率较为频繁。其中，大部分微博内容都是关于产品介绍和宣传的。

诺基亚主要鼓励用户通过如下方式参与产品创新过程，包括发动微博投票、诺基亚体验创新中心。

（一）发动微博投票

为了调查粉丝对诺基亚创新技术、经典机型的青睐程度，进而发现、发展那些顾客兴趣浓厚的产品创新点，包括技术创新和产品外观设计，诺基亚会不定期在微博上开展投票活动。例如，诺基亚于 2012 年 12 月 21 日发动了微博投票活动❷，并以此引导顾客为诺基亚的创新发展建言献策。该活动受到了粉丝们的广泛参与。至今为止，已有 4277 人参与投票，活动微博被转发 180 次，评论 284 条。在这些评论中，也有一些负面的信息。例如，网友"拾荒达人

---

❶ 微博内容："#新线瞭望#北京地铁公共艺术创作方案征求意见——7 号线 02 标段欢乐谷站。作品以'dream'字样的过山车为画面中心，表达欢乐谷站'梦想'的主题，色彩丰富，线条流畅，与地铁欢乐谷站的装修风格协调一致。"

❷ 微博内容："我发起了一个投票【最青睐诺基亚 920 的哪一项创新技术？】，地址 http：//t. cn/zjp0669。"

2010"说："我现在相信诺基亚复兴无望，一是太不尊重用户，微博始终不见回复；二是根本区别对待，大陆的配置更差，价格却更高；三是非独立操作系统，完全依赖微软；四是过早发布 Lumia920，却让用户苦苦等了三四个月都不见真机。"对于这些负面的评论，公司并未做出及时回复，这是公司开展创新活动中的一大问题。若诺基亚公司认真对待网友在这些负面评论中提出的建议，那么这些建议很可能成为企业产品创新和改进的来源。类似的投票活动还有很多，据笔者统计，诺基亚在 2010 年发起了 7 次投票，在 2011 年发起了 8 次投票，在 2012 年发起了 10 次投票，在 2013 年发起了 4 次投票。

（二）诺基亚体验创新中心

为了促进产品的持续创新，诺基亚还建立了体验创新中心，鼓励对技术、运营支持感兴趣的创业者团队加入，为诺基亚的技术创新、运营创新注入新鲜血液。通过微博平台进行宣传，吸引各界人士参与其中。这是诺基亚结合线上、线下的方式鼓励顾客参与新产品设计、新技术创新的新举措。

八、造字工房

造字工房是国内最新锐的汉字字形与字体设计开发机构，专注于 logo 字形设计、字体高级定制开发，以及字体产品的授权业务。

截止到 2014 年 8 月 7 日，造字工房的新浪微博已拥有 98221 个粉丝，发微博数达 4857 条。公司利用微博平台实现的功能有：开展客户参与的产品创新活动、产品促销活动宣传、新产品展示等。造字工房微博更新较为频繁，每周会发布 20 多条微博。其中，大多数微博都涉及产品创新方面的信息。

造字工房主要鼓励用户通过作品征集、新字体投票参与产品创新过程。

（一）作品征集

为了实现产品创新中客户的参与，造字工房还举办了字形设计活动，吸引网友参与到产品设计中来。例如，2011 年 9 月 20 日举办的"微创新、博字体、赢 iPad"活动❶以及 2014 年 7 月 25 日举办的"你用字，我送 T"

---

❶　微博内容："#微创新、博字体、赢 iPad# 为点燃大家对中文字形设计的热情，'造字工房'汉字字形设计实验邀您共参与。即日起，您只需对'造字工房'四字进行创意设计，将作品发微博并@造字工房，你就有机会获得造字工房正版字体（含新上市产品），设计优胜者还将有幸赢取苹果顶配iPad，赶快行动吧！"

活动❶都赢得了广大粉丝、设计者的支持。可以看出,造字工房坚持积极与字体设计爱好者间的互动,为创造更多沟通和交流的机会做出了较大的努力。

(二) 新字体投票

为了设计出更令消费者满意的产品,造字工房经常在新浪微博上征集意见,发布投票,了解客户的偏爱。例如,2012 年 10 月 31 日,造字工房发起了一个以"微创新、博字体、赢 iPad"❷ 为主题的投票,为即将上市的新字体名称征集意见,该活动吸引了 1000 多位粉丝的参与。类似的投票活动还有很多,据笔者统计,截止到 2014 年 8 月 7 日,造字工房共开展了十次关于最受欢迎字体的投票活动,每次活动都得到了粉丝们的大力支持。

九、Hallmark 贺曼中国

Hallmark 来自美国,始于 1910 年,现在已成为全球最大、最有知名度的贺卡及礼品品牌。Hallmark 公司和品牌秉承传递温暖,感动人心的品牌文化,受到全世界人的认同与喜爱。其不断创新的 Forever Friend、Hoop & Yoyo 等形象都深入人心。

截止到 2014 年 8 月 7 日,Hallmark 贺曼中国的新浪微博已拥有 311 个粉丝,Hallmark 贺曼中国极少在新浪微博上更新其动态,2012 年 8 月至今,Hallmark 贺曼中国仅发布了 60 条微博。公司利用微博平台实现的功能有:新产品宣传、促销活动宣传、展示产品创新进程等。

Hallmark 贺曼中国主要鼓励用户通过 Hallmark 知识创新群体、分享宣传视频参与产品创新过程。

(一) Hallmark 知识创新群体

Hallmark 公司已经建立"Hallmark 知识创新群体",这是一个由领先用户构成的在线论坛,用于设计新产品。如今,还利用微博向用户推广其创新成果,并向用户寻求新产品的意见。但其新浪微博粉丝数少、无具体活动等问题

---

❶ 微博内容:"造字工房'无上清凉'T 恤即将限量上市,即日起至八月二日零时(七夕),凡参与造字工房 #你用字,我送 T# 活动,将有机会赢取造字工房限量版情侣 T 恤。若人品爆发,更将获赠锤子手机 T1 一部,详情见图! 感谢朋友们多多参与支持造字工房官网 http://t.cn/zTyoXh6。"

❷ 微博内容:"我发起了一个投票【造字工房 #微创新、博字体、赢 iPad# 字形设计活动年度大奖评选!】,地址 http://t.cn/zIrHTot。"

在一定程度上制约了其在中国市场上的创新进程。

（二）分享宣传视频

为了鼓励用户参与产品定制，并提供建议，Hallmark 贺曼中国常常会发布一些视频供粉丝观看。一些视频是定制教程，如 2013 年 8 月 1 日发布的关于贺卡定制的视频❶；还有一些视频是鼓励用户参与互动的，如 2013 年 8 月 2 日发布的以"告诉我"为主题的宣传视频❷。遗憾的是，这些活动都没能吸引到粉丝的参与，评论数和转发数均为零。导致这一现象最主要的原因是公司没有提供具体的参与活动的方式，也没有给予必要的物质激励。

第二节 案例对比分析

一、企业利用微博吸纳用户参与产品创新

（一）九家微博企业案例对比

为了深入了解当下利用微博平台吸纳用户参与创新的企业，基于上一节的案例描述，下文从用户参与范围、用户参与创新内容、用户参与形式、用户参与程度、企业激励措施、创新活动成果等方面对各家公司所采取的创新活动进行对比分析，如表 6 - 1 所示。

通过对九家企业的微博案例对比分析，可以得出以下五点结论：①在利用微博平台吸纳客户参与产品创新的企业中，部分企业仅采用了线上参与方式，部分企业则结合了线上和线下两种方式；②多数企业吸纳用户参与创新的内容包括产品的功能设计和外观设计，少数企业还在技术创新和管理创新领域鼓励客户的参与，如诺基亚公司；③企业吸纳客户参与产品创新的激励措施主要有产品体验、知识分享、参观体验和意见倾诉；④多数公司开展创新活动时，兼顾了物质奖励和精神奖励，也有部分企业仅采用精神奖励，而兼顾了物质奖励

---

❶ 微博内容："让贺曼定制贺卡带给您更多的家庭幸福时光"（http：//t. cn/zQXbBhZ）。

❷ 微博内容："每个人的心里都有需要倾诉的东西 告诉我"（http：//t. cn/zQaLSDj）。

表 6 - 1　微博案例对比

企业	官方微博	粉丝数目	发微博数	用户参与范围	用户参与创新内容	激励措施	用户参与形式	参与程度	具体活动列举	创新活动成果
小米公司	http://weibo.com/xiaomikeji	4070907	9413	线上参与	功能设计、创新方向	公司产品奖励、知识分享	话题讨论、投票	高	新产品讨论、创新意见分享	将创意纳入创新资源库
恒达暖宝宝	http://weibo.com/hengda	143870	11958	线上参与	功能设计	公司产品奖励	消费者体验、客户反馈、创意有奖活动	高	分享体验、寻求建议、创意大比拼	推出新产品、将创意纳入创新资源库
米卡化妆镜	http://weibo.com/mecor	24220	4318	线上参与	功能设计、外观设计	公司产品奖励	客户反馈、提供创意	高	头脑风暴、寻求建议	定制个性化产品、推出新产品
乐扣乐扣	http://weibo.com/stylecook	118331	1546	线上参与、线下参与	功能设计、外观设计	公司产品奖励、知识分享、观体验	消费者体验、提供创意、参观工厂	高	消费者座谈会、有奖问卷调查、创意设计	推出新产品、将创意纳入创新资源库
微软中国 Windows Phone	http://weibo.com/windowsphoneonline	126608	3141	线上参与	功能设计	奖金、意见倾诉	创意大赛、客户反馈	高	Windows Phone 原创应用大赛、收集客户反馈、与用户分享新应用	为产品增加新功能

续表

企业	官方微博	粉丝数目	发微博数	用户参与范围	用户参与创新内容	激励措施	用户参与形式	参与程度	具体活动列举	创新活动成果
北京地铁	http://weibo.com/bjsubway	1529191	14546	线上参与、线下参与	服务创新、需求调查	知识分享、意见倾诉	客户反馈、投票	中	"in 地铁"建议提供平台、网络地铁投票、"新线瞭望"话题讨论	改进原有产品（服务）
诺基亚	http://weibo.com/nokia	3977252	5678	线下参与、线上参与	技术创新、管理创新	知识分享、参观体验	消费者体验、投票	中	发动微博投票、诺记地图爱分享、诺基亚体验创新中心	为产品增加新功能、改进原有产品
造字工房	http://weibo.com/redesign	98221	4857	线上参与	外观创新	知识分享、其他物质奖励	投票、提供创意	中	新字体投票、作品征集	推出新产品、将创意纳入创新资源库
Hallmark贺曼	http://weibo.com/hallmarkcards	311	60	线上参与	外观设计	知识分享	客户反馈、在线论坛	低	Hallmark 知识创新群体、分享宣传视频	推出新产品

和精神奖励两种形式的活动参与度更高；⑤利用微博平台收集到的客户创意最终会被企业用于推出新产品、改进原有产品或纳入企业的创新资源库。

（二）与其他形式的客户参与产品创新对比

1. 传统线下形式

谈及产品创新，宝洁、IBM、海尔、三星、谷歌、微软等企业是众所周知的佼佼者。这些企业不断为客户开发赏心悦目的产品，从而在市场竞争中确立了持续的竞争优势，也促进了企业持续增长。企业吸纳客户参与产品创新的传统方式在这些企业中表现得淋漓尽致。通过调研和资料收集，笔者总结出了三种传统线下参与形式，它们分别是沉浸式体验客户生活、开放式创新研讨会、产品体验。

宝洁是采取沉浸式体验客户生活的典型企业。为了了解客户的需求，让客户参与到企业产品创新中来，宝洁公司采取了入户拜访、购物陪同等方法以融入客户生活，这种完全沉浸式的方式帮助宝洁发现了许多新的创新机会。

开放式创新研讨会是当下许多企业开展创新活动常用的方式。IBM公司独具特色的"创新即兴大讨论"就是IBM开放式创新的具体实践。IBM从2001年开始，每年集合内部员工进行关于创新的探讨，创新即兴大讨论（Innovation Jam）正是在此基础上结合IBM的全球创新展望而发展成形的。这项活动集合内部员工、客户、咨询师、员工家属等"外人"进行关于创新的探讨。2008年10月，IBM举办的"创新即兴大讨论"共有5.5万名IBM员工参加，5000多名客户和IBM家属参加，共同为IBM寻找新的创意和解决方案。

产品体验也是企业吸纳客户参与产品创新所开展的线下活动之一。产品体验可以扩展产品的功能，让设计师更加关注用户的心理和行为。企业在开展产品体验活动时，往往会免费为用户派发公司的新产品，让得到免费试用品的客户撰写使用感受或接受采访，并对参与活动的用户给予物质奖励，以此方式获取用户的反馈和创意，得到新产品的改进意见。

2. 其他互联网形式

在讨论基于互联网的用户参与创新活动的形式前，首先明确网络社区成员的类型，有助于确定创新参与者的标准。如表6-2所示，按照参与社区活动的积极程度以及价值的不同，可以把网络社区成员分为四种类型："游客""寻找者""追随者""活跃人"。其中，"活跃人""追随者"是参与企业产品创新活动的核心人物。可以依据一定标准通过调查社区成员在网络社区中发帖或回复的数量、频率、内容等方面的信息辨别出企业创新活动的主要参与者。

表6-2　网络社区成员的四种类型

网络社区成员类型	和网络社区的联系	对于社区主题感兴趣程度	参与社区信息交流活动的频率
游客	松散或没有	有限且时间很短	很少
寻找者	适中	一般感兴趣	主要限于信息的单向获取
追随者	较密切	很感兴趣	愿意表达个人的观点和看法，热心参与讨论
活跃人	紧密	非常专注	热衷于发起讨论话题或规划活动

为了吸纳"追随者""活跃者"参与到企业的产品创新中来，除了微博之外，企业还可利用的互联网形式有博客、播客（视频分享）、论坛、在线社区等。

与微博不同，博客在字数上没有限制，是一种不定期张贴新的文章的网站。很多企业都有其官方博客。企业的博文主要由企业的员工撰写，旨在倾听客户意见，增进交流。企业博客的热度与企业产品的品牌知名度有很大的关系。因此，对小企业来说，利用博客吸纳用户参与产品创新活动有一定困难。

播客是数字广播技术的一种，录制的是网络广播或类似的网络声讯节目，网友可将网上的广播节目下载到自己的 iPod、MP3 播放器或其他便携式数码声讯播放器中随身收听，不必端坐电脑前，也不必实时收听，享受随时随地的自由。企业通过播客（视频分享）的方式开展产品创新活动可以以更直观的方式与客户交流，加深用户体验。博客与播客的主要区别在于，博客所传播的以文字和图片信息为主，而播客传递的则是音频和视频信息。

论坛活动一向备受各方青睐，也是企业利用互联网吸引客户的经典方法。但在形形色色的网络论坛中，要想吸引更多的网络用户成为企业创新活动的"追随者""活跃者"并不是一件容易的事。论坛活动成败的关键就在于是否能够推出新颖的、能够引人注目的活动方案。一些人气不是很高的论坛时常会有一些赠送小礼品之类的活动，而这样的活动效果往往不尽如人意，而且一旦活动结束，再去论坛回访的人并不多。因此，在使用论坛进行创新活动时，活动的推广效果是值得企业关注的一个重要因素。

在线社区是企业在自己的官方网站上开设的活动专区。如今，利用在线社区开展创新活动的企业越来越多。例如，微软公司推出的 Microsoft Live、谷歌公司推出的 Google Labs 及腾讯公司推出的 QQ 实验室等形式的网络社区。这些在线社区综合利用了博客、维基、RSS 和社区的其他一些功能来取得用户对产品开发的建议和反馈，并推动用户之间的讨论和协作。目前这一网络用户参与企业创新的形式，主要集中在 IT 企业和网络企业。

（三）不同参与形式的比较

企业吸纳客户参与产品创新的不同形式都有其各自的特点，实施效果也有所差异，表6-3对不同形式的参与方式进行了对比总结。

表6-3 企业吸纳用户参与产品创新不同形式的对比

参与类型	参与形式	优 势	劣 势	参与人群
线上参与	微博	信息更新快、传播速度快、受众广、易读性强、成本低、创意收集快	内容不详细、可控性较低	微博用户
	博客	内容详细、回访率高、成本低、创意收集快	易读性较低、可控性较低	企业博客粉丝
	播客	便捷、传播速度快、信息更新快、成本低	受众较少（目前）、可控性低	播客用户
	论坛活动	受众广、关注率高、针对性强、创意收集快	回访率低、成本较高	广大互联网用户
	在线社区	回访率高、信息丰富	成本高	企业产品用户及粉丝
线下参与	沉浸式体验客户生活	信息丰富、受众广	创意收集慢、难以进行、成本高	广大人群
	开放式创新研讨会	可控性高、参与度高	成本高	企业产品用户
	产品体验	参与度高、受众广	成本高	广大人群

由表6-3所总结的信息可以看出，在企业吸纳用户参与产品创新过程中，线上参与形式与线下参与形式有所不同。线上参与的成本较低、可控性较低，而线下参与成本较高、可控性也较高。与其他形式相比，利用微博平台吸纳用户参与产品创新具有信息更新快、传播速度快、受众广、易读性强、成本低、创意收集快等优点，但同时也存在内容不详细、可控性较低等方面的不足。

二、动机及激励设计

（一）用户需求分析

个人参与企业创新活动的行为并不是偶然产生的，而是由许多因素共同作用所导致的。为了研究用户参与企业创新活动的原因，首先需要了解用户的需求。根据克雷顿·奥尔德弗的 ERG 理论，人们共存在三种核心的需要，即生存（existence）的需要、相互关系（relatedness）的需要和成长发展（growth）的需要。

生存的需要是与人们基本的物质生存需要有关的需求，即经济需求；相互关系的需要是指人们对于保持重要的人际关系的要求，即社会需求；成长发展的需要是指个人自我发展和自我完善的需求，即心理需求。

（二）用户参与的动机分析

用户的行为动机可以分为外在动机和内在动机。外在动机往往与内在动机相对立而存在，任何一个人的行为都不仅仅是内在动机或者外在动机单独起作用，而是通过两者之间相互作用。

所谓外在动机是指人们为了获得外在的物质奖励而执行任务，若用经济学理论加以阐释，即人类行为是受利益驱使的。它是由外部力量和外部环境激发而来的动机。外在动机主要来源于用户的经济需求。

内在动机则指当事人为了某种固有的满足感而非来自外界的压力刺激或者报酬去参与某项活动。其实质在于心理学所主张的胜任特征，即展现自己的卓越和成就，它可以引导人们从事感兴趣的行为。构成内在动机的主要因素有两种：一种是基于人类有自我愉悦的本能，当某件事情能带来这种感觉的话，他们可以不计报酬地去做，只为享受其中的乐趣，获得一种愉悦的心理感受。这种心理追求持续的专注、感知和行动的契合、自信和过程至上。此时，人类内心的满足感将来自于迎接挑战的勇气和成功后的喜悦。这种动机与用户的心理需求是相互对应的。构成内因动机的另一要素是社群认同（community identification），这种动机源于用户的社会需求。在创新世界里，传统经济学所假设的资源稀缺是不存在的，因而人们在网络这个虚拟社群中的地位不是由控制资源的多少决定的，而是由主动施予资源的多少而决定。这就导致用户为了赢得声誉和社群成员的称赞和尊重而采取积极行动，而社群的成员对于馈赠所做的这种回应反过来又将进一步增强参与者的内在动机。

三、用户参与产品创新的激励策略

为了提高用户参与新产品开发的意愿，企业必须了解用户参与的动机，制定相应的激励措施。用户内在的创新需求以及外在的创新激励是产生创新动机的关键。为了提高企业创新活动的吸引力，在了解用户需求之后，企业应该尽可能地满足用户的创新需求。企业开展的创新活动需要以 ERG 理论为导向，给予用户不同程度的激励。

（一）外因诱致

为了满足用户的经济需要，应该从外在动机出发，让用户在参与创新活动的过程中获得产品使用价值、直接报酬、利益分享等奖励。恒达暖宝宝创意大比拼、米卡化妆镜的头脑风暴等活动就是从用户的经济需求出发而设计的。

（二）内因驱动

为了满足用户的社会需求，应该从内在动机出发，让用户在参与创新活动的过程中得以建立和谐互惠的人际关系，感知自己声誉地位的提升，帮助他人等。例如，在乐扣乐扣公司的消费者座谈会、北京地铁的"in 地铁"意见征集等活动中，用户就能够通过参与其中而满足其社会需求。

为了满足用户的心理需求，同样需要基于用户的内在动机，让用户在参与创新活动的过程中体现自我能力、自我价值，满足自身兴趣、获得成就感，等等。以满足用户的心理需求为激励手段的活动也有很多，例如，乐扣乐扣公司的"Ecolife 料理教室"、微软公司的 Windows Phone 8 原创应用大赛，等等。

第三节　企业吸纳微博用户参与产品创新的策略

随着网络信息技术的迅速发展，借助微博平台吸纳用户参与产品创新的优势越来越显著。借助微博，企业可以以非常经济的手段即时获得顾客的需求与反馈，收集用户的创意。但目前利用这种媒介开展创新活动的企业却并不多见，且有些企业开展的活动存在一定程度的不足。基于上述分析，本书提出了适合于当下产品市场的企业吸纳微博客户参与产品创新的策略，以期为当下企业充分吸纳用户资源，提高企业竞争优势提供路径。图6-1总结了本章所提出的策略。

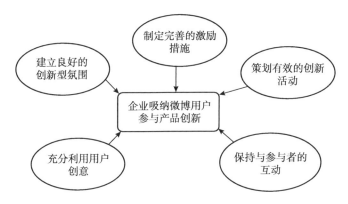

图6-1　企业吸纳微博用户参与产品创新的策略

一、建立良好的创新型氛围

网络社区成员包括"游客""寻找者""追随者""活跃人"四种类型。为了利用微博平台发展更多的"追随者""活跃人"参与到企业的产品创新活动中，企业需要在组织文化中充分体现用户的重要性，并创建一个良好的创新环境，即利用微博平台建立一个完善的消费者参与产品创新的信息沟通环境。这个环境要能够保证用户参与的便利性，有利于消费者迅速掌握和熟悉产品创新流程、创新规则；便于消费者与企业产品研发人员的信息交流，使消费者需求能及时上升为产品创新方案，提升产品创新成功的概率；有利于通过信息沟通，建立消费者和企业之间的相互信任关系；有利于参与产品创新的消费者之间的信息交流，使消费者创造出最适合自己需要的新产品；有利于保护企业和消费者的隐私，确保双方权益，以便促进双方进行更高层次的信息交流。

二、制定完善的激励措施

在吸纳用户参与产品创新的过程中，企业应基于用户的各种需求，兼顾用户参与的外在动机和内在动机。在不同的新产品开发阶段，企业应采取不同的激励措施。在新产品开发的战略决策阶段，企业与用户之间存在供需关系，用户参与的动机主要是为了满足其心理需求，与企业实现信息共享、资源互补，为企业提供原始创意；在产品开发概念形成阶段，用户参与的目的主要是为了满足其经济需求和心理需求，在这一阶段，对于可以提供有价值的意见的用户，企业可以给予物质奖励和精神嘉奖；在产品开发阶段用户之所以参与共同创造主要是为了满足其心理需求，实现自我价值，满足自身兴趣，获得更高定制化的产品；在产品评价阶段，用户参与主要动机不仅在于利他主义的体现，即满足社会需求，还在于参与过程中有关产品复杂问题的学习，即满足心理需求。总的来说，企业需要根据产品创新各个阶段用户创新动机的不同，采取不同的激励措施。

三、策划有效的创新活动

对于企业来说，可以开展多种形式的活动来吸纳用户参与新产品创新，以此获取产品创新所需的用户资源。正如第五章所提及的，不同的参与形式有着不同的优缺点。为了让创新活动更加成功，企业的创新活动可以结合多种形式的参与方式，充分利用各种形式的优点，弥补不足之处。

本章给出了一套具体的方案，步骤如下：①利用微博对企业的创新活动进行宣传，并开展有奖转发活动以吸引广大用户的关注；②在微博上简要介绍活动内容，并给出发表活动详情的博客地址的链接；③对提出建设性意见或创意的用户给予物质奖励并在发表微博时进行公开表扬；④利用微博宣传企业所开展的线下活动，如消费者座谈、工厂参观等，并鼓励用户积极参与；⑤通过微博寻找企业创新活动的"追随者""活跃人"，并在线下为其发放免费试用品，鼓励其参与公司的产品体验并收集他们的反馈建议；⑥通过微博展示用户参与产品创新的成果。

与其他线上形式的结合使用可以有效地弥补微博平台发布内容不详细的缺点；与线上形式的创新活动的结合则可以弥补线上参与形式可控性较低的缺点。在进行产品体验活动时，若无针对性地向广大人群发放试用品和调查问卷，则回收到的反馈很容易失真，往往不会令人满意，若通过微博平台寻找乐于参加企业创新活动的用户，产品体验的活动将会进行得更加顺利。在创新活动结束后，企业还应向客户展示他们所参与活动的成果，有可能的话还可以让感兴趣的客户参与到后期产品的开发和生产过程，这样不仅能够激发用户的参与兴趣，还能够更深程度地获取用户知识。

四、保持和参与者的互动

在利用微博开展创新活动的过程中，企业要保持和参与者的互动，及时对用户的留言进行认真回复，对用户提出的建议进行处理。对用户提出的好的建议或创意，要做出正面评价并表示感谢或给予奖励，还要向其他参与者说明这个建议或创意好在哪里，为何能够适用于公司的产品，等等；对于企业未能采纳的建议或创意，企业也应给出合理的解释和说明，并对用户的积极参与表示感谢。

在活动过程中对客户的留言及时回复，对用户提出的建议进行处理是企业利用微博平台开展创新活动最重要的一步。这不仅有利于获取具体的客户需求和创意，还能在一定程度上给予参与者内在激励，满足其社会需求，并吸引更多的用户参与其中。若未及时对用户留言进行回复，则会导致用户不满，给公司造成负面影响，微软中国开展的以"倾听你的声音"为主题的收集用户反馈建议的活动就是因为未对用户提出的建议进行反馈而功亏一篑。

五、充分利用用户创意

企业吸纳用户参与产品创新活动就是对用户知识的有效获取和整合的过程。在搜集到用户的建议和创意之后，我们还应对用户信息进行有效整合和充分利用。

在参与企业的创新活动中，用户的知识可以分为使用经验和产品相关知识两个维度。使用经验是用户经常使用某类产品所获得的经验；产品相关知识包括用户对产品结构、产品使用的材料以及市场中现有产品技术的了解。使用经验可以帮助用户为企业提供原有产品的改进建议，丰富的产品相关知识则会让用户能够更好地理解产品的结构及技术关联，从而就他们所面临的问题提出创新性的解决思路和具体的解决办法，甚至提出开发新产品或新服务的创意。

企业在创新活动中的任务不仅是了解用户的需要，更重要的是要挖掘出他们的创新性想法，并将这些想法或创意纳入企业产品创新体系中。如表6-4所示，本章对用户的想法和创意进行了分类，并分析了不同用户创意所应有的不同成果体现。

表6－4　用户创意的成果体现

成果体现	用户创意类型	用户创意适用范围	企业技术支持	产品开发难易程度
成为新产品原型	新产品创意	大多数用户	支持	难
定制用户个性化产品	新产品创意	个别用户	支持	易
改进原有产品	产品改进想法	大多数用户	支持	易
纳入创新资源库	新产品创意、产品改进想法	大多数用户	目前不支持	难

随着知识经济的到来，市场竞争的加剧，创新变得越来越重要。用户参与产品创新一方面有利于满足用户对产品的个性化需求，另一方面还可以提高企业新产品成功的概率。为促进用户参与企业的产品创新，企业应借助现代信息技术为用户提供便捷的参与平台。微博作为当下网络媒体的一大主力军，具有其独特的优势，其价值已逐渐受到企业的重视。利用微博平台吸纳用户参与产品创新是当下企业在创新领域的一大法宝。

对于基于微博平台的创新活动的设计，企业应从用户参与动机出发，制定有效的激励策略，并结合其他形式的参与方式弥补微博平台参与的不足之处。此外，在活动过程中对用户的留言及时回复也是十分有必要的。对于收集到的用户创意或想法，企业应对其进行分类并充分利用。

随着网络信息技术的迅速发展，企业利用微博平台吸纳用户参与产品创新的做法必然会成为一种流行的趋势。而微博平台操作简单、信息发布便捷、互动性强、成本低等优点将会让我国企业在产品创新领域向前迈进一大步。

第七章 基于社会化媒体的创新扩散

随着互联网的持续深入发展，社会化媒体（又被称为社会化媒介，social media）开始成为众多企业选择的创新扩散媒介。本章将探讨基于社会化媒体的创新扩散活动的原理及操作模式。

第一节 社会化媒体简述

1979 年，美国杜克大学的两位研究生汤姆·特鲁斯科特（Tom Truscott）与吉姆·艾利斯（Jim Ellis）创造出一种分布式的互联网交流系统，他们将其称为 Usenet，取"User Network"之意。Usenet 系统第一次使全世界的用户在一个统一的平台上发布公共信息，并互相交流讨论。Usenet 的最初构想是借助网络进行技术信息交流，后来被推广到大众领域，如社会新闻、业余爱好、个人兴趣等主题，该系统最主要的特色是统一分组、全球转信（转发消息）。Usenet 的出现标志着社会化媒体开始萌芽，但更具意义的标志性事件则来自 OpenDiary 的创立。

OpenDiary 由布鲁斯·艾伯尔森（Bruce Ableson）和苏珊·艾伯尔森（Susan Ableson）于 1998 年 10 月 20 日创立，是一个向全世界日记写作者提供写作与交流平台的互动系统。该系统使日记的阅读者可以在他人撰写的日记后发表评论，同时又赋予日记写作者一定的隐私权，即只对自己的好友开放自己的日记空间。OpenDiary 一度成为超过 500 万篇日记的原始储存空间，并被视为社会化媒体的雏形，同时催生出"博客"（Blog）一词。早期人们将 OpenDiary 上面存放的日记称为"weblog"，原意为"网页上的日记"，这一单词后被网友改写成"we – blog"的形式，意为"我们写日记"，"Blog"一词便应运而生，并被翻译为"博客"。伴随着上网速度的不断提升，博客一词的认可度越来越高，并取代 OpenDiary，成为这一类型互动系统的称谓。

博客的产生使得个体能够在全世界范围内与其好友就日记内容展开互动，但未能完全满足好友间日常社交活动的需求。在这一背景下，诸如 MySpace（2003）、Facebook（2004）、Twitter（2006）、人人网（2005 年创立之初为"校内网"，2009 年 8 月更换为现在的名称）、新浪微博（2009）等增强了社交功能的网站陆续面世。由于这些网站强化了社交功能，是人际互动的重要媒介，因此在英文中被统称为"social media"，在中文中则被直译成"社会化媒体"。这便是社会化媒体产生的时代背景。

社会化媒体的概念界定一直以来缺乏一个统一的标准。综合对社会化媒体的已有定义，本书将社会化媒体定义为：社会化媒体是通过网络通信与沟通技术，提供使用者在网络平台进行线上互动与内容转移的工具、服务、应用的总称。社会化媒体提供一个线上的虚拟空间，让使用者能够发布信息、搜寻信息并发表评论，让拥有共同兴趣的网友有机会通过社区分享彼此的意见或协同创造内容。

著名咨询机构 CIC 公司在《2014 中国社会化媒体格局概览》报告中指出，2014 年我国社会化媒体格局图被划分为上下两大部分，分别是"社会化营销核心平台"和"消费者细分兴趣社区"，而从内圈到外圈分别是该类平台的国际对标、平台跨屏分布情况、平台类别以及营销者在该类平台上建议采用的商业策略（见图 7 – 1）。

社会化营销核心平台是指拥有大规模用户并占据用户大量时间的社会化媒体平台，可以被认为是大部分品牌的营销投入重点。通过过去十年中对于数字领域的长期观察与研究咨询实践，结合中国互联网络信息中心（CNNIC）最新发布的《第 33 次中国互联网络发展状况统计报告》中所披露的权威数据，CIC 将即时通信（CNNIC 报告将微信也列为即时通信类）、视频音乐、博客、微博、社交网络、论坛、移动社交、社会化生活、电子商务这九类平台列为社会化营销核心平台。按照"建立知名度→内容/互动→服务/交易"这样一个简化的营销价值链来对这些平台做初步的梳理，可以看出，主要服务于"建立知名度"的平台包括即时通信和视频音乐，这主要得益于这两者庞大的受众群。截至 2013 年 12 月底，即时通信和视频的用户规模分别达到 5.3 亿和 4.3 亿

图7-1 中国社会化媒体格局概览

资料来源：CIC，营销去哪儿？CIC 2014中国社会化媒体格局概览［DB/OL］，http：//www. cic-corporate. com/index. php？option＝com_content&view＝article&id＝1204%3Acic－2014－china－social－media－landscape－where－to－play－a－how－to－play&catid＝99%3Aarchives－2014&Itemid＝208&lang＝zh，2014－2－6/2014－8－15．

人，网民使用率分别占86.2%和69.3%。品牌通过这类平台作为媒介，能够获得经济有效的曝光；主要服务于"内容/互动"的平台包括博客、微博、社交网络、论坛。当然，这些平台在很大程度上同样可以服务于"建立知名度"的目的，但是其主要的营销传播方式还是借助于社会化媒体平台产生的内容来引发消费者与消费者或消费者与品牌/企业之间的互动，最终建立起品牌的粉丝社群；主要服务于"服务/交易"的平台包括移动社交、社会化生活和电子商务。如微信的公众账号服务，其本质是一个虚拟的客服窗口，使营销者直面其消费者，提供交易和服务；又如大众点评网，很好地联结了本地商家和消费者，不仅让本地商家了解消费者的需求与评价，同时也为本地商家提供了各类促销手段。未来将会有越来越多的平台逐渐延伸它们各自在这条价值链上所扮演的角色，如视频音乐目前的营销方式主要以穿插广告为主，但它们同样可以具备直接的交易和服务功能，如 VIP 服务、视频内容点击而产生的电商服务等。然而，目前来看，各类平台在整条价值链上还是扮演着自己所擅长的角色，而品牌可以基于以上所总结的不同平台的特性，构建起适合自身产品的社会化营销价值链。

消费者细分兴趣社区包括旅游社交、婚恋交友、商务社交、企业社交、轻博客、图片社交、短视频社交、百科问答、社会化电商这九类平台。这些平台相当于一个个垂直的消费者兴趣群组。品牌可以根据自身产品定位与目标市场的选择，匹配合适的平台与用户群，制定针对性的营销策略和项目。需要指出的是，尽管该类垂直兴趣社区可以非常自然地划分出某几类消费人群，为营销者提供相对精准的营销环境，然而部分平台及其相关的上下游行业链尚未完全成熟，营销者还需谨慎对待。

总体而言，2014 年，中国社会化媒体发展格局呈现出移动、细分、服务、交易、数据整合等趋势，这将为社会化媒体营销和社会化商业带来更多机遇。例如，演艺人士陈坤的微信会员，本质是基于移动端的闭环社区，并辅以移动支付和 CRM 管理功能。这种创新可以为品牌的"移动优先"策略以及如何在社会化平台开展服务和交易带来灵感。同时，对品牌来说，微博依然是一个可以获得快速传播和广泛讨论的重要营销平台。众多生动的案例表明，成功的营销必须与时俱进，紧随社会化媒体平台与营销实践的变革而不断创新。

第二节　基于社会化媒体进行创新扩散的运作原理

基于社会化媒体进行的创新扩散，其实质是利用人际影响力进行的创新扩散。营销人员需要了解个体怎样影响他人的购买决定。在此过程中，存在四种主要的在传播过程中影响他人的运作原理：交流、社会化、地位竞争和社会符号。如图7-2所示，这些运作原理不仅在不同的条件下发挥作用，在理论基础上也有所不同。我们着重强调创新产品扩散四个阶段：新产品认知阶段，说服或者有关新产品态度形成阶段，决定购买或者拒绝购买阶段，购买后体验阶段。潜在购买者对信息的需要以及积极的运作原理在这四个阶段发生变化。此外，企业还需要提升对影响机理动态演进过程的认知。潜在的购买者可能在购买产品决策阶段求助不同类型的影响者。比如，消费者可能在认知阶段向先前使用者寻求对新产品的了解；也可能在说服阶段，向社会领导者询问产品是否很好地适合他们的建议；也可能在购后阶段，向专家询问新产品使用方法。

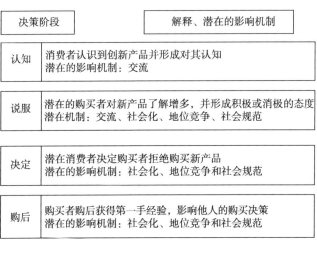

图7-2　决策阶段和影响机制

资料来源：Mohammad et al. Influentials and influence mechanisms in new product diffusion：an integrative review ［J］. Journal of Marketing Theory and Practice，2014，22（2）：185-207.

一、交流

当潜在的消费者向那些曾经购买过或掌握相关信息的消费者了解新产品时，交流就此发生。社会学习理论主张，消费者可以通过观察他人的行为进行学习。由于消费者试图追求积极的效果、逃避消极的效果，他们会模仿其他消费者的决策追逐期望的效果，同时避免产生不好的结果。

通过观察或者口碑营销，消费者通过交流进行社会传播。通过观察学习，消费者可以了解到新产品的信息或者做出决定。例如，消费者根据观察餐厅就餐人数来选择去哪家餐厅就餐。与此相比，"病毒营销"依赖于消费者之间的信息传播。在这些活动中，社会名人（那些和最多的消费者相联系的人群）在信息的扩散过程中起到关键作用。社会名人和大量潜在的购买者有着很强的社会联系，并且他们也很积极地与他人交流信息。并且，人们更加愿意对某些特定的信息进行讨论，并将其传达给他人。例如，人们愿意在他们同伴中首先分享一些有趣和重要的新闻，情感信息以及一些有实践价值的消息。此外，决定去和他人交流关于某个产品的信息是由若干个复杂的因素相互交织造成的。这些因素包括产品特征、信息特征、接收者特征、发送者与接收者之间的关系，发送者感知到的产品与信息之间的相关性等（2010）。个体层次的交流怎么导致市场层面的扩散会在接下来进行探讨。在消费者高参与的情况下，尽管最后新产品的决定是通过其他机制形成的，但是，交流在新产品的认知阶段发挥着重要的作用。

二、社会化

消费者购买新产品时伴随着风险，消费者试图通过那些了解这些新产品或者已经购买过的消费者的反馈降低风险，这时，社会化逐渐形成。潜在购买者通过与他人探讨新产品，从而对新产品的利与弊形成一个正确的判断。

当消费者对新产品了解时，他们就要对信息和相关信息进行处理。两个流行的双加工模型（精细加工可能性模型和启发系统式模型）区分了高努力和低努力劝服的不同。精细加工可能性模型依赖于核心路线和边缘路线，启发系统式模型依赖于启发和系统过程。在高努力的环境下，由于非常关注两种信息的评论以及其他可用的信息，此时，劝服发挥作用。在低努力的环境下，劝服基于外围路线（信息来源特征等），通过运用可接受方法进行相关的暗示，如沟通者的学位。消费者依赖哪条路线取决于决策的介入程度、产品的专业性、信息来源的看法以及认知的需求。

潜在购买者对影响者的看法会影响到他们怎么处理信息。对于不同类型的新产品，消费者会向不同的影响者征询建议。有学者认为，对于根本性创新的产品，消费者会寻求社会领导者建议，而对于改进型创新产品则会寻求专家的意见。原因是源于根本式创新产品的属性与已经存在的产品的属性是非常不一样的，潜在消费者更关心这种创新产品能否满足他们的需要。因此，潜在购买者会寻找那些他们认为可以很好了解他们需求并且拥有购买经验的人征询意见（像社会领袖），而不是一个相关创新产品的专家。而对于渐进性产品，消费者已经对这些产品有了一定的认识并且他们更想了解的是这种产品的优劣势，因此，他们更青睐于找专家询问。

不同类型的影响者会对新产品提供不同的意见，例如，早期购买者最可能提供第一手的经验，专家会提供产品的知识，社会名人则会传递一些别人的经验。信息的有效性取决于若干因素，如信息来源的特征和与接受者的关系，接收者对信息来源的看法（专业性、相似性、可信性）；信息的构成、信息的表达方式；接收者创新产品决策阶段；消费者感知购买的风险。总之，不同影响者对他人的影响既依赖于影响者所能提供的信息类型，也依赖于他人对这些信息的看法，如专业性、相似性和可信性。

对于营销研究人员和经理来说，信息的另一个重要点是关键影响者所处的决策阶段（见图7-2）。一方面，社会化影响是一个动态的现象，随着消费者之间的相互交流，消费者也逐渐改变他们自己的态度和行为，以便于迎合未来的影响。另一方面，现在的消费者在不同决策阶段对信息的需要是随时改变的。因此，消费者会在创新产品的不同决策阶段，征求不同影响者的意见。然而，对于社会影响、消费者的感知和暗示怎么随着时间动态形成的研究非常缺乏。如在决策不同阶段，消费者会寻求哪种影响者的帮助以及会依赖哪些创新元素（交流渠道、时间、社会系统）？通过这方面的研究可以帮助营销人员找到最有效的影响者，从而使潜在购买者在不同的决策阶段能够得到有效的帮助。我们也需要纵向的研究去探索随着时间推移，影响者对市场信息的反应及对信息的传播。这种研究可以使营销人员更好地针对不同创新产品或更新换代的产品来寻找影响者。

通过回顾我们发现，大多数的研究关注积极的影响。研究发现，在传播过程中，如果营销策略只追求积极效果而不阻止消极后果的产生，创新扩散的过程将会受到阻碍。然而社会化并不总是传播新产品的积极方面，也可以传播消极方面。毫无疑问消极的口碑营销比积极的口碑营销更能影响消费者的决策，因为，相对于积极信息，消费者更加看重消极的信息。另一个原因是，只有不满意的消费者才更愿意去和别人分享自己不愉快的经历。消极的口碑营销很大程度上增加客户流失的概率、降低企业利润。消极的口碑营销或许是营销传播过程中没有达到预期效果的主要原因。

如果消费者传递消极的影响，那么这种消极影响所带来的后果将会更大。学者发现，在成功推出的新产品中，大约有20%的人故意拒绝新产品而不选择尝试，就是因为他们从消费者那里接收到负面的影响。已有研究发现，意见领袖对新产品的抵制将会妨碍新产品的产品增长速度以及广告和积极口碑影响的效果。研究调查和现实证明，消极影响者的重要性不同于没有购买或对产品缺乏了解的消费者。然而，对这方面的研究还是很少的。

三、地位竞争

当消费者为了保持在团体中独特的社会地位时，地位竞争就会随之产生。高社会地位的消费者会通过积极购买新产品来维持他们的社会地位。高地位的消费者更加自信于自己的社会接受度并且乐于不同于社会规范。中等地位消费者，通过表现他们同伴的认同来保持社会地位。

根据社交网络理论，当两个人结构平等，有相同的伙伴和间接交流，竞争最有可能发生。当结构相似时，新产品购买的发生是通过两人之间的竞争带来的。例如，当两个人属于同一个群体时，这两个人和其他同伴相比，会通过积极购买新产品来维持自己在群体中的社会地位。地位的竞争机制不同其他三个社会化影响因素，因为它依赖于与他人不同，因此，会影响消费者的价格敏感性。

由地位竞争所引发的购买决策不容忽视。全球奢侈品份额在过去的十多年迅速扩展，许多奢侈品牌以中产阶层为目标。消费者购买这种产品满足他们保持较高社会地位的独特需要。然而，当越来越多的消费者购买奢侈品时，这种购买的动机就会被减弱，高地位的消费者会寻求其他产品。这也或许是近期顶尖奢侈品汽车品牌（如雷克萨斯、奔驰、宝马、奥迪）发生变化的主要原因。虽然有研究解释奢侈品营销对大众的意义，但始终离不开对社会影响机制怎么形成以及随着时间怎么被其他机制替代的分析。例如，影响者在购买动机上和他人有什么不同以及一个社会机制（地位竞争）怎么转变成另一个机制（社会化）？由地位竞争引起的购买动机怎么影响消费者参与社会交流的动机（如对未来产品的探讨）？

四、社会规范或规范性影响

早期的研究把这种影响定义为一致性，代表着大多数人对个体施加的影响。社会认同理论认为，对于个体来说，主要关心的是群体成员关系，因为这决定着他们的社会身份。群体的一致性需要认同群体的身份，并从个体走向集体。群体不仅提供个体态度的有效性，而且会给个体者施加压力。个体试图与其群体保持一致，而与他人保持不同，这种倾向在象征社会身份的产品上更加明显，如音乐和汽车。

两种社会符号——描述性规范和指令性规范影响消费者的决定。描述性规范是指消费者认为其他消费者在相同的环境下将会做的决定，随着购买新产品的消费者的数量增加，会向其他消费者发出产品品质良好的信号。然而，指令性规范是指消费者在所处文化氛围内的肯定或否定行为。描述性规范通过提供一些可能有效的信息影响一个人，然而，指令性的规范通过非正式社会压力来影响消费者行为。当描述性规范和指令性规范传递相同的信息以及其信息的相关度是清晰时，消费者才感觉到去做正确的事情以及别人在相同条件下将会去做的事情之间没有矛盾，此时，利用社会规范影响消费者的决策是最有效的。此外，地位高的群体的决策将会向其他的消费者发送关于对这种新产品和功能认同的信号。例如，潜在购买者会感知到意见领袖购买的新产品现在或者将来将会成为社会规范，因此，将会增加成员中不购买的成本。

总之，社会规范的演化和对他人购买决定的影响是非常复杂的过程。第一，消费者对创新产品购买的决策很大程度上依赖于消费者是否感知到他们的群体对其认同。第二，象征着社会身份的创新产品，规范性的影响会更加具有影响力。第三，存在两种社会规范：描述性规范（别人相同的条件下会怎么做）和指令性规范（社会群体提倡做什么）。当两种规范趋于一致并明确相关时，此时，市场上的这种信息才最有效。第四，在多种影响机制中，消费者只容易受一种影响机制的影响，如创新者易受社会化的影响却非常抵制社会规范的影响。第五，影响者在遵从社会规范时也存在一定程度上的不同。第六，影响者不仅通过社会规范影响消费者的选择，他们也会提供社会的支持来强化他们的决定。

虽然社会心理学和社会学长时间探索规范影响和地位竞争的重要性，研究文献很少注重这两种影响。有意思的是，在不确定的环境下，规范影响和地位竞争比社交理论能更好地解释扩散过程。这主要是因为考虑了文化的差异（个人主义、大男子主义、不确定性规避）和收入差异（可用基尼系数表示收入不平等）。这些研究一方面强调需要基于不同的扩散元素（交流渠道、时间、社交系统）更好地理解这些影响是怎么形成的，另一方面也强调需要理解消费者购买决策过程的不同阶段。

第三节　基于社会化媒体进行创新扩散的操作建议

一、理解社会化媒体中的影响者与口碑传播的重要性

创新扩散始于社会化媒体中的影响者，已有研究给出了多种定义，如表 7 - 1 所示。

口碑传播最早可以回溯到怀特（Whyte）在 1954 年的研究，该研究发现人与人之间存在一种强大的力量，这种力量会在平时交换信息及产品意见时发生，如在"晒衣架的两边"（over the clothesline）以及"后院的篱笆旁"（across the backyard fences），人们往往会在这样的场合下轻松自在地谈论产品的优缺点以及使用经验等，并交换彼此的意见。在这样的谈笑过程中，消费行为及决策过程不知不觉就受到影响。

与大众传播（commercial mass communication）相比，口碑传播最大的不同之处在于：①口碑传播是一种信息传播者与接收者直接面对面的沟通方式；②口碑传播由消费者主导，所以口碑传播者通常会被视为独立于市场之外（Arndt，1967；Silverman，1997），也会被认为是一种较为可靠、较有信用且值得信赖的信息来源（Schiffman，Kanuk，1997；Murray，1991）。

在网络尚未普及之前，口碑传播的来源通常是身边的亲朋好友，而现今遍及全球的网络使用者，说明了近年来网络的蓬勃发展（Keaveney，Parthasarathy，2001），也让传统面对面口耳相传的形式有所改变。消费者目前已可通过网络上的各种方式，如电子邮件（E - mail）、新闻群组（Newsgroups）、使

表 7 - 1　影响者定义的比较

术语	来源	定义/市场特征	影响方面	可区别属性	其他维度/角色
领先用户	Von Hippel (1986)	用户领先于市场趋势，并从创新产品中体验到好处		比其他人能更好地理解新产品的好处	
市场专家	Feick, Price (1987)	他们了解很多新产品购买的地方以及市场的其他方面，并和消费者进行讨论，回答消费者对市场信息的疑问	知识、专业、经历	广泛的市场信息	
专家	Goldenberg et al. (2006)	他们拥有广泛的产品知识，并对某一具体产品类别很了解		产品知识和专家	
重度/轻度使用者	Godes, Mayzlin (2009)；Iyengar, Van den Bulte, Valente (2011)	对于高参与的产品，由于高度使用者从经验中获得知识，所以会更加具有说服力。轻度使用者更有可能向不了解产品的用户传递信息	知识和社交网络的定位	重度使用者：产品知识；轻度使用者：对产品不了解的用户	
社交中心人物	Goldenberg et al. (2009)	和其他消费者有着广泛的联系	社交网络战略位置	比平均的连接点高很多	与其他人相比，有较早的意识；拓展市场速度和市场规模
社会连接员	Goldenberg et al. (2006)	有很多的社会连接点，并试图和别人去交流			
边界人员	Burt (1999)	填补社交网络框架中的缺口，并在不同的团体中传播信息		连接两个群体	在团体之间介绍新产品和新方法

续表

术语	来源	定义/市场特征	影响方面	可区别属性	其他维度/角色
影响者	Iyengar, Van den Bulte, Valente (2011)	（病毒营销的重要假设）消费者的购买决定和观点对他人有着不同的影响	专业性、特定价值的、人格化和社交网络的整合	高度影响他人的购买决策	高的产品涉入（精通性、兴趣和知识）、广泛的信息来源、高的信息处理技巧、群体性，与其他消费者的相似性
	Watts, Dodds (2007)	少数可以影响大量同伴的人			
	Van den Bulte, Joshi (2007)	影响者和新产品有更多的交流并影响模仿者，他们的决定并不影响消费者			
	Weimann (1994)	影响他人的人			
	Katz, Lazarsfeld (1955)	在直接交流中最有可能影响他人的人			
	Summers (1970)	通过个人的影响对他人施加不同的影响			
	Rogers (2003)	引导他人的观点			
	Rogers (2003)	不同程度影响他人的态度或者用非正式的方法影响他人行为			
意见领袖	Coulter, Feick, Price (2002)	提供给其他消费者对于特定产品类别的产品专家			
	Rogers, Cartano (1962)	对消费者的决定施加不同影响的人			

资料来源: Mohammad et al. Influentials and influence mechanisms in new product diffusion: an integrative review [J]. Journal of Marketing Theory and Practice, 2014, 22 (2): 185 – 207.

用者群组（Usenet Groups）、电子邮件名单服务（E - mail list service）、线上论坛（Online Forums）、电子布告栏（Bulletin Boards System），讨论区（Discussion Areas）、聊天室（Chat Room）等，得知或查询更多有关产品的相关信息（Stauss，1997；Hanson，2000）。盖尔特、强纳森（Gelb，Johnson，1995），也指出通过网络所达成的信息沟通与交换也属于口碑传播的一种。

虽然实体口碑口语上的表达具有即时的影响力，但网络口碑其文字的叙述却有不易消逝以及保存较久的优势，让信息接收者没有任何时间跟空间上的限制，可以自由读取需要的信息。也由于这样的关系，当不满意的消费者在网络上散布一则网络负面口碑之后，能够知道该负面信息的，就不只是身边的亲朋好友，而是任何可以通过网络看到此信息的网友们（Herr，Kardes，Kim，1991；Bickart，Schindler，2001）。

从传统层面看，供消费者评估的信息来源包括过去的经验、口碑、促销沟通、品牌、研究机构或消费者团体的建议。然而，在网络上，信息的取得将更为容易。过去参考的意见主要来自亲朋好友，但是在网络上，网络社区上的讨论都是参考的信息来源，而在网络社区中对于产品及服务的讨论，正是网络口碑。雷士海尔德（Reichheld）也指出网络口碑会通过全球性的网络传播出去，过去一个不快乐的顾客会告诉五个朋友；现在，一个不快乐的顾客可以通过网络告诉一万个朋友。

过去有许多学者证实口碑对于消费者选择购买商品具有显著的影响力（Katz，Lazarfeld，1955；Engel et al.，1969；Arndt，1967；Richins，1983；Thomas，2006），消费者在购买决策上比较依赖人与人面对面的沟通（如口碑），而非组织的营销规划内容（Schiffman，Kanuk，1997）。德伊（Day）曾在1971年的研究中指出，原本消费者心中持有的是中性甚至是负面倾向的态度时，会因为口碑的影响而转换为正面态度，其影响力甚至是广告的九倍之多；恩格尔、布莱克维尔和凯格雷斯（Engel，Blackwell，Kegerreis，1969）的研究发现，有60%的受访者认为口碑是最具有决策影响力的来源。另据国外某旅游业协会调查报告指出，有43%的人以朋友和家人作为旅游信息的来源；有63%女性受访者指出，购买非处方之药品原因为受朋友、家人或同事的推荐，这就是口碑（林德国，2001）；有47%冲浪杂志的读者说，他们决定去哪里冲浪，影响力最大的是朋友提供的信息；有65%购买电脑的顾客告诉制造商，他们是从别人那里得知这项产品的；70%美国人在选择医生时会依赖别人的建议。根据过去研究指出，口碑也一直扮演着影响消费者行为转变及态度转变的重要角色，且其具有非常大的影响力及说服力（Bristor，1990；陈思懿，2004）。更重要的是，口碑会比传统的人员销售或是各式各样的营销方式来得有效（Katz，Lazarfeld，1955；Engel et al.，1969；Thomas，2006）。

凯茨（Katz）与拉扎菲尔德（Lazarsfeld）1955年研究发现，影响消费者购买家庭用品或食品的最重要影响因素即为口碑，其造成消费者转换品牌的效用是新闻媒介及杂志的7倍、人员推销的4倍、广播广告的2倍。而吉维尼（Keaveney，1995）在其针对45个服务性产业的研究中也指出，有43%的消费者会通过口碑传递以知晓、寻找并转换到新的服务提供者，仅有不到20%的消费者是通过营销手法，如广告等，来找到新的服务提供者。而汉森（Hanson，2000）更进一步指出，网络上的网络口碑传播行为可以使口碑信息在人际间的影响效果更快速且更广泛。在实体世界中，如果让一位顾客不高兴，他会去告诉5个人（Richins，1983），但在网络的世界中，如果一位顾客不满意，他会运用网络沟通平台，将信息传播给6000个人，实际上，这一数字可能严重地被低估（Hanson，2000）。

消费者有不满意的消费经验或是不好的产品使用经验，甚至不愿意再去消费、使用时，其最常发生的行为就是将这种不愉快的经验告诉亲朋好友，并且告诉他们不要使用（Day，1978；Leonard-Barton，1985）。阿尔恩迪特（Arndt，1967）以食品为调查对象，他发现，负面口碑会阻碍销售数字的增加。里奇恩（Richin，1983）针对顾客抱怨的研究指出，在选择产品时，来自顾客非营销手法的信息非常重要；尤其是负面信息，会对产品评估有非常大的影响。劳和恩格（Lau，Ng，2001）更指出，一条消费者不满的信息可能会变成一股沉默且具有强大效果的力量，甚至能摧毁掉厂商的根基。

在正面口碑信息与负面口碑信息的比较方面，许多研究指出负面口碑信息较容易吸引较多的注意，消费者对负面口碑信息的依赖程度也较高且较具诊断力（Herr et al.，1991；Wright，1974；Lutz，1975；Miserski，1982），也更能够传到较多人的耳中（Richins，1984）。阿尔恩迪特（Arndt，1967）也指出相较于利用正面口碑信息来增加销售量，负面口碑信息的力量是正面口碑信息的两倍以上。

此外，负面口碑信息相较于正面口碑对企业会产生较大的影响。如在过去的研究中，意见领袖通常被视为群体之中最具有影响力的人。然而，当消费者有不满意的经验时，他们便会开始传播他们的负面口碑信息，此时虽然信息传播者不是意见领袖，但他们的意见却能对企业产生不利的影响效果（Blodgett et al.，1993）。

如上述研究所述，每一位满意的顾客平均会将自己的满意体验告诉其他5个人（Richins，1983；1987），但更有研究指出不满意的顾客会将自己的不满体验告诉9个人（Tarp，1981），显示负面口碑信息的影响力很强且比正面口碑信息更容易引起人们的注意（Arndt，1967；Herr et al.，1991；Knauer，1992；Silverman，1997），中国古代俗谚"好事不出门、坏事传千里"更说明了这个道理。至于为何负面口碑信息会比正面口碑信息更有影响力，过去学者指出，当消费者接收到关于某一产品的负面信息时，消费者会自然地将该产品视为不好的产品，但相反地，当消费者听到某一产品的正面信息时，消费者并不会因此而将其视为品质优良的产品。因为基于期望理论，一个好的产品本来就应该具备这些特征，消费者认为品质的良好表现更是一种理所当然的事（Herr，Kardes，Kim，1991），所以，在消费者心中，一个产品或品牌表现出高品质是应该的。赫尔等人（Herr et al.，1991）也指出，如果对一个产品或是服务有负面意见出现时，这种产品服务将从消费者心中的考虑集合中直接删除。

二、理解基于社会化媒体进行创新扩散的四个阶段

我们从网络营销的视角，形成了一个基于社会化媒体进行创新扩散的四阶段理论框架，见图7-3。这四个阶段分别解决以下四个问题：①影响者为什么和怎么样影响他人购买决定的理论依据；②营销人员怎样识别影响者；③营销人员怎样准确地定位影响者；④个体层面过程怎样导致企业市场层面的结果，像购买者数量。这种方法伴随着来自管理视角的逻辑流程。从图7-3的底端往上看，市场经理最终的行为结果就是市场表现，如高的投资收益率和扩散迅速带来的销售额的增长。大量的研究指出定位影响者或许会帮助经理实现这种目标，这就需要理解定位影响者的不同方法。为了定位影响者，公司必须先识别他们。因此，我们指出可以辨别影响者的几种方法。为了从整个过程中

获得最好的结果，公司需要理解各种影响机制和影响者为什么以及怎样影响他人的理论基础。

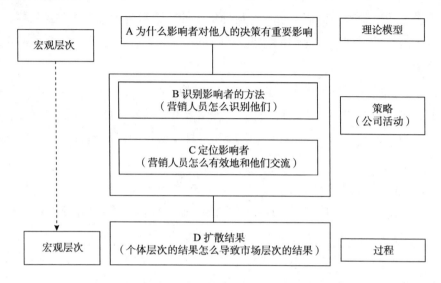

图7-3 基于社会化媒体进行创新扩散的四个阶段

资料来源：Mohammad et al. Influentials and influence mechanisms in new product diffusion: an integrative review [J]. Journal of Marketing Theory and Practice, 2014, 22 (2): 185-207.

三、影响者影响力的测算

社会化媒体中的创新扩散基于关键影响者的影响力开展，因此，准确有效地衡量影响者的影响力，是识别出关键影响者的基础。本节介绍一个由特鲁索夫（Trusov）、博达帕蒂（Bodapati）和布克林（Bucklin）三位学者提出的模型及思路，这一模型在测算及识别关键影响者时具有较好的代表性。

（一）模型提出的逻辑基础

网络环境中的个体会通过数码内容（digital content）的更新对他人构成影响，现有社会化媒体中，数码内容主要由用户自身发布的日志、照片、视频组成。已有实证研究发现，当一个博客作者连续两周不更新自己的日志内容时，该博客的访问量呈现明显的下滑。这给模型构建工作带来了启示。

在已有研究成果的启发下，我们可以认为，对社会化媒体的某个个体 j 而言，当其在社会化媒体中的朋友中的任何一人（如 k）更新自己网页中的数码内容后，有可能会引来 j 对该网页的访问。而在社会化媒体中，个体用户对他人网页的访问依托于自己的主页，即 j 将先登录自己的主页，然后再通过自己的主页去访问朋友中任何一人（如 k）的主页。因此，一段时间内，j 登录自己主页的次数与朋友中任何一人（如 k）更新自己网页中数码内容的次数❶在逻辑上存在联系。而这一联系，能够被用来说明 j 受到的来自其他朋友（如 k）的影响。

（二）模型提出的思路

基于上述推断内容，我们开始进行模型构建。考虑到社会化媒体用户在一定时间段内登录自己主页的次数并没有呈现出正态分布的特征，且变量异质性问题明显，我们假设一定时间段 t 内，社会化媒体中的个体 j 登录自己主页的次数 F_{jt} 服从参数为 λ_{jt} 的泊松分布（基于泊松分布的考虑还能充分利用计量软件对海量数据的处理效率），如式（7-1）所示。

$$F_{jt} \sim Poisson（\lambda_{jt}） \qquad (7-1)$$

F_{jt} 的解释变量来自两方面，一方面为社会化媒体中的朋友，另一方面来自自身的行为属性。我们借鉴昌都卡拉等（Chandukala, Dotson, Brazell, Allenby, 2011）的处理方法，将 F_{jt} 与解释变量的关系转化为 λ_{jt} 与解释变量的关系，如式（7-2）所示。

$$\log_{jt}（\lambda_{jt}）= \alpha_{j1} C_{j1t} + \alpha_{j2} C_{j2t} + \cdots + \alpha_{jn} C_{jnt}$$
$$+ \beta_{j1} x_{j1t} + \beta_{j2} x_{j2t} + \cdots + \beta_{jm} x_{jmt} \qquad (7-2)$$

式中：C_{j1t}、$C_{j2t} \cdots C_{jnt}$ 为 j 的 n 个朋友中的每一个人（如 k）更新他们自己数码内容的次数。

一段时间内，C_{jkt}（$k = 1, 2, \cdots, n$）的取值为用户 k 更新日志的篇数 b_{kt}、用户 k 上传照片张数 p_{kt} 与用户 k 上传视频个数 v_{kt} 三者之和。本数据的提取已经通过与社会化媒体运营企业的初步接触获得支持。

系数 α_{j1}、$\alpha_{j2} \cdots \alpha_{jn}$ 为 j 的 n 个朋友中的每一个人（如 k）对 j 登录主页次数的影响，是本项目关注的核心。该系数值不等于 0 即说明某个朋友对 j 在统计学意义上存在显著影响，系数值的大小则说明朋友对 j 的影响力大小。

x_{j1t}、$x_{j2t} \cdots x_{jmt}$ 为 j 自身 m 个属性变量中的一个（如年龄、性别、朋友数、

---

❶ 该次数指的是日志的篇数、照片的张数与视频的个数之和，参见式（7-2）说明。

过去平均在线时间等），我们将基于对社会化媒体行为数据库的了解后再确定。

系数 β_{j1}、$\beta_{j2}\cdots\beta_{jm}$ 为 j 的 m 个属性变量中的每一个对 j 登录主页次数的影响。

t 代表时间段，在本项目中，如果 t 被定为一个月，则数据的变异性可能不够；如果 t 被定为一天，则难以捕捉 j 受其他朋友影响的效应，因为朋友主页的更新可能不一定在当天起作用，j 对其他主页的访问会存在一定的时滞性。因此，本项目中，我们将 t 定为一周。

对式（7-2）的应用会存在两方面的问题。首先，由于我们要估计每一个个体对 j 的影响，模型的参数值将对样本量而言相对过多，"large p，small n"问题将会产生。虽然我们可以在控制其他 $n-1$ 个朋友后分析 j 受到剩下的那一个朋友的影响，并连续做 $n-1$ 次，但这会人为夸大这种影响，因为 j 的其他 n 个朋友互相之间会存在关联；其次，由于不同用户（如用户 j 与用户 k）所面临的朋友圈并不一样，致使式（7-2）中的变量对于不同的个人也不一样，这种变量异质性问题的存在也给模型的应用带来了挑战。

我们借助贝叶斯优化算法来解决这两个问题。我们将系数 α_{jk}（$k=1\cdots n$）分解成两个系数的乘积：用户 j 受朋友影响的程度 α_j 与用户 j 是否受朋友 k 的影响 i_{jk}，如式（7-3）所示。

$$\alpha_{jk} = \alpha_j \times i_{jk} \qquad\qquad (7-3)$$

式中：系数 α_j 为影响力的大小，对于不同的朋友而言，该系数取值也不同，确保了足够的变异；i_{jk} 为一个二元变量，若 k 对 j 存在影响，则该值为 1，若 k 对 j 不存在影响，则该值为 0。

至此，我们将式（7-2）转换成最终的模型形式，如式（7-4）所示。

$$\log_{jt}(\lambda_{jt}) = \alpha_j \sum_{k=1}^{n} i_{jk} C_{jkt} + \beta_j \sum_{h=1}^{m} X_{jht} \qquad (7-4)$$

如前所述，X_{jht} 的确定将基于对社会化媒体行为数据库的了解后确定。式（7-4）中的 i_{jk} 被用来说明在统计学意义上，用户 j 是否受到了朋友 k 的影响，这回答了第一个问题：就某一区域中的个体消费者而言，如何说明其他消费者中的每个人对该个体是否存在显著影响？α_j 被用来说明在统计学意义上，用户 j 受到朋友 k 的影响力大小，这回答了第二个问题：就某一区域中的个体消费者而言，如何评估其他消费者中的每个人对该个体的影响力大小？其中，

我们对 i_{jk} 的获取将利用一个变形的吉布斯抽样器（Gibbs sampler）进行，如式（7-5）所示。

$$i_{jk,\forall k}\bigg|\;\cdot\;\propto \mathrm{Bin}\left(i_{jk}\;\bigg|\;\frac{p_j f_j\;(\;\cdot\;,\;i_{jk}=1)}{p_j f_j\;(\;\cdot\;,\;i_{jk}=1)\;+\;(1-p_j)\times f_j(\;\cdot\;,\;i_{jk}=0)}\right)$$

(7-5)

式中：f_j 为用户 j 的泊松似然函数；p_j 为用户 j 受用户 k 影响的先验概率。

联合式（7-4）和式（7-5），我们就可以在给定其他参数的情况下利用迭代处理估算出关键参数。

在给定 i_{jk}、C_{jkt} 与 X_{jht} 的情况下，对 α_j 与 β_j 的迭代运算原理简要说明如式（7-6）所示。

$$
\begin{aligned}
\mathrm{Pr}\;(\mathrm{accept})\;=\;\min\Big\{ &f_j\;\big[\alpha_j^{(n)},\;\beta_j^{(m)}\mid i_{jk}^{(n)}\big]\;\times p_{j\alpha}\;\big[\alpha_j^{(n)}\big]\;\times p_{j\beta}\;\big[\beta_j^{(m)}\big]\\
&\times \exp\left[-\frac{1}{2}\left(\begin{bmatrix}\beta_j^{(o)}\\\alpha_j^{(o)}\end{bmatrix}-\begin{bmatrix}\beta_j^{(MLE)}\\\alpha_j^{(MLE)}\end{bmatrix}\right)' H\left(\begin{bmatrix}\beta_j^{(o)}\\\alpha_j^{(o)}\end{bmatrix}-\begin{bmatrix}\beta_j^{(MLE)}\\\alpha_j^{(MLE)}\end{bmatrix}\right)\right]\\
&\div L_u\;\big[\alpha_j^{(o)},\;\beta_j^{(o)}\mid i_{jk}^{n}\big]\;\times p_{j\alpha}\;\big[\alpha_j^{(o)}\big]\;\times p_{j\beta}\;\big[\beta_j^{(o)}\big]\\
&\times \exp\left[-\frac{1}{2}\left(\begin{bmatrix}\beta_j^{(m)}\\\alpha_j^{(n)}\end{bmatrix}-\begin{bmatrix}\beta_j^{(MLE)}\\\alpha_j^{(MLE)}\end{bmatrix}\right)' H\left(\begin{bmatrix}\beta_j^{(m)}\\\alpha_j^{(n)}\end{bmatrix}-\begin{bmatrix}\beta_j^{(MLE)}\\\alpha_j^{(MLE)}\end{bmatrix}\right)\right],\;1\Big\}
\end{aligned}
$$

(7-6)

式中：f_j 为用户 j 的泊松似然函数；$p_{j\alpha}$ 为 α_j 的先验概率；$p_{j\beta}$ 为 β_j 的先验概率。

在给定 α_j、β_j、C_{jkt} 与 X_{jht} 的情况下，对 i_{jk} 的迭代运算原理简要说明如式（7-7）所示。

$$\mathrm{Pr}\;(i_{jk}=1)\;=\left\{\frac{f_j\;\big[\alpha_j,\;\beta_j\mid i_{jk}^{(1)}\big]\;\times p_j}{f_j\;\big[\alpha_j,\;\beta_j\mid i_{jk}^{(1)}\big]\;\times p_j + f_j\;\big[\alpha_j,\;\beta_j\mid i_{jk}^{(1)}\big]\;\times\;(1-p_j)}\right\}$$

(7-7)

式中：f_j 为用户 j 的泊松似然函数；p_j 为用户 j 受其他用户影响的先验概率。

式（7-4）中的 i_{jk} 可以换一个角度理解为用户 k 是否影响朋友 j，α_j 表明用户 k 对朋友 j 影响力的大小，我们将用户 k 对所有其他人存在的影响聚合，就能够测算出用户 k 在某区域内的影响力大小，如式（7-8）所示。

$$Y_{kt}\;=\;\sum_{j=1}^{T_j}\iint_{\beta_j\alpha_j}\vec{F}_{jt}\times\alpha_j\times\lambda_j\times f(i_{jk},\alpha_j)\,\mathrm{d}i_{jk}\mathrm{d}\alpha_j$$

(7-8)

式中：Y_{kt} 为用户 k 在一定时间段内在某区域中的影响力大小；T_j 为一定时间段内访问过 k 的主页的用户数；$\bar{F}_{jt}$ 为用户 j 每周登录主页的平均次数；$f(i_{jk}, \alpha_j)$ 为 i_{jk} 与 α_j 的后验分布。

基于测算出的 Y_{kt} 值，经营社会化媒体的企业就能够对用户的影响力进行大小排序，并根据自己确定的标准（如最靠前的 20%）选定关键影响者重点关注。

四、依托关键影响者的正面口碑进行新产品传播

识别出关键影响者之后，企业应当借助于他们的人际影响力进行新产品的口碑传播。依托已有的研究基础，我们提出一个口碑内容特征（感知质量、感知可信度、感知专业性、感知有趣性）对新产品口碑信息波及效应的影响机理模型，如图 7-4 所示。

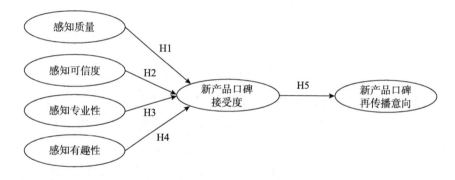

图 7-4　口碑内容特征对新产品口碑波及效应的影响机理模型

基于图 7-4 所示的机理模型可以看出：口碑受众对口碑内容的感知质量显著正向影响新产品口碑接受度；口碑受众对口碑内容的感知可信度显著正向影响新产品口碑接受度；口碑受众对口碑内容的感知专业性显著正向影响新产品口碑接受度；口碑受众对口碑内容的感知有趣性显著正向影响新产品口碑接受度；新产品口碑接受度显著正向影响受众对新产品口碑的再传播意向。

以相宜本草为例，相宜本草是一家国产天然本草类化妆品品牌，其产品进入市场化运作时间较短，市场认知度较低。虽然产品拥有良好的品质和口碑，但了解该品牌的消费者相对较少。相宜本草总部在上海，公司调查数据显示，

相宜本草在上海地区产品美誉度达 70 分，而知名度只有 30 分，这是与这几年发展的整体策略有关，市场投入相对较少，将更重要的资源及资金投至产品研发及销售渠道。在有限的市场投入情况下，如何针对现阶段的发展产生最好的营销效果？经过多方咨询与沟通，相宜本草采用了网络社区口碑营销的策略，借助互联网社区营销新媒介，展开迎合精准群体心理的营销策略，利用网络快速传播的特点，实现低成本的广泛传播效应。

相宜本草选择了唯伊网作为核心传播载体，以唯伊社区为营销传播中心，整合浙江本地社区及线下高校资源，实现了线上线下互动整合营销。唯伊网是国内一家新兴的化妆品品牌口碑社区，社区以品牌俱乐部、试用达人为特色，汇集化妆品品牌的消费者、粉丝和意见领袖，用户人群以年轻态人群为主，年龄层在 20～30 岁居多，品牌消费习惯不稳定，有较大的热情尝试新鲜品牌、新鲜产品，因此唯伊社区还形成了特有的"小白鼠"氛围。整个营销过程大致分为以下五个环节。

（一）第一个环节：免费申请品牌试用装

利用消费者的利益驱动和对新鲜事物的好奇心，为品牌造势、吸引眼球、聚集人气。事实上对于女性消费者而言，申请新品试用装的诱惑力还是比较大，最重要的是她们会重新发现一个也许就存在她们周边的品牌，但她们从未在专卖店里尝试过，这有很多心理因素。互联网实现了很多新鲜的尝试，同时她们也会在这个过程中关注这个品牌，并了解其他消费者对该品牌的口碑评价，这个过程中无形使得品牌受到了极大的关注，抓住受众的眼球，其实已经取得了一部分成功。

（二）第二个环节：收集申请者的数据资料

收集申请者的数据资料（包含真实姓名、性别、住址、邮箱、电话、QQ、品牌消费习惯等信息），并向品牌进行反馈，以便数据挖掘。

在这个过程中，相宜本草充分利用了数据的资源，为这些潜在消费者进行了电话营销，并且为每个潜在消费者邮寄了相宜本草的会员杂志，很多用户反馈相宜的服务很贴心，使得消费者对相宜本草这个陌生品牌产生了好感。在《影响力》提及的"互惠原理"，授予者愿意在无损自身利益的情况下有所回报，这也是为什么日本 DHC 能够在短短的几年间通过通信营销，成为日本销量第一的化妆品品牌。

（三）第三个环节：网络整合营销传播

唯伊网联合国内知名社区站点做联合推广，使活动有更丰富的传播载体、更广阔的传播范围，快速提升品牌在网络中的知名度和影响力。这个过程线上线下有着交叉互动的关系，包括高校人群的覆盖、短信平台的精准营销，都为整个事件的传播面起到了极大的推广作用。

（四）第四个环节：用户分享试用体验

以奖品为诱饵，吸引试用用户分享产品体验，引导消费者的正向口碑，实现推广产品在网络传播的知名度和美誉度一定程度提升的效果。因为唯伊社区有稳定活跃的用户群，收到试用装的用户很快就开始试用体验，并且她们非常愿意与大家分享试用的过程，这个和社区的气氛、气质有很多关系。因为有高质量的人群和特定的氛围，当然还有奖品为诱饵，试用评论的质量非常高，90% 以上的评论都超过 500 字，这在化妆品评论网站、社区是罕见的。正因为有高质量的评论，对于产品的口碑才有充分的传播意义。相宜本草推出的免洗眼膜产品，刚好在这一期间投放市场，通过百度和 Google 搜索相关评论，基本上全部回到唯伊社区，因为这里的用户是第一波试用用户，而且这一产品可以找到几十篇高质量的评论，相宜本草的其他产品也可以找到上百篇。对于一个新兴品牌，唯伊社区可能会集中汇集大量的口碑评论，通过互联网的复制传播效应，口碑逐渐扩散开来。

（五）第五个环节：试用达人 BlogMedia 推荐

试用达人 BlogMedia 目前拥有 1700 多个网络订阅，拥有忠实的读者群，在网络试用领域有着较高的知名度和影响力，在活动结束阶段，重点推荐活动期间优秀的网友评论，为品牌网络传播画上完美的句号。相宜本草是化妆品领域的年轻品牌，其市场价格也非常适合年轻态群体，唯伊社区的用户群体与相宜本草的定位相互吻合，为最终的营销成功奠定了坚实的基础。

五、合情合理地应对关键影响者的负面口碑带来的不利影响

考虑到关键影响者的影响力，一旦他们对新产品或服务产生不好的印象，并进而传播负面口碑，就将对企业的营销工作带来极大的消极影响。因此，企业要积极应对负面口碑，本节依托学者们的研究成果，提出应对思路。在阐述这一思路之前，我们先了解一下它的理论基础——精细加工可能性模型。

（一）精细加工可能性模型简介

精细加工可能性模型为贝蒂（Petty）和凯奇奥博（Cacioppo）于1981年提出，该模型认为当消费者接触说服性信息时，会依据消费者当时的处理动机与能力的差异而遵循两种不同的说服途径产生态度，即当消费者具有处理信息的动机（或处于高涉入的状态下）与能力时，将遵循中央路径形成态度，此时评估线索在于中央线索；而当消费者欠缺处理信息的动机（或处于低涉入的状态下）或能力时，则遵循边缘路径形成态度，此时评估线索在于周边线索，分述如下。

1. 中央路径

当消费者在具有足够的动机（或处于高涉入的状态下）与能力的前提下，将遵循中央路径处理形成态度，此时，他们会以非常理性的方式处理说服性信息并投注相当多的精力去仔细评估信息内容，对信息内容的说服力特别重视，此时需要付出相当多的认知资源（Meyers－levy，Joan，1991）。如果消费者认为信息内容是既中肯又具有说服性，将会推敲出更多有利于说服性信息的想法，而且朝着说服性信息所主张的方向来改变自己的态度；相反地，如果消费者认为信息内容不太可信或令人怀疑时，将会推敲出更多不利于说服性信息的想法。不仅对说服性信息产生抗拒，甚至可能朝着说服性信息所主张的相反方向来改变自己的态度。然而，无论遵循中央路径所产生的态度是正面或负面，因为消费者更多地经历的是理性思考阶段，所以态度产生或改变后较为持久一致，且不易受外界冲击的影响。

2. 边缘路径

当消费者不具有足够的动机（或处于低涉入的状态下）与能力的前提下，将遵循边缘路径形成态度，这时，他们并不会仔细评估信息内容，而是根据一些与信息内容无关的情境因素来做简单的推敲，此时用到的多为消费者的情感资源（Meyers－levy，Joan，1991）。例如，产品包装、背景音乐、代言人、个人情绪等，这时，消费者仅凭周边线索的直觉推论，就足以形成态度或改变态度，然而，无论遵循边缘路径所产生的态度是正面或负面，因为消费者更多地经历的是感性直觉阶段，态度产生或改变后仍容易受其他情境的影响而改变，是较不持久、一致的态度表现。

郭国庆等学者基于精细处理可能性模型，首先对口碑的影响机理展开了研究。精细处理可能性模型认为，当消费者接触说服性信息时，会依据消费者当时的处理动机与能力的差异而遵循两种不同的说服路线产生态度。当消费者处于高涉入度时，将遵循核心路线形成态度。此时的态度较为持久一致，且不易受外界冲击的影响。当消费者处于低涉入度时，将遵循外围路线形成态度，此时的态度容易受其他情境的影响而改变，是较不持久、一致的表现。在原模型基础之上，三位学者的研究从两方面进行了深化：①模型的前因变量由口碑信息代替，包括正面口碑、负面口碑与中立口碑三种类型；②模型将核心路线与外围路线中消费者的品牌态度按照态度三要素的效用等级落实到认知成分、情感成分与行为成分，并认为认知成分在核心路线中受到侧重，情感成分在外围路线中受到侧重。

后续学者进一步提出了一个网络负面口碑对消费者态度的影响机理模型，并获得了实证分析的支持（见图7-5）。研究的主要发现在于：①网络负面口碑影响消费者态度的核心路线为可信度→品牌信任→购买意愿，网络负面口碑影响消费者态度的外围路线为可信度→品牌情感→购买意愿。②高涉入度时，网络负面口碑对消费者态度的影响以核心路线为主，外围路线为辅。低涉入度时，网络负面口碑对消费者态度的影响以外围路线为主，核心路线为辅。③口碑类型、发布平台与信任倾向在网络负面口碑影响消费者态度的过程中作为前因变量存在。理性负面口碑带来的可信度更高，个人主控形态的发布平台中所传播的网络负面口碑带来的可信度更高，信任倾向越高的消费者可信度更高。

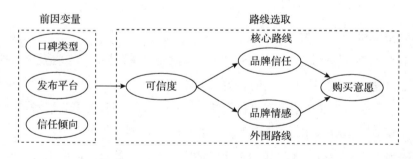

图7-5 网络负面口碑对消费者态度的影响机理模型

（二）网络负面口碑的应对策略

根据已有研究成果，依托社会化媒体开展创新扩散活动的企业可以借鉴如下的思路应对负面口碑的不利影响。

1. 企业在社会化商务环境下的工作中，应有针对性地保持对网络负面口碑的关注

本节推荐企业在日常工作中应当重点关注在以下区域中被传播的理性负面口碑：网络论坛中的留言板、即时聊天中的留言板、互动多媒体网络杂志中的留言板、社交网站与虚拟社区中的留言板、博客与微博中的留言板、播客中的留言板、即时聊天、网络论坛中的热讯、网络论坛中的论坛区、拍卖网站中的评价讨论区、互动多媒体网络杂志中的讨论区、社交网站与虚拟社区中的讨论区、社交网站与虚拟社区中的评价区。

2. 当社会化网络中的负面口碑所言非虚时，企业应该以情动人，将消费者态度的改变引入外围路线之中

在东亚文化氛围中，尤其是在我国当前的经济发展环境下，消费者对于社会化网络中负面口碑的信任倾向相对较高。再考虑到近年来一系列事件的发生，可以推断，如果企业对一则所言非虚的网络负面口碑百般抵赖，很有可能会使得消费者更愿意进入核心路线去发生态度改变，并基于不断了解到的更深层次的内容而造成对该信息的深信不疑，从而对企业带来持续的负面效应。因此，任何一家企业在此时都应该更多地从外围路线做文章，通过对品牌情感的作用实现以情动人。具体做法是企业在第一时间主动公开认错，坦率地承认自己的不足。此举可以在很大程度上减少消费者对核心路线的选取，并借助其情感上的理解与原谅化解危机。事实上，近期的诸多事件表明，如果当事者能够在第一时间真诚地向公众道歉，一些深层次的信息则将更多地被淹没在公众同情的情绪之中，较难被进一步利用。在此基础之上，企业还应该主动给予消费者关怀，建立良好沟通的渠道，鼓励消费者提出对产品或服务的不满意之处，甚至邀请他们参与新产品的试用计划，让消费者对于本产品的未来充满希望，企业也可在长期中得利。

以"问题肉"事件为例，2014 年 7 月 20 日，媒体曝光了上海福喜生产过程存在违法违规行为，包括篡改生产日期、加工次品及过期产品。事件发生后，麦当劳中国于 2014 年 7 月 24 日凌晨发布声明，称已经与上海福喜终止合作，逐步将供应来源调整为福喜集团旗下的河南福喜。其间，麦当劳将继续向河北福喜采购部分产品。据福喜方面消息称，福喜集团已承诺向河南福喜派出其集团内最优秀的领导团队，参与管理和经营。河南福喜于 2013 年 10 月投

产，配备了福喜集团最新和最先进的生产设施。同时，肯德基母公司百胜中国7月23日晚间发布声明，决定即刻全面停止向包括上海福喜在内的中国福喜的采购，并将视政府部门的最终调查结果保留对福喜集团采取一切法律行动的权利。真诚的道歉与快速的处理使得"问题肉"事件对麦当劳与肯德基的负面影响未能在较大程度上进一步发酵，维护了品牌形象与声誉。

3. 当社会化网络中的负面口碑纯属谣言时，企业应该以理服人，将消费者态度的改变引入核心路线之中

社会化网络中关于某一产品的谣言往往是对原有产品进行的扭曲式报道，多与产品的实际功能属性相悖，只要消费者的态度改变路线主要与产品属性相关，谣言与真相之间就将迅速交锋，这样的谣言就会很快被真相所终止。因此，任何一家企业在此时都应该更多地从核心路线做文章，通过对品牌信任的作用实现以理服人。具体做法是加强顾客与信息之间的相关程度，从而使顾客在高涉入度下改变态度。企业可以增加该信息的干扰度，即在网络中出现该信息的区域跟踪发言，利用网络口碑匿名性的特点，让其他消费者在该信息的周围接触到其他语义相反的信息，即有负有正。企业也可以多次重复其他相关的信息，如其他品牌、其他产品也出现过类似情况。如此一来，网络负面口碑的顾客要么会认为这一负面口碑对任何一个品牌都适用，从而降低内心的警戒度；要么会认为周围的信息环境太过复杂，难辨真伪，从而自己做一番亲身调查，同样也会发现该负面口碑的非真实性。这一解决方式同样适用于初始负面口碑为真，但之后随着不断的加工，开始逐渐背离事实真相的情况。

以特斯拉汽车为例，北京时间2013年10月2日，一辆特斯拉Model S型豪华轿车在美国西雅图南部的公路上发生车祸起火，事故现场的图片迅速传遍网络。从录像可以看出汽车前部着火，两侧轮胎火势较大，中间最前部出现几次小型的火球，驾驶舱和汽车后部基本完好。尽管特斯拉Model S型电动车曾在安全碰撞测试中获得美国公路交通安全管理局（NHTSA）的最高分5.4星，但随着视频的广泛传播，再次引发公众对于电动车安全性的怀疑。随着那辆电动车一起灰飞烟灭的还有特斯拉24亿美元的市值，特斯拉的股票在接下来的两天里累计下跌10%。但特斯拉成功化解了危机。在汽车起火发生的当天，特斯拉全球公关就发布紧急声明，承认着火的车辆是一辆特斯拉Model S，但她解释该车是在发生重大撞击之后才起火，并非自燃。这份措辞讲究的声明还

不忘强调车辆的安全性能：大火仅仅局限在车头的部位，所有迹象都显示火焰没有进入内部驾驶舱。同时特斯拉的警报系统显示车辆故障，很智能地"指引"驾驶员靠边停车并安全撤离，避免了人员伤亡。同时，事故车的驾驶员为特斯拉做了"无罪辩护"。在文章的结尾，马斯克还附上了事故车驾驶员与特斯拉一位副总裁之间的电子邮件记录。涉事车主卡尔森（Carlson）似乎对特斯拉在此次事故下的表现很满意。他说，车辆在这样极端的情况下表现良好。互联网上的视频夸大了电池的燃烧程度。他表示自己仍是特斯拉的粉丝，并会再购买一辆。他还声称自己也是一名投资者，并将因此继续支持电动汽车的未来。他认为类似事件必然要发生，但是没想到发生在他身上。而在这样"末日"的事件中，车辆的设计和工程起到了应有的作用。特斯拉公司在此次起火危机中的表现广受称赞，甚至有人将之称为"教科书一般的危机公关案例"。这其中有两点特别值得中国企业学习：①及时联系车主，向公众介绍事故情况；②对特斯拉起火事故做出了全面分析和解释。

第八章　供应商整合与供应商参与

面对全球化竞争的加剧，新技术的不断涌现，以及消费者对新产品的期望不断提升，制造商很难完全依靠自身资源完成新产品开发。供应商是企业的重要资源，如何更好地利用供应商资源，如何更好地发挥供应商的能力，需要新的思维和方法。本章从供应链战略的高度探讨制造商同供应商的合作问题。

第一节　整合供应商的力量

一、供应商和制造商合作：丰田的最新实践

Keiretsu 在日文中是"系列"的发音，实际是一种经联会，是一种日本式的企业组织，也是一种以整车厂与供应商的合作为中心的企业关系网络。青木、伦纳福什（Aoki, Lennerfors, 2013）在一篇文章中主要介绍了当前Keiretsu发展面临的问题：在成本降低的情况下，如何保持好整车企业与供应商的关系？

在旧的 Keiretsu 中，供应商关系内容主要包括单一供应商、长期的合作关系；整车企业经常持有供应商一定的股份；整车厂的购买价格有时不具有市场化的竞争力。

但在近些年，新的 Keiretsu 中具有如下特点：①开始扩展在全球进行采购，由一些大的世界级供应商供货；②通过模块化的采购以缩短开发周期和成本；③在与供应商制定价格时也会参考其他企业的报价；④供应商在计划阶段就参与开发。

此外，尽管有更严格的要求，但在新的 Keiretsu 体系中，制造商和供应商的关系仍然以信任、合作以及教育支持为基础，且相互信任和帮助的程度更高。关系契约中并没有每年的明确的降价要求，只是提出年度的成本期望，与供应商共同分享成本降低的好处。

青木、伦纳福什（Aoki, Lennerfors, 2013）通过研究发现，Keiretsu 能够持久的原因主要有以下四点：一是在成本方面，制造商可以避免欧美模式下的隐形成本（供应商不愿意公布隐含的供应链问题）；二是在质量方面，制造商可以获得供应商的奉献和专业技术，对质量充满信心，这是 JIT 的前提；三是在创新领域，供应商可以在产品和流程上进行新的创新；四是 Keiretsu 体系内的供应商可以感受到稳定感（peace in mind）。

以丰田为例，20 世纪 90 年代泡沫经济后，西方企业收购日本汽车企业，开展了对 Keiretsu 的改革和调整。丰田在 2000 年开展了 CCC21 项目，提出三年降低 30% 成本的目标，提高了对模块化供应的需求和附加值要求。但并没有对 Keiretsu 组织成员进行大的精简，只是在车型配套中进行调整。丰田依然强调信任和友善，强调对流程和制造有深的理解，而不是照图设计。丰田的供应商体系依然是公司的最大优势之一。丰田发现，如果目标太明确，供应商只会按照制造商要求的去做，而丰田希望供应商走得更远，学习和满足消费者需求，开发更多的创新，发现更多的问题。

丰田的经验主要有：强调现场现物，在合作中解决问题，在失误中积累学习缄默知识；在产品开发阶段就鼓励供应商参与；吸收供应商新的开发思想；在丰田，供应商有机会和制造商的各个职能部门在一起讨论问题。

二、制造商如何缓解同供应商的矛盾

海克等（Henke, Chun, 2010）撰文分析了制造商应该如何与供应商减少竞争、增加合作，从而提升供应商创新能力。

他们认为，制造商与供应商的合作存在三个方面的问题：①制造商内部的冲突，如在各个职能部门间存在像烟囱一样的隔阂；②工程设计变更过于频繁，导致供应商压力巨大、工程时间紧张；③制造商和供应商都面临降价的压力。

制造商渴望的供应商创新行为具有以下特点：①在技术上投入更多资源，

能够在产品和工艺上为制造商未来业务开展支持；②即使在没有采购订单保证时，也愿意与顾客分享技术。

要实现这些目标，制造商需要做好一些管理和支持的工作：①加强供应商参与，有效利用供应商的能力；②与供应商进行开放、真诚、全面、及时的交流，内容包括计划、预期、技术路线图等；③不仅要交流好的信息，同时也要坦诚交流坏的信息；④制造商要帮助供应商降低成本、改进质量（Henke，Chun，2010）。

当供应商对保持关系的持续性信心得到增强后，会更愿意参与双向的活动，包括建立专用化的投资。制造商与供应商应最大化地开展合作行为，对相对低的合作风险的追求，要求制造商成为建立信任关系、消除供应商压力的发起者。此外，还要最小化竞争行为，如降价、设计变更、目标冲突等。

三、发挥采购中心的作用

汽车企业一般与一级供应商保持密切的联系，但对原材料（RM）供应商（二级或间接供应商）的信息了解得并不多。如一家德国汽车企业，同时是德国最大的铝业间接客户，其高管认为"我们不知道我们产品中所用的铝的具体数量，因为它并非我们企业的核心竞争力"。

阿格拉沃尔、梅耶（Agrawal，Meyer，2014）的论文通过案例研究，提出了新的认识——要关注原材料的微观信息。原材料数量、等级、工艺、来源等与零件的技术关联以及价格都是非常重要的。为此需要建立采购中心（sourcing hub）——一个包括制造企业、供应商、原材料企业的采购网络，以获取和利用好原材料的相关知识。

（一）什么是采购中心

采购中心是供应链上游的实体机构，聚焦于开发与汽车供应商以及 RM 供应商的密切关系。一般是设置在汽车企业内的一个实际机构或部门，可以与采购部门独立运作（见图 8-1）。主要从事以下工作。

（1）整理开发采购零部件基于 BOM 的 RM 信息。

（2）利用基于 BOM 的 RM 信息帮助供应商采购低成本的 RM，包括直接为零部件供应商提供 RM。

（3）描述上游 RM 采购网络，包括供应商的供应商。

（4）与供应商以及更上游供应商分享 RM 信息，包括未来生产、市场需求、新产品的信息。

（5）与设计和技术部门合作分享技术知识，改进当前产品或新产品设计。

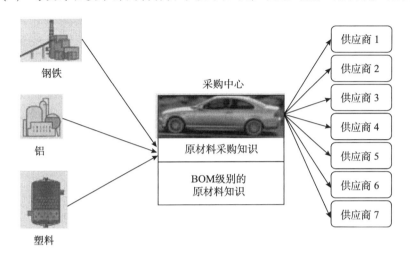

图 8-1　采购中心结构

（二）采购中心有哪些优势

（1）来自采购中心的 RM 相关知识可以降低采购成本。这包括两个方面：首先是成本更加透明，有利于更好地进行产品设计；其次是制造商相对独立的供应商享有更低的资本成本，采购中心容易获得资金成本优势。

（2）降低设计的复杂性。采购中心介入有助于使用更少数量的 RM 产品等级，有助于制造商和零部件供应商更好地进行产品设计，避免一些 RM 导致的质量问题。

（3）有助于减少供应链管道中从 RM 到零部件以及制造商之间信息的不对称，更好地完成生产计划决策。

TDV 是韩国第二大商用汽车制造商，有 23 家零件供应商使用钢铁做 RM，TDV 从一家钢铁厂购买钢铁提供给 23 家零部件供应商。TDV 购买的钢铁占这些零部件材料需求的 95%。TDV 与钢铁厂供应商签订协议，保证 6 个月的钢铁供货。每月 TDV 的汽车生产计划会即时传递到零部件供应商，供应商向 TDV 提交材料供货请求，这些订货被 TDV 合并传送到钢铁供应商处。钢铁厂按照需求量进行切割，并直接运输到零部件厂，TDV 可以监控库存情况。

TDV 的采购知识主要来自详细的基于 BOM 的材料数据库，这一数据库降低了新零件设计的成本，减少了采购的 RM 品种数，降低了复杂度。在资金上，供应商与 TDV 结算，TDV 付款给钢铁厂。调查发现，汽车厂相对零部件企业，通过规模优势可以获得 7% 的成本节省，而且有 60 天的支付周期。同时，TDV 相对供应商可以节省 1% 的资金成本。

通过案例分析，可以得到以下两个结论。

结论 1：随着不确定性增加，通过与 RM 供应商合作，开发基于 BOM 的 RM 采购细节有助于减少供应链上设计、采购、制造等相关的复杂性。

结论 2：随着 RM 企业数量的减少，上游供应链的价值机会将增加，来源于两个方面：一是整车厂直接采购 RM，二是整车厂、供应商和 RM 企业共享需求信息。

（三）实践存在的问题

但在实践中采购中心并不容易做到完美，需要解决好如下三个问题。

（1）采购中心与零部件供应商分享了 RM 的风险和责任，如果出现质量或者供货不及时的问题，如何解决可能引起的利益冲突值得研究。一家汽车公司在实践中通过在线库存监控作为辅助管理的流程来解决部分冲突。

（2）实施采购中心的成本并不低。RM 数据库建设和 RM 追溯需要一次性投资，一些新零件开发工作引致的成本会更高，特别是当转换 RM 供应商相对频繁时，采购中心价值会大打折扣。

（3）采购中心与电子采购平台和第三方采购平台不同。基于 BOM 的 RM 需求适合企业内部组织来操作，采购中心的核心是开发与 RM 企业的密切关系，相关活动并不适合外包。

第二节　供应商参与影响企业新产品开发绩效的作用机制

本节主要探讨供应商参与影响新产品开发的作用机制，提出了一个整合的理论模型。其中重点分析供应商参与和专用性投资的关系，分析两者对制造商新产品开发绩效的影响。

一、供应商参与影响企业新产品开发绩效的理论假设

供应商参与是制造商与供应商合作关系的一个重要内容。制造商与供应商的合作被看作介于垂直一体化与市场关系的一类中间形式。在解释企业、市场及中间状态的关系时，有两大重要理论，一是交易成本理论，二是资源能力理论。前者从资产专用性的角度阐述企业边界，认为专用性投资会促使企业缔结合约以降低风险，后者认为企业的实体、结构和边界是由组织能力和核心竞争能力决定的。

西口（Nishiguchi，2000）认为企业在做出专用性投资之前，一般会事先同制造商建立合作战略关系，认为专用性投资是供应商参与的结果而非原因。在对日本企业的考察中，研究发现供应商对制造商的专用性投资，包括场地、物资和人员等专用性投资，要高于欧美企业，专用性投资是供应商与制造商在合作和共同解决问题过程中建立起来的。

本书认为，供应商参与对供应商的专用性投资有显著正向影响。供应商参与越早，在满足客户定制化需求上的相关设备、工具和培训上的投入会越多，提高物质资本与特定资本的专用性。供应商的员工根据参与项目要求来提高技术和服务能力，在"干中学"，提高人力资本的专用性（Twigg，1998）。供应商参与将促使供应商软硬件系统与制造商软硬件系统对接，一些供应企业会选择到制造商附近建立实体研发结构或者制造机构，提高特定资产和场地资产的专用性程度。

供应商能力包括供应商的技术能力、管理能力与合作能力等各个方面的能力。供应商的技术能力较强时，容易适应角色变化，承担更多的新产品开发任务，供应商所提供的关键技术能力和零部件将对最终产品的功能实现具有积极影响（McIvor，2006）。供应商在质量管理、及时供货、生产作业等管理方面的良好能力为其完成好产品开发任务提供保障，会提高供应商参与新产品开发的机会。选择资金能力较强的供应商做合作企业会减缓制造商的资金投入，降低交易成本。供应商良好的员工素质、规范的管理标准有助于更有效地参与新产品开发。制造商和供应商的协同合作、供应商以往的合作经历有助于提高产品开发的质量和水平，缩短产品开发周期（Clark，Fujimoto，1991）。为此提出以下假设。

H1：供应商能力对供应商参与有显著正向影响。

制造商对供应商的信任将提升供应商参与新产品开发的积极性，有助于供应商感知到制造商的承诺，降低供应商参与产品开发的不确定性和风险，有助于供应商增强参与新产品开发的信心。制造商的信任会让供应商相信短期的利益损失能够在长期被弥补，促进供应商更重视长期导向，信任有助于消除一些短期行为，如在产品开发后期转换供应商、短时间的合同签订等。在具体操作上看，建立在信任的基础上，供应商与制造商的技术交流会更加广泛，潜在的问题容易被发现和解决。

H2：制造商对供应商的信任对供应商参与有显著正向影响。

当前，随着市场波动以及消费者出现个性化需求趋势，制造商的需求不断变化。供应商参与可以更好地帮助供应商了解制造商需求，在生产系统、供应体系、技术标准和人员培训等各方面做出适应性的调整。供应商参与越早，在满足客户定制化需求上的相关设备、工具和培训上的投入会越多，提高物质资本与特定资本的专用性。供应商的员工根据参与项目要求来提高技术和服务能力，在"干中学"，提高人力资本的专用性（Twigg，1998）。供应商参与将促使供应商软硬件系统与制造商软硬件系统对接，一些供应企业会选择到制造商附近建立实体研发结构或者制造机构，提高特定资产和场地资产的专用性程度。

H3：供应商参与对供应商的专用性投资有显著正向影响。

供应商的专用性投资是特定用途的投资，如果技术或者产品发生较大变化，或者被其他企业替代使用时便会失去价值。当制造商在市场中占据一定的份额，制造商对供应商的交易产生明显影响时，供应商对制造商将产生依赖。供应商将愿意跟随制造商的要求进行专用性投资，满足制造商各方面的特殊要求，否则供应商宁愿保持通用性的资产以应对可能变化的需求。亦即制造商对供应商具有较强的控制能力和影响能力时，供应商才会加大专用性资产的投入。

H4：制造商对供应商的控制能力对供应商的专用性投资有显著正向影响。

供应商参与新产品开发包含参与产品设计、产品测试与产品商业化三个方面。在产品设计阶段的早期参与能够减少在产品开发晚期阶段出现设计变更的风险，提高产品的质量。产品商业化的参与合作有助于供应商尽早获得企业的计划和商务信息，提前做出反应（Johnson，2006）。供应商参与会拓展制造商与供应商工程师间的沟通和互动，促进信息共享和知识共享。供应商在合作中所投入的资金、技术和知识资源为制造商带来相关的资源，供应商参与还会消除浪费，改进成本结构。

H5：供应商参与对新产品开发绩效有显著正向影响。

专用性投资的增加，增强了供应商的合作意愿。利用专用设备、工具等物质资产或者特定资产，供应商提升了开发与工艺手段，保证新产品开发质量水平，供应商可以移植部分产品系统到客户公司中。人力资源的专用性投资使得员工培训更具针对性。在制造商附近设立机构和驻派人员，供应商对制造商需求会做出更加快速的反应。最终，专用性投资会成为制造商新产品开发的一种互补性资产，这也是新产品创新者获得创新收益的保证。

H6：供应商的专用性投资对新产品开发绩效有显著正向影响。

在前述假设的基础上，我们可以构建以下的理论模型，见图8-2。包括以下三个观点：①供应商能力、制造商对供应商的信任对供应商参与有显著正向影响；②制造商对供应商的控制力、供应商参与对专用性资产有显著正向影响；③专用性资产、供应商参与对制造商的新产品绩效水平有积极显著影响，专用性资产是供应商参与和新产品绩效间的中介变量。

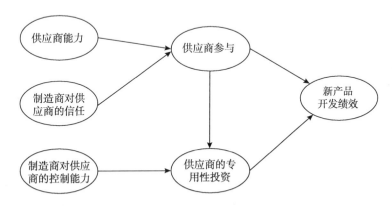

图 8-2　供应商参与、专用性投资与制造商新产品开发绩效的关系

二、结构方程模型与假设检验

本研究主要采用问卷调研方法，问卷的观测变量有 18 项，有效样本量为

142 份。样本企业以成立时间五年以上的大型企业为主，主要分布在金属机械、电子电器、汽车、制药、石油化工、食品等行业。信度和效度分析表明，变量有较高的信度水平，内容效度、聚合效度和区分效度较好。

采用 AMOS18.0 软件构建反映供应商参与、专用性投资与新产品开发绩效之间关系的结构方程模型。模型采用最大似然估计方法进行估计，除 AGFI、RFI 略小于标准值 0.9 外，其余模型拟合指标均符合要求，说明结构方程模型拟合效果较好。

表 8 - 1 显示了结构方程模型的标准路径系数及假设验证。可以看出，本研究的假设 H1、假设 H2、假设 H3、假设 H4、假设 H5 与假设 H6 均获得了支持。

表 8 - 1　结构方程模型的路径系数及假设验证

路　　　径	路径系数	t	对应假设	检验结果
供应商能力——→供应商参与	0.336^*	3.004	H1	支持
制造商对供应商的信任——→供应商参与	0.348^*	2.511	H2	支持
供应商参与——→供应商的专用性投资	0.282^*	2.991	H3	支持
制造商对供应商的控制能力——→供应商的专用性投资	0.585^*	5.249	H4	支持
供应商参与——→新产品开发绩效	0.240^{***}	2.179	H5	支持
供应商的专用性投资——→新产品开发绩效	0.458^{**}	4.094	H6	支持

注：$^* p < 0.01$；$^{**} p < 0.001$；$^{***} p < 0.05$。

三、实证结果讨论

本研究通过实证检验证明了供应商能力对供应商参与新产品开发有积极显著影响，且路径系数为 0.336（$p < 0.01$），H1 得到支持。这说明供应商具备一定的资金、生产能力、技术能力与管理能力是供应商参与的前提。制造企业在选择供应商时要做好供应商能力的考察与评价，要重视对现有供应商的培育，协助供应商提高员工素质、增强研发和技术创新能力，改进质量管理水平和服务水平。当前国内企业，特别是中小制造型企业在技术能力、资金能力和管理能力方面还相对较弱，限制了其参与制造商开发的程度，无法参与制造商研发过程会阻碍供应商技术能力和综合能力的提升。为此，一方面，供应商自身需修炼内功，提升能力；另一方面，制造商应该挖掘并积极培育有发展潜力的供应商。

以往很多研究考察了企业间信任对供应商参与的影响，其正面作用得到证实。宋等（Song，Benedetto，2008）认为制造商对供应商的信任对供应商的参与存在较为复杂的关系。本研究侧重分析来自制造商的信任对供应商参与的影响。实证研究结果证实了制造商对供应商的信任对供应商参与新产品开发有积极作用，路径系数为 0.348（$p < 0.01$），略高于供应商的能力对供应商参与的影响。可以推论，制造商在很多时候是作为主导方出现的，其对供应商的信任构建是双方相互信任水平的关键，制造商在合作中对供应商给予的信任会提升供应商的合作意愿和参与程度。

供应商参与新产品开发对供应商的专用性投资有显著正向的影响，路径系数为 0.282（$p < 0.01$）。供应商能力、制造商对供应商的信任对供应商的专用性投资有间接影响，间接影响路径系数分别为 0.095，0.098。这一研究结论与西口（Nishiguchi，2000）在日本汽车业与电子业的案例研究发现相吻合。综合前述分析，专用性投资的建立和发展主要是在企业合作过程中逐步实现的，供应商专用性投资是供应商参与导致的结果，而非原因。

H4 提出制造商对供应商的控制力对专用性投资产生正向影响，研究假设 4 得到实证支持，路径系数为 0.585（$p < 0.001$）。这一研究结论与 H3 的上述讨论是相辅相成的。与其说供应商进行专用性投资是对其利益的保护，不如说供应商受制造商的控制能力及其市场影响更大。从路径系数结果看，制造商对供应商的控制力和影响力对专用性投资的路径系数为 0.585，要大于供应商参与对专用性投资影响的路径系数 0.282。

供应商参与新产品开发可以显著改善新产品开发绩效，研究假设 5 得到支持（$p < 0.05$）。这一结论与以往大多数的研究结论是一致的。供应商参与对新产品开发绩效的直接影响系数为 0.24，经由专用性投资产生的间接影响系数为 0.129。制造商应该在新产品开发较早的阶段就鼓励供应商参与进来，为制造商与供应商工程师间的沟通和互动交流创造条件，促进信息共享和知识共享，鼓励相互合作解决出现的问题。

供应商的专用性投资对制造商新产品开发绩效有正向影响，研究假设 6 得到支持，路径系数为 0.458（$p < 0.001$）。专用性投资在供应商参与和新产品开发绩效上起到中介作用。从管理实践看，企业需要通过与供应商建立良好的关系引导供应商增加在设备、工具、开发和制造等方面的专用性投资。供应商

开始时对专用性投资的态度可能会比较谨慎，当制造商在供应商中占有较大的销售比例，甚至有一定的股权关系时，供应商实施专用性投资的积极性会显著增强。供应商专用性投资会逐步发展成为制造商的互补性资产，在技术、资金、生产物质、人员、场地等各个方面为新产品开发提供互补性资源支持。

第九章　基于创新型产品的
供应链物流能力评价

随着科学技术快速发展、市场竞争日益激烈、消费者需求日趋个性化，企业所处的运营环境变得越来越复杂和越来越不确定，企业必须迅速捕捉复杂多变的市场动态信息，快速开发出有市场竞争力的创新型产品，提高供应链的快速响应能力，提升供应链的整体竞争力。但由于创新型产品具有生命周期较短、需求和供应的高度不确定等特点，很多厂商在投放这些创新型产品时通常会面对产能或库存方面的风险暴露问题，给其供应链管理提出新的挑战。供应链的快速响应能力是有效提升供应链的整体竞争力的关键，高效的供应链系统是能否快速、有效地响应客户对创新型产品需求的关键，创新型产品供应链的物流能力成为企业的战略性能力优势和核心竞争力之一。因此，明确创新型产品供应链的物流能力的构成及评价指标，识别制约其发展的关键要素，提高创新型产品供应链的快速反应能力，先于竞争对手占领市场，全面提升企业的物流服务品质，从而提升供应链的整体竞争力和经营效益。

第一节　创新型产品与物流能力

一、创新型产品与供应链

国外较早研究创新型产品供应链设计问题的是费舍尔（Fisher, 1997），他认为供应链的设计要以产品为中心。供应链的设计首先要明白用户对企业产品的需求是什么，产品寿命周期、需求预测、产品多样性、提前期和服务的市场标准等都是影响供应链设计的重要因素。他将产品分为两类：低边际利润、有稳定需求的功能型产品和高边际利润、不稳定需求的创新型产品。同时又根据不同的运作方式将供应链分为两类：效率型供应链和反应型供应链。企业依据自己的产品类型来设计供应链，功能型产品与效率型供应链匹配，而创新型产品与反应型供应链匹配。

史蒂芬、肖恩（Stephen，Sean，2005）也认为当一个新产品的设计完成后，就要讨论如何配置供应链。其核心问题是如何选择供应商、零件、工艺、销售渠道和运输方式等，他们开发了一个有着两个状态变量的动态程序解决供应链的配置问题。面对供应的原料、制造或组装的产品、销售渠道和运输方式的多个选择，配置供应链要最大限度地减少供应链的总成本，同时提高供应链的反应速度。

我国学者张军等（2004）从定性层面研究了产品品质与供应链管理之间的关系，他认为：在整个产品创新过程中，产品历经了供应链的各个环节，因此评价面向产品创新的供应链的性能，有利于评价产品的品质，提高产品创新的绩效。秦远建、袁鹏程（2006）在分析面向产品创新的供应链的内涵和特征的基础之上，找出评价供应链性能的指标体系，构建供应链性能评价模型，为企业评价供应链的性能提供了可行的方法。

二、物流能力

戴伊（Day，1994）将能力定义为通过组织程序，用技能、积累的知识以及自己的资产使企业能够协调活动。马奥尼等人（Mahoney et al.，1992）认为企业的能力是企业竞争优势的一个主要来源，因此管理的主要任务就是开发和利用企业特定的资产和能力。莫瑞什（Morash，1996）等人认为能力是能使企业获得比竞争对手更卓越的绩效和持续的竞争优势的品质、能力、组织方法、知识和技能。马士华等人（2000）认为能力是指企业为了达成期望的结果组织配置资源的一种能力，是一个企业所特有的，他人无法模仿的，同时也是不断发展的，是企业竞争优势的强大基础。

基于能力的定义，国内外学者从不同的角度对物流能力进行了描述。多尔蒂、皮特曼（Daugherty，Pittman，1995）基于资源的理论将物流能力定义为企业资源的一部分。这里的企业资源包括所有的资产、能力、组织过程、企业标志、信息、知识等，它们是由企业控制的并能够使企业构想和执行改进其效率和效果的战略。唐纳德·J. 鲍尔索克斯等（2002）则从成本的角度把物流能力看作一种评估，这种评估的主体对象是企业的竞争优势，这种竞争优势能否在相对较低成本的条件下达成就是物流能力的一种直接表现。

我国学者闫秀霞等（2005）从运作层面将物流能力看作在物流主体的工作和协调之下，通过对物流过程中的运输、储存、包装、配送、信息系统等活动进行协调、处理来实现的，认为物流能力就是这种协调处理之后的结果。汪鸣和冯浩（2002）也认为物流能力体现在开展物流运作和提供物流服务的企业在实现创造顾客价值的过程中，是企业所具备的对物流的计划、控制及过程实施的能力。宋伟（2005）认为物流能力是为了达到物流目标企业所具备的一种能力，是通过网络设计、运输、仓储的协调及材料的搬运包装等活动来实现的，将与这些功能领域有关的工作相结合，便产生了实现物流需求所需要的能力。王侃昌等（2006）提出物流能力就是企业创造和开发资源、满足用户需求、追求更好服务绩效的能力。

马士华、陈习勇（2004）指出应该从企业运作和供应链两个层面来研究物流能力，并从供应链的角度对物流能力进行定义，即物流能力是由物流要素能力和物流运作能力构成的，物流要素能力是指物流系统中硬件设施的能力，而物流运作能力主要指物流系统的管理能力、协调能力，它是对系统中软件设施的一种评价，总之物流能力是指对要素能力和运作能力的一种综合评价。

三、物流能力构成要素

关于物流能力构成要素的研究，最早是由密歇根州立大学（MSU）全球物流研究组于1995年对世界上最优秀的企业如何实现和保持其物流绩效的研究。该项研究从32项物流能力评价指标中确定了17个通用的物流能力要素，并且把它们分成配置能力、一体化能力、敏捷能力和衡量能力四个方面。该项研究为以后物流能力的研究工作奠定了坚实的基础。

多尔蒂（Daugherty，1995）认为有效的时间管理是获得竞争优势的关键，强调时间管理应贯穿整个供应链，要采用产品配送速度、信息交流和柔性来提高企业对客户响应的速度。埃克特（Eckert，1996）则认为，企业关键的物流能力包括人员、质量和时间三个方面。史坦克等（Stank et al. ，1997）通过对墨西哥的装配工厂的物料经理的问卷调查，指出物流能力包括定位、敏捷、整合、衡量四个大的方面。皮特曼、克洛斯（Pittman，Closs，1997）等人研究了信息技术对物流能力的影响，认为信息技术能够用来制定企业决策以提高物流效率、效益和柔性，是一种非常重要的物流资源。在这之后，克林顿、克洛斯（Clinton，Closs，1997）在文献中提出了五个与物流战略最相关的因素：企业联盟、信息系统、电子数据交换实践、库存管理和流程再造。这五个因素强调了企业之间联盟和 EDI 的重要性，是站在供应链高度考虑企业问题，为我们构建供应链物流能力提供了很好的参考。

莫瑞什（Morash，2001）将供应链物流能力详细分为客户服务能力（关键客户反应、增值服务、物流服务差异化、客户服务柔性、订单柔性、物流客户化程度、创新解决方案）、质量（运送可靠性、订单履行一致性、问题避免、供应连续性、问题和抱怨解决、产品替代、产品回收）、信息（问题提前通知、运输提前通知）、物流成本和生产力（低成本、运作标准化、运作简化）、配送柔性（广泛的覆盖、选择性覆盖、选址柔性、配送时间柔性、逆向物流）以及物流速度（配送速度、加速配送）六种能力。史坦克等人（Stank et al.，2005）认为，物流能力主要包括顾客导向、时间管理、整合、信息交换以及评估五个方面。艾斯柏（Esper，2007）等发现多数文献认为物流能力包括顾客导向能力、供应链管理能力、整合能力、测评能力及信息交换能力。Yang 等人（2009）把物流能力分为可靠性能力、信息整合能力、柔性能力、增值服务能力、关系能力五个方面。

国内学者蔡鉴明和曾峰（2006）认为物流能力是物流生产主体在物流系统的运输、仓储、装卸搬运、配送、包装、流通加工、信息处理等物流活动中所体现出来的，顺利完成相关物流活动所具有的设施设备条件以及管理水平等的一个综合评价。张光明（2006）在总结学者们的研究成果的基础上，提出物流能力主要包括供应链关系能力、供应链物流整合能力、物流信息能力、物流过程能力、时间能力或柔性能力、管理能力、学习能力等，并给出了其各自的特征。梁雅丽和吴清烈（2007）指出供应链环境下的物流能力是由物流要素能力、物流运作能力和物流集成能力综合而成的。马士华等人（2007）构建了物流信息能力、配送能力、柔性能力与服务质量、响应性、财务绩效的关系模型，通过结构方程模型的检验，得出物流信息能力对供应链绩效没有直接影响，但可以通过配送能力和柔性能力间接影响服务质量以及财务绩效，物流信息能力还通过显著影响配送能力极大地影响了供应链的响应性。陈荣和刘林（2007）通过分析物流能力的构成要素，以美国密歇根州立大学的全球物流研究团队构建的物流能力模型为基础，构建包含配置能力、一体化能力、敏捷能力、衡量能力四组能力的评价指标体系，并建立物流能力灰色评价模型，对物流能力进行定量分析。

刘志学（2011）认为物流服务能力包括基本服务能力和增值服务能力。前者是指物流企业完成客户对货物运输、储存、配送和信息服务等物流基本功能需求的能力，主要包括快捷运输能力、产品储存与维护能力、产品配送能力、准时交付能力和信息服务能力等；后者指的是物流企业在完成基本物流功能的基础上，根据特定客户的需求提供流通加工服务、增加便利性服务、降低成本服务、定制化服务和延伸性服务。程晋石和裴九芳（2011）在研究 3PL（第三方物流）企业的物流能力时，通过对已有文献的分析与总结，认为物流能力包括外部环境能力、内部流程能力和物流相关效益的能力三个方面。综上所述，物流能力构成要素总结见表 9 - 1。

表 9 - 1　物流能力构成要素研究总结

能　力	描　述	引用文献
运作能力	通过有效的物流运作使得在为客户提供优质的物流服务时，物流总成本最低	梁雅丽，吴清烈（2007）； 马士华，陈习勇（2004）
信息能力	获取、分析、存储和分布公司内外部涉及硬件、软件和网络应用的战术和战略信息的能力； 有效地同公司内部各部门、供应商以及顾客分析信息	史坦克等（Stank et al.，2005）； 艾斯柏等（Esper et al.，2007）； 张光明（2006）
整合能力	存在一个组织内部的元素必须达成统一来满足组织的目标，创建一个更高效的商业模式； 统一协调各物流活动	艾斯柏等（Esper et al.，2007）； 张光明（2006）
敏捷能力	提供多样化的物流服务； 在环境及顾客需求变化的情况下如何及时地满足顾客	史坦克等（Stank et al.，1997）； 马士华，陈铁巍（2007）； 陈荣，刘林（2007）

四、物流能力评价指标体系

福塞特等（Fawcett et al.，1997）在《发展物流能力以改善国际运营绩效》一文中，建立了一个包含成本、质量、配送、柔性和创新五个指标的物流能力评价指标体系，研究了在全球运作情况下物流对企业绩效的贡献，并分析了物流能力对企业绩效的作用，如表9-2所示。

表9-2　福塞特等人构建的物流能力评价指标体系

物流能力要素	评 价 指 标
成本能力	仓储成本、生产成本、运输成本
质量能力	顾客满意度、成功率、客户抱怨率
配送能力	提高配送能力、配送货物的前置时间、准时配送率
柔性能力	应变非日常性需求的能力、快速响应能力
创新能力	增值服务能力、缩短订单周期

多尔蒂等（Daugherty et al.，1998）研究了消费品行业配送服务和市场份额的关系，对影响物流能力的因素进行了分析，主要是分析了包括配送准时性、配送频率、订单完成率等在内的11个因素指标，从实际操作层面总结了这些因素对物流能力的影响。艾林杰等（Ellinger et al.，2002）认为响应速度、服务水平、配送的准时性、质量的稳定性和延迟的提前通知这五个物流绩效衡量指标，虽然都是与配送服务相关的，但这对构建物流能力的评价体系提供了一个视角。詹姆斯、理查德（James，Richard，2009）对100多位物流领域的学者和专家进行了德尔菲调查，并对美国60多家公司进行了访谈，从交易伙伴、生产率等五个方面提出了36个评价指标。凯里欧（Kalio）等人研究了订单交付流程的绩效问题，从时间、质量、成本、效率四个方面来评价交付流程的能力，并给出了其结构和评价指标。

我国学者马士华和陈铁巍（2004）在综合已有关于物流服务能力研究成果的基础上，通过比较和综合，根据物流服务能力要素的性质建立一个初步的物流服务能力构成要素体系，指出物流服务能力的构成包含时间效率要素、信息要素、客户要素三大类别。其中，时间效率要素又包括订单处理速度、准确配送、柔性、货品保质和一致性；信息要素包括信息化水平、完全信息、可视性；客户要素包括退货、货物可获性、紧急配送、投诉处理、个性化响应、关联调整。

陈荣和刘林（2007）通过分析物流能力的构成要素，以美国密歇根州立大学的全球物流研究团队构建的物流能力模型为基础，构建包含了配置能力、一体化能力、敏捷能力、衡量能力四组能力的评价指标体系，并建立了物流能力灰色评价模型，对物流能力进行了定量分析。丁晶和胡正华（2007）将物流能力分为运作能力、控制成本的能力和服务成本适应能力三个维度。运作能力下的指标包括为生产提供服务和为客户提供分销配送服务的能力，并将二级指标做了进一步细分；控制成本的能力包括采购成本、信息处理成本、运输成本等；服务成本适应能力则通过服务成本适应率来体现。胡安辉（2007）以配送中心为例从流通能力、服务质量、协同性、经济性四个方面构建了供应链节点物流能力评价指标体系，设立了订单延迟率等九个二级指标，并选择运用基于格序的模糊综合评价法对配送中心的物流能力进行评价。

另外，胡求光（2009）在分析了水产品的物流特性后，从外部环境、内部流等四个方面构建了 20 个评价指标，并用层次分析法对水产品的物流系统进行了评价。李隽波（2010）在研究物流企业快速反应能力对物流服务水平的影响时，从供应链和物流系统两个视角构建了由顾客服务、时间管理、成本控制、协调控制、信息系统、物流硬件及人员素质 7 项二级指标与 41 项三级指标构成的物流企业快速反应能力评价指标体系，构建了基于模糊积分的物流企业快速反应能力评价模型。

第二节　创新型产品的供应链物流能力评价指标体系

一、创新型产品的特点

供应链是由最终顾客的需求驱动的，为了及时有效地响应顾客不断变化的需求，有必要对不同产品的需求特点进行分析。费舍尔（Fisher，1997）

根据市场需求将产品分为功能型产品和创新型产品两类，这两类产品的特点比较见表9-3。

表9-3　功能型产品和创新型产品的比较

比较项目	功能型产品	创新型产品
需求特征	可预测	难以预测
产品生命周期	＞二年	三个月至一年
产品多样性	低（10~20种）	高（成百上千种）
平均预测误差幅度	10%	40%~100%
平均缺货率	1%~2%	10%~40%
平均季末降比率	几乎为0	15%~25%
边际收益	5%~20%	20%~60%
按订单生产产品提前期	六个月至一年	一天至二周
市场竞争程度和差异化	竞争激烈，差异化小	差异化明显，有竞争优势

从表9-3可以看出，功能型的产品是指那些零售范围较广，用于满足人们基本需求的产品，如食物、粮油等。这些产品具有稳定、可预测的需求，有较长的寿命周期，产品设计变动幅度也小。因此，功能性产品对新产品上市速度要求不高，一般也不会出现因为产品过季而降价的现象，缺货率也较低。基于这些特性，功能型产品市场竞争非常激烈，边际利润普遍较低。

创新型产品是指那些变化快、个性化的产品，如时尚品、电子产品、时装。虽然这类产品有较高的边际利润，但是需求不稳定且难以准确预测，产品生命周期较短，而且缺货比率较高，主要是通过产品差异化获得竞争优势。

二、创新型产品的供应链物流特性

功能型产品与创新型产品具有不同需求特征，只有设计与产品需求类型相匹配的供应链系统，才能发挥供应链整体的优势。费舍尔（Fisher，1994）将功能型产品与效率型供应链相匹配，即以最低的成本将原材料转化为中间产品及最终产品，并配送到客户。供应链物流能力不是供应链上各企业物流能力的简单叠加，它涵盖的内容非常丰富，涉及范围贯穿整个供应链。桂华明和马士华（2007）认为供应链物流能力应该具有互补性、关联性、整体性、独特性以及目标一致性等特点。

创新型产品的生命周期短、需求不稳定，企业很难准确地预测市场需求及其变化趋势，这就要求创新型产品要具有敏捷的供应链物流能力，根据市场需求的变化做出快速响应，满足客户的需求，为客户提供快捷、可靠的物流服务。格力格尔、霍尔科姆（Gligor，Holcomb，2012）在研究物流能力与供应链敏捷性的关系时，认为物流能力可以从需求管理、供应管理和信息管理这三个方面提高供应链的敏捷性。制造商和零售商希望能通过"正确响应"来最大限度地减少因预测误差而造成的损失。"正确响应"是一种整体预测、规划生产过程的方法，管理人员会将通过"正确响应"找出的预测人员不能准确预测的项目推迟到接到市场订货后实施（Fisher et al.，1994）。

三、创新型产品供应链物流能力初始评价指标

国内外许多学者对供应链物流能力的构成进行了研究，根据供应链物流能力要素的性质和特点，选取了在以往文献中使用频率较高的指标，构建了运作能力、服务能力、成本能力、时间效率、创新能力五个一级指标。考虑到创新型产品的生命周期短、需求难以预测及边际利润高等特点，创新型产品的供应链物流能力评价不仅要考虑供应链系统总成本，更要考虑供应链的敏捷性。多尔蒂、皮特曼（Daugherty，Pittman，1995）强调时间管理应贯穿整个供应链，时间管理是获得竞争优势的关键。克洛斯等人（Closs et al.，1997）认为信息技术能够提高物流效率、效益和柔性。因此，本研究又增加了敏捷能力、信息能力、集成能力这三个一级指标。针对各一级指标，找出主要影响因素，通过对物流领域专家及企业相关专业人士进行访谈，最终确定了由8个一级指标和51个二级指标构成的供应链物流能力评价初始指标体系，各指标从不同的层面反映创新型产品的供应链物流能力，供应链物流能力初始评价指标体系如表9-4所示。

特别指出，为了确保指标的全面性，已构建的初始评价指标体系可能收录了一些对于创新型产品不太重要的指标，或指标之间可能有相似性或过强的相关性，下节将通过实证研究对指标进行筛选。

表 9 – 4　创新型产品的供应链物流能力初始评价指标体系

一级指标	二级指标		一级指标	二级指标	
运作能力（a）	a_1	订单输入准确性	敏捷能力（d）	d_1	关联性
	a_2	订单满足率		d_2	响应性
	a_3	供应连续性		d_3	柔性
	a_4	存货准确率	信息能力（e）	e_1	信息化水平
	a_5	准时及准确配送比率		e_2	同客户的信息共享
	a_6	货物损坏比率		e_3	同供应商的信息共享
	a_7	客户抱怨比率		e_4	有效运用获得的信息
	a_8	客户抱怨满意解决率	集成能力（f）	f_1	企业间伙伴关系
服务能力（b）	b_1	订货周期		f_2	各物流活动的效率、活动主体间的沟通协调
	b_2	运输能力		f_3	信息系统间的集成
	b_3	定制化采购		f_4	信息流通渠道
	b_4	供应商的关系	时间效率（g）	g_1	订单输入和处理时间
	b_5	分销网络覆盖范围		g_2	采购循环时间
	b_6	安全库存水平		g_3	仓库内循环时间
	b_7	个性化需求		g_4	配送时间
	b_8	备货效率		g_5	配送频率
	b_9	货物的可获性		g_6	对客户的响应速度
	b_{10}	紧急配送能力		g_7	配送的准时性
	b_{11}	投诉处理能力	创新能力（h）	h_1	作业流程再造
	b_{12}	退货的便利性		h_2	成本压缩
成本能力（c）	c_1	采购成本		h_3	运作效率的提高
	c_2	订单处理成本		h_4	差异化物流服务
	c_3	单位运输成本		h_5	紧急性/创造性的物流解决方案
	c_4	流通加工成本		h_6	提供一个从事关键物流工作的一致方法
	c_5	库存管理成本			
	c_6	产品包装成本			
	c_7	装卸搬运成本			

四、创新型产品供应链物流能力评价指标体系的确立

上节已构建的初始评价指标体系可能收录了一些对于创新型产品不太重要

的指标，或指标之间可能有相似性或过强的相关性，下面将通过实证研究对指标进行筛选。本部分将运用专家问卷调查法，依据构建的初始指标体系，设计调查问卷。调查问卷分为两个部分，第一个部分是创新型产品的供应链物流能力评价重要性测度指标，共 51 个指标，分布在运作能力、服务能力、成本能力、敏捷能力、信息能力、集成能力、时间效率和创新能力八个方面。态度量表采用 5 级李克特（Likert）量表，最高分为 5 分、最低分为 1 分的等距尺度法对各个指标的重要性程度进行测量。5 分表示该指标非常重要，4 分表示重要，3 分表示普通，2 分表示不重要，1 分表示根本不重要。5 级量表则正好可以表示温和意见和强烈意见之间的区别（刘先勇，等，2002）。第二个部分是参评人员及其所在公司的基本信息。问卷调查的对象主要集中于北京市的电子产品、电器、服装、医疗器械等创新型产品比较集中的行业，通过对企业相关人员面对面地发放问卷，并以面对面或者电子邮件等方式进行问卷的回收。问卷总共发放 147 份，回收 124 份，剔除信息填写不完整的 12 份，最终回收完整有效的问卷 112 份。

运用 SPSS 和 AMOS 统计软件对问卷统计结果进行信度分析、项目分析和效度分析，剔除一些不太重要的指标，选择关键指标，从而保证指标的科学性和实用性，构建创新型产品的供应链物流能力的评价指标体系。

（一）信度分析

信度（reliability）即可靠性，它是指采用同样的方法对同一对象重复测量时所得结果的一致性程度，一致性程度越高，评价结果的可信度就越强。本信度分析采用最常用的 Cronbach α 信度系数法，Cronbach α 值通常在 0 ~ 1，α 值越大，表明内部一致性程度越高。如果 α 值小于 0.6，内部一致性信度不足；在 0.7 ~ 0.8 区间内，具有相当的信度；如达到 0.8 ~ 0.9，说明信度非常好。

用 SPSS 16.0 分别对各一级指标和二级指标进行信度分析，结果如表 9 - 5 所示。每个二级指标可看作一个题项，利用内部一致性分析可以筛选指标，一般以"题项 - 总相关"值 0.4 为判断标准。首先，若该值小于 0.4，则考虑删除，再进一步检查 Cronbach α 值，若删除该题项能够提升 α 值，即能够提升量表内部一致性时，则删除之。

表 9－5　样本信度分析

一级指标	题项	量表题项－总相关	不包括本题项的 α 值	一级指标 Cronbach α 值	一级指标	题项	量表题项－总相关	不包括本题项的 α 值	一级指标 Cronbach α 值
运作能力	a_1	0.744	0.728	α＝0.757	敏捷能力	d_1	0.488	0.574	α＝0.670
	a_2	0.227	0.811			d_2	0.561	0.462	
	a_3	0.182	0.813			d_3	0.417	0.658	
	a_4	0.742	0.726		信息能力	e_1	0.598	0.624	α＝0.730
	a_5	0.750	0.740			e_2	0.554	0.649	
	a_6	0.223	0.812			e_3	0.534	0.662	
	a_7	0.766	0.725			e_4	0.402	0.731	
	a_8	0.532	0.763		集成能力	f_1	0.446	0.736	α＝0.744
服务能力	b_1	0.381	0.803	α＝0.809		f_2	0.512	0.700	
	b_2	0.441	0.796			f_3	0.696	0.593	
	b_3	0.460	0.799			f_4	0.509	0.701	
	b_4	0.620	0.783		时间效率	g_1	0.475	0.743	α＝0.766
	b_5	0.493	0.792			g_2	0.330	0.765	
	b_6	0.700	0.773			g_3	0.281	0.774	
	b_7	0.295	0.809			g_4	0.586	0.717	
	b_8	0.540	0.788			g_5	0.575	0.719	
	b_9	0.211	0.816			g_6	0.640	0.702	
	b_{10}	0.415	0.799			g_7	0.522	0.729	
	b_{11}	0.664	0.781		创新能力	h_1	0.282	0.712	α＝0.710
	b_{12}	0.414	0.799			h_2	0.557	0.633	
成本能力	c_1	0.483	0.660	α＝0.708		h_3	0.413	0.680	
	c_2	0.432	0.678			h_4	0.610	0.610	
	c_3	0.556	0.637			h_5	0.459	0.666	
	c_4	0.541	0.640			h_6	0.344	0.698	
	c_5	0.335	0.694		剔除指标后，α＝0.936				
	c_6	0.291	0.702						
	c_7	0.306	0.700						

由表 9－5 可知，一级指标运作能力的 α 值为 0.757，二级指标"a_2 订单满足率""a_3 供应连续性""a_6 货物损坏比率"的题项－总相关值均小于 0.4，

而且不包含这些指标的 α 值均大于 0.757，可见删除这三个指标可提高量表的可靠性，删除这三个指标后 α 值增长为 0.899，可靠性得到明显提高。其他指标的题项 – 总相关值均在 0.532 ~ 0.766，全部大于 0.4；如分别删除题项 a_1、a_4、a_5、a_7，相应的 α 值都在 0.725 ~ 0.740，都不超过 0.757，说明剔除这些题项降低了量表的可靠性，所以应保留这些题项。另外，如删除题项 a_8，虽然提高了可靠性，但变化不大，也可保留该题项。

一级指标服务能力的 Cronbach α 值为 0.809，"b_1 订货周期""b_7 个性化需求""b_9 货物的可获性"这三个指标的题项 – 总相关值均小于 0.4，故将其删除，剔除 b_1、b_7 与 b_9 指标后服务能力的 α 值增长为 0.814。其他指标的题项 – 总相关值均在 0.4 以上，删除这些指标后，α 值都在 0.773 ~ 0.799，均小于 0.809，可见剔除这些指标后不能提高量表的可靠性，所以保留这些指标。同理，对成本能力进行信度分析可以删除 "c_5 库存管理成本""c_6 产品包装成本""c_7 装卸搬运成本"项目，剔除 c_5、c_6、c_7 后，成本能力的 α 值增长为 0.722。

敏捷能力、信息能力和集成能力这三个一级指标项目数目较少。但美国统计学家海尔等（Hair et al.，1998）认为如果同一层面下的题项数小于 6 个时，只要 Cronbach α 值大于 0.6，则该数据的可靠度可接受，0.5 为最低可接受的信度水平。这三个一级指标的 α 值分别为 0.670、0.730 和 0.744，均大于 0.6，二级题项 – 总相关值也均大于 0.4，故保留其所有二级指标。

另外，两个一级指标时间效率和创新能力的 Cronbach α 值分别为 0.766 和 0.710，二级指标 "g_2 采购循环时间""g_3 仓库内循环时间""h_1 作业流程再造""h_6 提供一个从事关键物流工作的一致方法"的题项 – 总相关值均小于 0.4，故将其删除。

综上所述，通过信度分析删除了 13 个指标，量表的指标总数由 51 个减少到 38 个，各指标的题项 – 总相关值都超过 0.4 的水准，相应 Cronbach α 值也均在 0.6 以上，量表总体 Cronbach α 值达到了 0.936，可见通过信度分析删减指标后的量表的信度非常好。

（二）项目分析

项目分析就是求出问卷每一个指标的 CR 值（Critical Ratio），将未达到显著水平的项目删除。具体做法如下：计算每份问卷的总分，并分别按从高到低和从低到高排列，找出位于总问卷数 27% 的那份问卷，并记录它的问卷总分为临界分数。然后以临界分数为标准，分别找出高分组和低分组，并以独立样本 t 检验两组在每个题项的差异，将 t 检验结果未达显著性的题项删除。用 SPSS 16.0 软件对信度分析后剩余的 38 个指标进行 t 检验，结果如表 9 - 6 所示。

表 9 - 6　独立样本 t 检验

题　项		方差相等的 Levene 检验		平均数相等 的 t 检验		题　项		方差相等的 Levene 检验		平均数相等 的 t 检验	
		F	sig.	t	sig. （双侧）			F	sig.	t	sig. （双侧）
a_1	方差齐性	1.308	0.259	5.761	0.000	b_{10}	方差齐性	17.313	0.000	4.082	0.000
	方差不齐性			5.797	0.000		方差不齐性			4.185	0.000
a_4	方差齐性	0.017	0.897	6.390	0.000	b_{11}	方差齐性	0.496	0.485	3.690	0.001
	方差不齐性			6.388	0.000		方差不齐性			3.708	0.001
a_5	方差齐性	0.070	0.792	6.112	0.000	b_{12}	方差齐性	0.030	0.864	0.042	0.000
	方差不齐性			6.108	0.000		方差不齐性			0.043	0.000
a_7	方差齐性	1.613	0.210	7.104	0.000	c_1	方差齐性	8.701	0.005	6.419	0.000
	方差不齐性			7.053	0.000		方差不齐性			6.554	0.000
a_8	方差齐性	0.183	0.671	4.343	0.000	c_2	方差齐性	0.438	0.511	7.882	0.000
	方差不齐性			4.368	0.000		方差不齐性			7.933	0.000
b_2	方差齐性	11.316	0.002	6.751	0.000	c_3	方差齐性	2.700	0.107	4.562	0.000
	方差不齐性			6.907	0.000		方差不齐性			4.498	0.000
b_3	方差齐性	0.931	0.340	7.302	0.000	c_4	方差齐性	4.319	0.043	6.470	0.000
	方差不齐性			7.377	0.000		方差不齐性			6.400	0.000
b_4	方差齐性	1.108	0.298	3.645	0.001	d_1	方差齐性	0.410	0.525	7.728	0.000
	方差不齐性			3.710	0.001		方差不齐性			7.776	0.000
b_5	方差齐性	0.052	0.820	3.083	0.003	d_2	方差齐性	10.579	0.002	10.330	0.000
	方差不齐性			3.118	0.003		方差不齐性			10.148	0.000
b_6	方差齐性	1.916	0.173	6.411	0.000	d_3	方差齐性	4.439	0.041	2.889	0.006
	方差不齐性			6.456	0.000		方差不齐性			2.871	0.006
b_8	方差齐性	0.044	0.835	4.638	0.000	e_1	方差齐性	2.209	0.144	5.592	0.000
	方差不齐性			4.628	0.000		方差不齐性			5.671	0.000

续表

题　项		方差相等的 Levene 检验		平均数相等 的 t 检验		题　项		方差相等的 Levene 检验		平均数相等 的 t 检验	
		F	sig.	t	sig. （双侧）			F	sig.	t	sig. （双侧）
e_2	方差齐性	5.072	0.029	5.766	0.000	g_4	方差齐性	0.410	0.525	6.450	0.000
	方差不齐性			5.852	0.000		方差不齐性			6.490	0.000
e_3	方差齐性	1.280	0.264	9.200	0.000	g_5	方差齐性	0.787	0.380	5.012	0.000
	方差不齐性			9.115	0.000		方差不齐性			5.095	0.000
e_4	方差齐性	1.923	0.172	2.599	0.013	g_6	方差齐性	5.749	0.021	9.595	0.000
	方差不齐性			2.590	0.013		方差不齐性			9.563	0.000
f_1	方差齐性	4.757	0.034	5.664	0.000	g_7	方差齐性	3.524	0.067	5.092	0.000
	方差不齐性			5.745	0.000		方差不齐性			5.191	0.000
f_2	方差齐性	0.749	0.391	6.275	0.000	h_2	方差齐性	0.438	0.511	7.882	0.000
	方差不齐性			6.357	0.000		方差不齐性			7.933	0.000
f_3	方差齐性	3.139	0.083	8.437	0.000	h_3	方差齐性	3.966	0.052	5.813	0.000
	方差不齐性			8.412	0.000		方差不齐性			5.890	0.000
f_4	方差齐性	0.063	0.802	5.837	0.000	h_4	方差齐性	23.553	0.000	6.150	0.000
	方差不齐性			5.868	0.000		方差不齐性			6.318	0.000
g_1	方差齐性	1.838	0.182	7.852	0.000	h_5	方差齐性	12.416	0.001	5.088	0.000
	方差不齐性			7.994	0.000		方差不齐性			5.181	0.000

　　分析结果首先要看 Levene 的方差齐性检验值，看其差异是否显著（sig. 的值是否小于 0.05）。若 sig. 的值小于 0.05，则差异显著，说明方差不齐性，则 t 检验的结果要看各项目中第二行方差不齐性条件的数据。若 sig. 的值大于 0.05，则差异不显著，说明方差齐性，则 t 检验的结果要看各项目中第一行方差齐性条件下的数据。其次，要看 t 检验的结果，如果差异显著（sig. 的值小于 0.05），表明此题项具有区分度，能区分出不同被试的反应程度，该题项应予以保留。反之，则区分度不好，不能区分出不同被试的反应程度，需要删除项目（朱德全，宋乃庆，2008）。从表 9 - 6 可以看出，各项指标的 t 值均达显著，由此表示问卷的 38 个指标有鉴别度，所有指标都能鉴别出不同受试者的反应程度，从而验证了问卷量表设计的合理性。

（三）效度分析

效度是指量表测量的结果的准确程度，即检查测量的内容与测量的目的是否一致。效度分析主要包括内容效度、聚合效度和区别效度三个方面。内容效度是指问卷的各个项目代表它所测验的内容的程度，即问卷的项目能在多大程度上代表所要测量的内容。涵盖的范围越广，内容效度越高。本研究所开发的指标体系调查问卷在整体效度验证方面，除了各维度的产生皆有国内外文献与相关学者研究的内容效度支持外，还围绕创新型产品的特点，采用现场调查法、条目分析法等方法进行设计。且在问卷的设计过程中，也分别向物流管理与供应链管理领域的专家学者就调查问卷的题项所代表的内涵、语意清晰性等内容做专家效度审查，以进一步修正评价指标。由此可见，本项目有较好的内容效度。

聚合效度使用三个指标进行测量，即标准化的因子载荷、组合信度及变异抽取量 AVE。本研究用 AMOS 6.0 统计软件对创新型产品的供应链物流能力进行确认型因子分析。分析结果表明：各指标因子载荷（标准化系数）介于 0.594 ~ 0.921（见表 9 - 7），表明所有被测变量能够很好地反映其所构建的潜变量。量表中的八个因子的组合信度均大于 0.7，且平均变异抽取量均大于 0.5 的标准。因此，本研究的创新型产品供应链物流能力评价指标体系具有较高的聚合效度。

区别效度检验八个因子本身的平均变异抽取量大于该因子与其他因子之间的相关系数的平方值，说明这八个因子具有良好的区别效度，有独立存在的必要。因此，本研究的量表有较高的区别效度。各指标数据如表 9 - 8 所示。

本研究从创新型产品的供应链物流能力评价指标体系的开发直至确定正式指标体系的信度分析、项目分析及效度分析，以各种严谨的定量分析方法验证所开发出的指标，都显示出很好的可靠性和有效性。因此，本研究构建的创新型产品的供应链物流能力评价指标体系（见表 9 - 9）是值得信赖的有效工具，可以保证后续评价工作的科学性。

表 9-7 聚合效度指标

潜变量	观察变量	建构信度	平均变异抽取量	标准化估计值	潜变量	观察变量	建构信度	平均变异抽取量	标准化估计值
a	a_1	0.914	0.686	0.753	e	e_1	0.806	0.512	0.638
	a_4			0.921		e_2			0.643
	a_5			0.908		e_3			0.794
	a_7			0.914		e_4			0.770
	a_8			0.594	f	f_1	0.860	0.607	0.784
b	b_2	0.912	0.514	0.753		f_2			0.717
	b_3			0.735		f_3			0.756
	b_4			0.740		f_4			0.852
	b_5			0.614	g	g_1	0.874	0.586	0.724
	b_6			0.864		g_4			0.635
	b_8			0.670		g_5			0.659
	b_{10}			0.741		g_6			0.880
	b_{11}			0.836		g_7			0.892
	b_{12}			0.822	h	h_2	0.818	0.531	0.740
c	c_1	0.837	0.565	0.882		h_3			0.843
	c_2			0.729		h_4			0.656
	c_3			0.841		h_5			0.660
	c_4			0.635					
d	d_1	0.783	0.548	0.667					
	d_2			0.775					
	d_3			0.773					

指标的含义说明如下。

（1）运作能力：企业供应链物流服务提供商完成客户对运输、配送和信息服务等基本运作需求的能力。

（2）订单输入准确性：能否正确记录客户订单信息的能力。

（3）存货准确率：无差错仓库储位数与仓库储位总数的比率。

（4）准时及准确配送比率：在预定时间内，将货物服务配送到准确地点的比率。

（5）客户抱怨比率：客户抱怨次数与总交易次数的比率。

（6）顾客抱怨满意解决率：客户抱怨得到满意解决的次数与客户抱怨次数的比率。

表 9-8　区别效度指标

变量	a	b	c	d	e	f	g	h
a	0.686*							
		0.514						
b	0.577**							
	0.333***							
c			0.565					
	0.429	0.486						
	0.184	0.236						
d				0.548				
	0.404	0.474	0.470					
	0.163	0.225	0.221					
e					0.512			
	0.574	0.673	0.484	0.471				
	0.329	0.453	0.234	0.222				
f						0.607		
	0.537	0.631	0.459	0.441	0.627			
	0.288	0.398	0.211	0.194	0.393			
g							0.586	
	0.488	0.573	0.426	0.401	0.569	0.533		
	0.238	0.328	0.185	0.161	0.324	0.284		
h								0.531
	0.531	0.624	0.455	0.436	0.620	0.580	0.527	
	0.282	0.389	0.207	0.190	0.384	0.336	0.278	

注：* 表示因子平均变异抽取量；** 表示因子的相关系数；*** 表示因子相关系数的平方。

（7）服务能力：企业在物流系统各个环节过程中与客户进行良好沟通，并使客户保持满意的能力。

（8）运输能力：企业的运输工具在单位时间内能够运输货物数量的能力。

（9）定制化采购：根据客户需求，进行定制化采购的能力。

（10）供应商的关系：能否与供应商建立良好的关系，从而分享客户需求信息及保证货源供应稳定的能力。

（11）分销网络覆盖范围：有效地提供普遍或集中的分销范围的能力。

（12）安全库存水平：保持合理的库存，使生产过程局部波动时、出现突发状况时不会对物流系统的正常运行造成过大的影响。

表9-9　创新型产品的供应链物流能力评价指标体系

一级指标	二级指标	一级指标	二级指标
运作能力	订单输入准确性	信息能力	信息化水平
	存货准确率		同客户的信息共享
	准时及准确配送比率		同供应商的信息共享
	客户抱怨比率		有效运用获得的信息
	客户抱怨满意解决率	集成能力	企业间伙伴关系
服务能力	运输能力		各物流活动的效率、活动主体间的沟通协调
	定制化采购		信息系统间的集成
	供应商的关系		信息流通渠道
	分销网络覆盖范围	时间效率	订单输入和处理时间
	安全库存水平		配送时间
	备货效率		配送频率
	紧急配送能力		对客户的响应速度
	投诉处理能力		配送的准时性
	退货的便利性	创新能力	成本压缩
成本能力	采购成本		运作效率的提高
	订单处理成本		差异化物流服务
	单位运输成本		紧急性/创造性的物流解决方案
	流通加工费用		
敏捷能力	关联性		
	响应性		
	柔性		

（13）备货效率：企业根据客户的要求从供应商处集中商品、存储商品为配送提供保障的能力。

（14）紧急配送能力：面临客户要求的时间或货物样式方面紧急配送任务时的处理能力。

（15）投诉处理能力：及时受理客户对于物流系统中的企业或处理人员的投诉，并及时给予说明和纠错的能力。

（16）退货的便利性：客户对于其不满意的货物进行便利退货的能力。

（17）成本能力：企业在满足客户基本物流需求的前提下，对物流系统在运营过程中所消耗成本进行控制的能力。

（18）采购成本：该指标用来衡量采购的成本花费。

（19）订单处理成本：指从订单输入到通知仓库进行订单拣货的成本。

（20）单位运输成本：该指标用来衡量企业运输效益的高低。

（21）流通加工费用：在工厂内对物料进行流通加工过程中所产生的费用。

（22）敏捷能力：物流系统适应客户需求的快速响应能力及对环境变化的适应能力。

（23）关联性：关注变化的客户需求的能力，为关注的主要客户群体制定或调整物流计划的能力；为满足未来的潜在客户的物流需求，及时调整物流服务系统的能力。

（24）响应性：企业能否快速、及时地满足加工制造所需要的原材料的能力以及对客户的需求能否快速反应并实现。

（25）柔性：根据外部的环境及客户需求的变化而及时修改和适应的能力。

（26）信息能力：企业物流系统获取、处理、分析、应用及共享信息的能力。

（27）信息化水平：企业物流服务系统中信息系统的完备性、自动化程度、系统操作人员对于信息的管理水平。

（28）同客户的信息共享：与客户进行物流信息交流共享的能力。

（29）同供应商的信息共享：供应链上下游企业之间进行信息共享，随时了解产品需求动态，可以有效地减少企业的库存成本和缺货成本。供应链合作伙伴之间的信息共享可以加强部门之间的沟通与协作，提高物流运作效率。

（30）有效运用获得的信息：对于获得的信息能有效地加以利用。

（31）集成能力：企业内部和企业之间物流系统相关流程之间的无缝连接能力。

（32）企业间伙伴关系：同上下游企业建立良好伙伴关系的能力。

（33）各物流活动的效率、活动主体间的沟通协调：有统一的物流部门或人员协调物流活动，及时反馈员工和供应链各环节物流绩效目标，加强供应链管理的能力。

（34）信息系统间的集成：交流关键技术、财务、运作和战略数据的能力；以及时和通用的形式分享交换数据的能力。

（35）信息流通渠道：对客户需求及商品供应信息流通渠道的整合能力。

（36）时间效率：指企业在提供物流服务过程中，对时间有效利用的能力。通过各功能要素的快速、协调运作提供快捷的物流服务的能力。

（37）订单的输入和处理时间：指从订单输入系统到通知仓库进行订单分拣的时间，其时间的长短反映出企业对客户的响应速度，时间越短表明相应的物流能力越强。

（38）配送时间：按规定时间间隔进行配送的能力。

（39）配送频率：能否较好控制配送频率，在无缺货的情况下有效地降低库存的能力。

（40）对客户的响应速度：订货周期、客户需求不稳定，对于客户需求的快速响应能力。

（41）配送的准时性：按照客户要求，将货物准时配送给客户的能力。

（42）创新能力：指企业在为客户提供物流服务过程中，对服务的质量进行创新管理从而使其优化的能力。创造性出色实现供应链物流客户服务目标的能力。

（43）成本压缩：通过压缩物流成本，从而提高物流服务水平的能力。

（44）运作效率的提高：通过对流程的创造性再造，提高运作效率。

（45）差异化物流服务：为满足客户的特定/特殊需求，提供有别于标准化的物流服务，该指标衡量企业为客户创新提供物流能力的能力。

（46）紧急性/创造性的物流解决方案：当客户需求或物流系统中某个环节发生紧急变化时，提供应急方案的能力。

第三节 基于创新型产品的供应链物流能力评价

一、物流能力评价

供应链物流能力的评价方法有因子分析、线性回归模型、模糊综合评价、灰色关联度线形规划、层次分析法（AHP）、数据包络分析法（DEA）等。

（一）因子分析和回归分析法

福塞特等（Fawcett et al.，1997）研究了在全球运作情况下物流对企业绩效的贡献，以成本、质量、递送、柔性和创新五个指标建立了物流能力评价体系，并通过建立物流能力、企业规模、企业绩效之间的多元线性回归模型，分析了物流能力对企业绩效的作用。卢和杨（Lu，Yang，2006）实证评估了国际配送中心运营商的关键物流能力，并基于因子分析，确定了客户响应、创新、经济规模与灵活的操作和物流知识这四个关键能力。结果表明，客户响应能力被认为是最重要的物流能力，其次是灵活的操作和物流知识、创新、实现经济规模的能力。刘洋、叶静思（2011）在物流能力概念的指导下，结合成都市物流现状建立物流能力评价指标，并运用因子分析法评价了成都各区县的物流能力。马士华、赵婷婷（2007）以问卷的形式对中国的企业进行调查，运用统计学的因子分析和回归分析方法，针对调查的行业分析其物流能力要素和供应链绩效之间的关系并得出结论。

（二）模糊综合评价法

马士华和陈铁巍（2006）按照物流能力要素性质分类的方法，构建了供应链物流服务能力的要素体系，用模糊集理论中的模糊三角数和语言化变量这两个概念来评价服务能力要素、重要性和适当性的偏好等级。刘小群和马士华（2006）运用模糊数学和层次分析方法，构建了物流能力的多阶模糊综合分析模型。通过由底向上逐层对物流能力要素、能力子项和能力层面进行量化分析，最后确定企业的物流能力指数。对照供应链绩效对物流能力的要求和标杆企业的物流能力表现，反向追溯物流能力的分析模型，找出企业物流能力的优劣所在，为物流能力的改善和提高提供方向。楼爱花等（2010）从供应链的角度出发，在已有研究的基础上，给出了供应链物流能力的主要指标，并应用梯形模糊网络分析构建了评价模型，运用该模型对浙江省制造业的供应链物流能力进行了评价分析。李隽波（2010）认为正确评价物流企业快速反应能力有利于物流企业改善物流服务水平，他从供应链和物流系统两个视角出发，构建了基于模糊积分的物流企业反应能力评价模型，并阐述了评价过程，进行了算例分析。

（三）灰色理论

宁磊（2007）在分析汽车企业供应链物流能力的构成体系基础之上，运用灰色系统理论对汽车企业供应链物流能力进行结构分析，并建立了汽车企业供应链物流能力灰色评价模型。巫汝春（2008）建立了我国沿海主要港口物流能力评价指标体系，并对评价系统建立了递阶层次结构。用层次分析法确定评价指标的权重向量，并用灰色关联法建立了评价指标关联系数矩阵，最终得到了综合评价矩阵。

单福彬（2011）将灰色系统理论与层次分析法结合，提出了灰色层次分析法，构建了灰色多层次法评价模型，并应用于第三方物流企业的服务能力评价。在邀请相关专家对物流企业的服务能力进行综合评价时，用层次分析法确定一级指标和二级指标的权重系数。然后再结合灰色评价法，最终计算综合评价值，并根据结果对照灰类等级，从而判断第三方物流服务能力的好坏。张诚（2011）通过采用灰色体系理论中的 GM（1，N）模型建立二者之间的灰色因果关系模型，以第一、第二、第三产业经济 GDP 值作为状态变量，铁路物流能力的三个关键指标作为控制变量，建立铁路物流能力与产业经济的灰色控制系统，研究铁路物流能力要素对产业经济的拉动效应。

（四）成熟度模型

闫秀霞、孙林岩（2005）提出物流能力成熟度模型，将物流能力成熟度分为初始级、基本级、可重复级、定量管理级和优化级，并系统分析了各等级下的关键活动。吴隽（2009）选取刚性能力和柔性能力角度对关键能力元素，基于简单数据假设构建了 3PL 成熟度模型，将成熟度划分为五个等级，并对每一级分别加以详细描述。

（五）其他分析方法

尚等（Shang et al.，2005）基于对 1200 家制造业公司的一项调查，在台湾使用结构方程模型来阐述物流能力、物流绩效和财务业绩之间的关系。结果表明，以信息为基础的能力是最重要的，因为它可以影响基准测试能力、灵活性的能力和物流绩效。张（Zhang，2006）在研究逆向物流的过程中，根据限制的主成分分析（PCA），结合多维偏好分析（LINMAP）的线性规划技术，构建了基于主成分的多维偏好分析（KPCA – LINMAP）评价模型，并用一个实例验证了该方法的有效性。

申文、马士华（2007）在研究基于时间的供应链物流运作能力计划时，提出了一般性的整数非线性规划公式，他们认为在这样的系统运作中，开始时间起着关键作用，证明确保在任何阶段没有缺货条件下的物流能力决策的有价值的结论。贺厉锋（2010）根据五家食品制造企业物流系统的相关数据，运用数据包络分析法得到了五家食品制造企业物流能力评价结果，揭示了此五家食品制造企业的物流能力。王杨、杨佳（2011）通过建立应急物流保障能力指标体系及 ANP 网络模型，对应急物流保障能力进行评价，得出各影响指标因素的权重，并以此作为依据，确定各指标对于整体能力的重要程度。

供应链物流能力评价方法总结，见表 9 – 10。

表 9 – 10　供应链物流能力评价方法

评价对象	评价方法	作　者
企业物流能力	回归模型	斯坦利（Stanley，1997）
企业物流能力	多元线性回归模型	福塞特等（Fawcett et al.，1997）
运营商的关键物流能力	因子分析法	卢和杨（Lu，Yang，2006）
供应链物流能力	因子分析和回归分析	马士华、赵婷婷（2007）
区域物流能力	因子分析法	刘洋、叶静思（2011）
企业物流能力	多阶模糊综合分析	刘小群、马士华（2006）
物流企业快速反应能力	模糊积分评价模型	李隽波（2010）
供应链的物流服务能力	模糊集法	马士华、陈铁巍（2006）
供应链物流能力	梯形模糊网络	楼爱花等（2010）
第三方物流企业服务能力	灰色理论和层次分析法	单福彬（2011）
铁路物流能力	灰色 GM（1，N）模型	张诚（2011）
汽车企业供应链物流能力	灰色系统理论	宁磊（2007）
港口物流能力	灰色关联度和层次分析法	巫汝春（2008）
企业物流能力	成熟度模型	闫秀霞、孙林岩（2005）

评价对象	评价方法	作　者
第三方物流企业服务能力	3PL 成熟度模型	吴隽（2009）
逆向物流能力	基于主成分的多维偏好分析	张（Zhang, 2006）
企业物流能力	结构方程模型	尚等（Shang et al., 2005）
食品制造企业物流能力	数据包络分析法	贺厉锋（2010）
供应链物流能力	动态规划模型	申文、马士华（2007）
应急物流保障能力	ANP 网络模型	王杨、杨佳（2011）

二、基于组合赋权的模糊综合评价

美国加利福尼亚大学的查德教授于 1965 年发表 *Fuzzy Sets* 一文以来，模糊数学便作为一门新的数学学科诞生了。近 20 年来，模糊综合评价法作为定性分析和定量分析综合集成的一种方法，能够精确地描述客观世界的不确定性和随机性（Stepen et al., 2005）。目前模糊综合评价的研究难点之一，是如何合理地确定这些评价指标的权重，各指标权重大小的分布直接影响着决策结果。虽然模糊综合评价法实现了定量和定性方法的有效集合（虞晓芬，傅玳，2004），既可用于主观指标的综合评判，又可用于客观指标的综合评判。但是，每个评价因素的权数确定带有一定的主观性，缺乏对原始数据信息的充分挖掘，难以反映客观情况，也不能解决评价指标间相关造成的评价信息重复问题。考虑到指标的复杂性，合理的赋权方法应该同时基于指标数据之间的内在规律和专家经验的决策进行，使指标的赋权更趋于合理化，构建了基于改进的三标度的层次法和熵值法的组合赋权方法，采用组合赋值的思想来获得更为合理的权重。

供应链的不确定性和随机性，供应链物流能力评价涉及多个企业、多层次、多维度。基于此，提出基于组合赋权的模糊综合评价方法，评价基于创新型产品的供应链物流能力。该法充分利用了供应链物流能力的信息，增加了评价的客观性。创新型产品供应链物流能力评价指标体系可分为一级指标和二级指标两个层次，采用基于组合赋权的二级模糊综合评价模型，见图 9－1。基于组合赋权的模糊综合评价具体计算步骤如下。

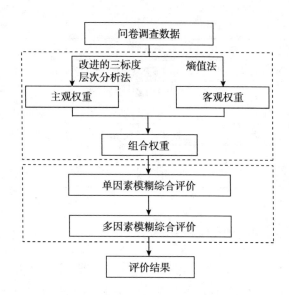

图 9-1 基于组合赋权的二级模糊综合评价模型

（一）确定评价对象指标集

确定评价指标集，本研究中创新型产品的供应链物流能力评价指标分为八个子集，即运作能力、服务能力、成本能力、敏捷能力、信息能力、集成能力、时间效率、创新能力，分别记为 $\mathbf{U}_1$，$\mathbf{U}_2$，$\cdots$，$\mathbf{U}_8$，并满足

$$\mathbf{U} = \{\mathbf{U}_1，\mathbf{U}_2，\cdots，\mathbf{U}_i，\cdots，\mathbf{U}_8\}，且 \mathbf{U}_i \cap \mathbf{U}_j = \varphi$$

式中：$\mathbf{U}_i = \{\mathbf{U}_{i1}，\mathbf{U}_{i2}，\cdots，\mathbf{U}_{in}\}$；$n$ 为子集 $\mathbf{U}_i$ 的 n 元素个数，即第 i 个一级指标中二级指标的个数。

（二）确定评价集

将评价等级分为强、较强、一般、弱、很弱五个等级，具体的评语集为：$\mathbf{V} = \{V_1，V_2，V_3，V_4，V_5\}$，分别代表强、较强、一般、弱、很弱，并将其加权向量定为 $S = [5，4，3，2，1]$。

（三）确定相应权重集

本研究采用组合赋权方法获得指标的权重，采用熵值法计算的客观权重为 α_{ij}，改进的层次分析法计算的主观权重为 β_{ij}，$\mathbf{U}_i$ 中各评价指标的权重为

$$\lambda_{ij} = \frac{\alpha_{ij}\beta_{ij}}{\sum_{j=1}^{n}\alpha_{ij}\beta_{ij}} \tag{9-1}$$

式中：$\lambda_i = [\lambda_{i1},\ \lambda_{i2},\ \cdots,\ \lambda_{in}]$，且满足 $\sum\limits_{j=1}^{n} \lambda_{ij} = 1$。

（四）单因素模糊评价

设第 i 个一级指标中的第 k 个元素，对应于评价集 **V** 中的第 j 个（$1 \leqslant j \leqslant 5$）元素，$V_j$ 的隶属度为 R_{kj}，由各单评判集组成的矩阵即为因素集 $\mathbf{U}_i$ 到评价集 **V** 的模糊关系矩阵 $\boldsymbol{R}_i$。例如，$\mathbf{U}_i$ 中的每个单因素评定的隶属度向量矩阵为

$$\boldsymbol{R}_i = \begin{bmatrix} R_{11} & R_{12} & R_{13} & R_{14} & R_{15} \\ \vdots & \vdots & & & \vdots \\ R_{k1} & & \vdots & & R_{k5} \\ \vdots & & & \vdots & \vdots \\ R_{n1} & R_{n2} & R_{n3} & R_{n4} & R_{n5} \end{bmatrix} \qquad (9-2)$$

式中：R_{kj} 为 $\mathbf{U}_i$ 中第 k 个因素被评价为第 j 个等级的隶属度，$R_{kj} = M_{kj}/N$；M_{kj} 为把第 k 个因素评价为第 j 个等级的人数；N 为参加评价的人员总数；$\mathbf{U}_i$ 中共有 n 个元素。本评价集中共有 5 个元素。

评价因素集为 $\mathbf{U}_i$ 的评价矩阵为 $\boldsymbol{R}_i$，与权重系数相乘模糊交换，则得到模糊评价矩阵 $\boldsymbol{B}_i = \boldsymbol{\lambda}_i \times \boldsymbol{R}_i$。

（五）多因素综合评价

将每个单因素模糊评价结果 $\boldsymbol{B}_i$ 综合在一起，构成高一级的评价矩阵 $\boldsymbol{R}$，采用同样的方法将 $\boldsymbol{R}$ 与权重系数矩阵 $\boldsymbol{\lambda}$ 相乘，求得综合评价结果 $\boldsymbol{B} = \boldsymbol{\lambda} \times \boldsymbol{R}$。

最后计算各一级指标的综合物流能力评分 $\boldsymbol{E} = \boldsymbol{B} \times \boldsymbol{S}^{\mathrm{T}}$，式中 $\boldsymbol{E}$ 为创新型产品的供应链物流能力的综合评分值，$\boldsymbol{B}$ 为最终综合评价矩阵，$\boldsymbol{S}$ 为评价等级分的行向量，$\boldsymbol{S}^{\mathrm{T}}$ 为 $\boldsymbol{S}$ 的转置矩阵。各一级指标的综合物流能力评分也可求出，为 $\mathbf{U}_i = \boldsymbol{B}_i \times \boldsymbol{S}^{\mathrm{T}}$。

基于改进的层次分析法与熵值法组合赋权法的模糊综合评价模型是对传统模糊综合评价法的改进。层次分析法与熵值法组合赋权法，分别求出指标的主观权重和客观权重并进行综合，保证了指标权重的合理性。评价结果矩阵不仅考虑了所有因素的影响，而且充分利用了物流供应链的全部信息。

三、实例应用

北京某服装服饰有限公司，是一家占地 7000 平方米，拥有 300 多名在职

员工的企业，公司在主体设计风格上追求"个性、时尚、自由、舒适"，设计理念上倡导"创意、求新"，注重新产品开发的独创性。公司采用现代化的网络管理，具有健全的组织机构，全面实施品牌战略。随着近几年公司品牌的不断创新，公司规模也不断扩大，同时公司也在积极引进人才，通过设计、管理的不断加强及完善，已经成长为一家集设计、生产和销售于一体的专业化服装公司。

根据表 9-9 的创新型产品的供应链物流能力评价指标体系，设计了《创新型产品的供应链物流能力评价指标客观权重调查问卷》，从该企业生产、销售、采购等相关部门中选出 10 个人组成评价专家组，通过问卷对指标进行打分。在对企业进行调查的过程中，将各指标按其优劣等级划分为很好、好、一般、差、很差五个等级，分别赋值为 5、4、3、2、1，通过对企业 10 位相关人员进行调查，得到赋值情况。利用基于组合赋权的模糊综合评价方法，该企业的物流能力具体评价步骤如下。

（一）计算客观权重

根据熵的可加性，可以利用下层结构的指标信息效用值，按比例确定上层结构的权重数值 α。根据《创新型产品的供应链物流能力评价指标客观权重调查问卷》调查数据，对各类二级指标的效用值 h_{kj} 求和，得到各一类一级指标的效用值和 H_k（$k = 1, 2, 3, 4, 5, 6, 7, 8$），进而得到全部指标效用值的总和 $H = \sum_{k=1}^{8} H_k$。二级指标的客观权重向量计算结果如下。

$\alpha_1 = [\,0.2270,\ 0.1764,\ 0.2102,\ 0.1776,\ 0.2087\,]$

$\alpha_2 = [\,0.0814,\ 0.1624,\ 0.0101,\ 0.1624,\ 0.3096,\ 0.0344,$
$\qquad 0.0347,\ 0.0408,\ 0.1642\,]$

$\alpha_3 = [\,0.4081,\ 0.1522,\ 0.3140,\ 0.1257\,]$

$\alpha_4 = [\,0.2941,\ 0.4495,\ 0.2563\,]$

$\alpha_5 = [\,0.4653,\ 0.1919,\ 0.2014,\ 0.1414\,]$

$\alpha_6 = [\,0.1912,\ 0.1022,\ 0.3356,\ 0.3711\,]$

$\alpha_7 = [\,0.0847,\ 0.1753,\ 0.3977,\ 0.1670,\ 0.1753\,]$

$\alpha_8 = [\,0.1555,\ 0.2499,\ 0.4960,\ 0.0985\,]$

根据二级指标的客观权重，进一步计算一级指标的客观权重向量为

$$\boldsymbol{\alpha} = [\,0.0606,\ 0.3103,\ 0.0404,\ 0.1713,\ 0.1303,\ 0.1374,$$
$$0.0612,\ 0.0883\,]$$

一级指标的效用值、H_k 和 H 见表 9 - 11。

表 9 - 11　一级指标的客观权重

一级指标	U_1	U_2	U_3	U_4	U_5	U_6	U_7	U_8
H_k	0.0309	0.1581	0.0206	0.0873	0.0664	0.0700	0.0312	0.0450
H	0.5095							
权重	0.0606	0.3103	0.0404	0.1713	0.1303	0.1374	0.0612	0.0883

（二）计算主观权重

根据《基于创新型产品的供应链物流能力评价指标主观权重调查问卷》的调查数据，确定各层次指标的最终主观权重。二级指标的主观权重向量为

$$\boldsymbol{\beta}_1 = [\,0.2759,\ 0.2399,\ 0.2002,\ 0.1637,\ 0.1202\,]$$

$$\boldsymbol{\beta}_2 = [\,0.1122,\ 0.0600,\ 0.2134,\ 0.1542,\ 0.1288,\ 0.0743,$$
$$0.1581,\ 0.0566,\ 0.0424\,]$$

$$\boldsymbol{\beta}_3 = [\,0.3332,\ 0.1659,\ 0.3554,\ 0.1455\,]$$

$$\boldsymbol{\beta}_4 = [\,0.2243,\ 0.2440,\ 0.5318\,]$$

$$\boldsymbol{\beta}_5 = [\,0.2219,\ 0.2613,\ 0.2858,\ 0.2310\,]$$

$$\boldsymbol{\beta}_6 = [\,0.4281,\ 0.2892,\ 0.1169,\ 0.1658\,]$$

$$\boldsymbol{\beta}_7 = [\,0.2410,\ 0.1166,\ 0.0977,\ 0.2832,\ 0.2886\,]$$

$$\boldsymbol{\beta}_8 = [\,0.2987,\ 0.3315,\ 0.2174,\ 0.1525\,]$$

一级指标的主观权重向量为

$$\boldsymbol{\beta} = [\,0.0954,\ 0.0836,\ 0.0979,\ 0.1998,\ 0.1319,\ 0.1539,\ 0.1797,$$
$$0.0579\,]$$

（三）组合赋权

采用乘法对主观权重和客观权重实现综合集成，二级评价指标的权重向量为

$$\boldsymbol{\lambda}_1 = [\,0.3113,\ 0.2103,\ 0.2092,\ 0.1445,\ 0.1247\,]$$

$$\boldsymbol{\lambda}_2 = [\,0.0884,\ 0.0944,\ 0.0209,\ 0.2425,\ 0.3861,\ 0.0248,\ 0.0531,$$
$$0.0223,\ 0.0674\,]$$

$$\boldsymbol{\lambda}_3 = \begin{bmatrix} 0.4671, & 0.0867, & 0.3833, & 0.0628 \end{bmatrix}$$

$$\boldsymbol{\lambda}_4 = \begin{bmatrix} 0.2115, & 0.3516, & 0.4370 \end{bmatrix}$$

$$\boldsymbol{\lambda}_5 = \begin{bmatrix} 0.4238, & 0.2058, & 0.2363, & 0.1341 \end{bmatrix}$$

$$\boldsymbol{\lambda}_6 = \begin{bmatrix} 0.3858, & 0.1393, & 0.1849, & 0.2901 \end{bmatrix}$$

$$\boldsymbol{\lambda}_7 = \begin{bmatrix} 0.1034, & 0.1166, & 0.2216, & 0.2698, & 0.2886 \end{bmatrix}$$

$$\boldsymbol{\lambda}_8 = \begin{bmatrix} 0.1842, & 0.3286, & 0.4276, & 0.0596 \end{bmatrix}$$

一级指标的权重为

$$\boldsymbol{\lambda} = \begin{bmatrix} 0.0465, & 0.2085, & 0.0318, & 0.2753, & 0.1382, & 0.1701, & 0.0885, \\ 0.0411 \end{bmatrix}$$

（三）模糊综合评价

将该企业物流能力评价体系中的第一个指标结果分为很好、较好、一般、差、很差五个等级，并分别赋值为 5，4，3，2，1。根据企业相关人员打分，得到模糊关系矩阵 $\boldsymbol{R}_i$（$i = 1，2，\cdots，8$）。例如，

$$\boldsymbol{R}_5 = \begin{bmatrix} 0.1 & 0.2 & 0.4 & 0.2 & 0.1 \\ 0 & 0.2 & 0.5 & 0.3 & 0 \\ 0.2 & 0.4 & 0.3 & 0.1 & 0 \\ 0.2 & 0.3 & 0.5 & 0 & 0 \end{bmatrix}$$

由 $\boldsymbol{B}_k = \boldsymbol{\sigma}_k \times \boldsymbol{R}_k$ 得

$$\boldsymbol{B}_1 = \begin{bmatrix} 0.1916, & 0.4665, & 0.3520, & 0, & 0 \end{bmatrix}$$

$$\boldsymbol{B}_2 = \begin{bmatrix} 0.0828, & 0.3549, & 0.3956, & 0.1262, & 0.0404 \end{bmatrix}$$

$$\boldsymbol{B}_3 = \begin{bmatrix} 0.0554, & 0.5682, & 0.2913, & 0.0850, & 0 \end{bmatrix}$$

$$\boldsymbol{B}_4 = \begin{bmatrix} 0.0352, & 0.1775, & 0.4437, & 0.2000, & 0.1437 \end{bmatrix}$$

$$\boldsymbol{B}_5 = \begin{bmatrix} 0.1165, & 0.2607, & 0.4104, & 0.1701, & 0.0424 \end{bmatrix}$$

$$\boldsymbol{B}_6 = \begin{bmatrix} 0.0911, & 0.3235, & 0.3753, & 0.1626, & 0.0475 \end{bmatrix}$$

$$\boldsymbol{B}_7 = \begin{bmatrix} 0.1224, & 0.4477, & 0.3046, & 0.1253, & 0 \end{bmatrix}$$

$$\boldsymbol{B}_8 = \begin{bmatrix} 0.1125, & 0.3717, & 0.3547, & 0.1184, & 0.0428 \end{bmatrix}$$

总隶属度矩阵为

$$R = \begin{bmatrix} 0.1916 & 0.4665 & 0.3420 & 0 & 0 \\ 0.0828 & 0.3549 & 0.3956 & 0.1262 & 0.0404 \\ 0.0554 & 0.5682 & 0.2913 & 0.0850 & 0 \\ 0.0352 & 0.1775 & 0.4437 & 0.2000 & 0.1437 \\ 0.1165 & 0.2607 & 0.4104 & 0.1701 & 0.0424 \\ 0.0911 & 0.3235 & 0.3753 & 0.1626 & 0.0475 \\ 0.1224 & 0.4477 & 0.3046 & 0.1253 & 0 \\ 0.1125 & 0.3717 & 0.3547 & 0.1184 & 0.0428 \end{bmatrix}$$

总的评价矩阵为

$B = \lambda \times R = [0.0846, 0.3086, 0.3919, 0.3919, 0.0637]$

计算综合评分

$E = B \times S^{\mathrm{T}}$

$\quad = [0.0846, 0.3086, 0.3919, 0.1512, 0.0637] \times [5, 4, 3, 2, 1]^{\mathrm{T}}$

$\quad = 3.1993$

又由 $E_k = B_k \times S^{\mathrm{T}}$，可得

$E_1 = [0.1916, 0.4665, 0.3520, 0, 0] \times [5, 4, 3, 2, 1]^{\mathrm{T}}$

$\quad = 3.7251$

$E_2 = [0.0828, 0.3549, 0.3956, 0.1262, 0.0404] \times [5, 4, 3, 2, 1]^{\mathrm{T}}$

$\quad = 3.3134$

$E_3 = [0.0554, 0.5682, 0.2913, 0.0850, 0] \times [5, 4, 3, 2, 1]^{\mathrm{T}}$

$\quad = 3.5940$

$E_4 = [0.0352, 0.1775, 0.4437, 0.2000, 0.1437] \times [5, 4, 3, 2, 1]^{\mathrm{T}}$

$\quad = 2.5829$

$E_5 = [0.1165, 0.2607, 0.4104, 0.1701, 0.0424] \times [5, 4, 3, 2, 1]^{\mathrm{T}}$

$\quad = 4.1963$

$E_6 = [0.0911, 0.3235, 0.3753, 0.1626, 0.0475] \times [5, 4, 3, 2, 1]^{\mathrm{T}}$

$\quad = 3.2481$

$E_7 = [0.1224, 0.4477, 0.3046, 0.1253, 0] \times [5, 4, 3, 2, 1]^{\mathrm{T}}$

$\quad = 3.5672$

$E_8 = [0.1125, 0.3717, 0.3547, 0.1184, 0.0428] \times [5, 4, 3, 2, 1]^{\mathrm{T}}$

$\quad = 3.3927$

注：S^T 指将各指标按其优劣等级划分为很好、好、一般、差、很差五个等级，分别赋值为 5、4、3、2、1。

（四）供应链物流能力分析

从上面的数据看出，企业的综合评分为 3.1993，约等于 4，代表该供应链物流能力总体良好，运作能力、服务能力、成本能力、集成能力、时间效率和创新能力均良好，信息能力较好。但是，敏捷能力分值为 2.5829，说明企业的敏捷能力较差。

（1）从运作能力而言，订单输入准确性、客户抱怨比率、客户抱怨满意解决率最好，其次是存货准确率、准时及准确配送比率。

（2）从服务能力而言，运输能力、供应商的关系及投诉的处理能力最好；其次是备货效率与紧急配送能力，而定制化采购、分销网络覆盖范围及退货的便利性方面稍差。

（3）从成本能力而言，订单的处理成本最好，其次是流通加工成本，采购成本和单位运输成本稍差。

（4）从敏捷能力而言，企业在关联性、响应性及柔性方面的能力都较差，其中柔性很差，说明该企业在关注客户、对供应链客户需求的响应等方面还有待提高。

（5）从信息能力而言，供应商的信息共享、有效运用获得的信息最好，其次是信息化水平、同客户的信息共享。

（6）从集成能力而言，该企业间伙伴关系、各物流活动的效率及活动主体间的沟通协调较好，信息系统间的集成与信息流通渠道稍差。

（7）从时间效率而言，订单输入和处理时间最好，其次是配送时间和配送的准时性，而配送频率和对客户的响应速度稍差。

（8）从创新能力方面，最好的是成本压缩，其次是运作效率的提高和紧急性/创造性的物流解决方案，差异化物流服务稍差。

本方法不仅能对企业物流能力的总体状况进行综合评价，还能对企业物流能力的各项指标进行评价，发现企业物流能力所存在的问题，发现敏捷能力是制约企业物流能力的关键因素，从而有针对性地采取适当的措施提高关联性、响应性及柔性方面的能力，只有这样才能从整体上提高供应链物流能力，从而提高企业核心竞争力和经营绩效。

第十章 基于创新型产品的
供应链契约协调

费舍尔（Fisher，1997）根据产品的生命周期和市场需求特性的差别，将产品分为两大类，即创新型产品和功能型产品，同时指出应根据不同种类产品的特点设计不同的供应链管理协调方法，使其与供应链的战略决策相匹配。李（Lee，2002）在此分类基础上，把创新型产品定义为基于科学技术创新的一种不可预测的短生命周期产品，如时装、计算机和集成电路等。米尔纳等（Milner，Kouvelis，2005）根据费舍尔对创新型产品的定义，又把创新型产品分为受时尚驱动和受技术进步驱动的两大类。此外，拉曼（Raman，1999）把生命周期较短和需求具有高度不确定性的产品统称为时尚产品，其中包括技术创新和时尚创新。库瑞瓦兰、马祖（Kurawarwala，Matsu，1996）认为短生命周期产品实质上就是创新型产品，因为消费者偏好正在快速变化中，产品的生命周期越来越短，必然导致产品创新步伐的不断加快。

第一节 供应链契约简述

供应链的实质是企业的合作，而这种合作需要企业之间的协调。协调是一个十分广泛的概念，在供应链管理中对协调的研究主要分为两类，一类是运营层面的协调，另一类是战略或战术层面上的利益协调。其中研究较多的是供应链契约协调，即在交易双方的契约中设计恰当的交易价格、数量等条款，以达到协调供应链成员决策、提高整体绩效的目的。

帕斯特纳克（Pasternack，1985）最早提出了供应链契约的概念。此后，学者们开始针对供应链契约展开大量的研究，供应链契约研究也在很多方向上取得了长足进展。为了减少存货过剩和不足所造成的损失，在一定程度上分散风险，提高整条供应链的利润（Tsay，1999），供应链契约会对参数（数量、价格、时间、质量等）进行合理的设置。有效的供应链契约有两个主要作用：一是降低供应链总成本、增强信息共享水平，实现整体绩效最优；二是实现收益共享、风险共担。

根据供应链契约的形式，可以将其分成以下几种主要类型：批发价格契约、回购契约、收益共享契约、数量弹性契约。此外，还有对供应商进行承诺的数量折扣契约和数量承诺契约，通过风险分摊和信息共享来改进供应商产能决策的延迟补偿契约、预购契约和占用－偿付契约，以及回馈与惩罚契约和新兴的基于实物期权的期权契约等模型。这些契约都可以由上述四种契约演变而成。显然，从研究的内容和模型通用性来说，上述四种典型契约更具有代表性。

斯宾格勒（Spengler，1950）最先发现只有当供应商的单位产品生产成本等于批发价格时供应链才能完全协调，然而此时供应商将不再获得利润。因此，批发价格契约一般不被认为是一种协调契约。不过，根据 Cho 和 Gerchak（2005）的研究，在边际成本非常数的时候，边际成本定价也并非一定导致供应商零利润。吉尔伯特、库萨（Gilbert，Cvsa，2003）研究了价格敏感需求下，可以使用降低产品成本的批发价格契约，通过批发价格调节市场需求，可以与降低产品成本的投资间达到均衡。

关于回购契约的研究很多，帕斯特纳克（Pasternack，1985）分析如何通过批发价格和回购定价的搭配实现易腐产品供应链渠道的协调可能是该领域最早的研究文献。帕德马纳班、巴纽（Padmanabhan，Png，1995）首次对回购契约的动因进行了分析，发现供应商之所以采用回购契约是因为他们担心销售商会对剩余产品进行打折处理，从而对供应商的产品品牌造成损害。其他一些供应商则是为了重新协调销售商之间的库存量。此外，他还发现回购契约常用于需求不确定性较大或市场风险较大的场合。利润分享契约最初应用在影碟租赁行业。随着人们对短生命周期产品协调问题研究的升温，回购契约逐渐引起了人们的重视。从管理实践看，回购既是一种风险的分担，又能起到订购激励的作用。在以往文献研究中，回购往往和数量折扣分离使用，即供应商给予销售商以数量折扣，但不再接受销售商的退货。同时，在应用回购契约时，很少考虑回购费用的存在。即便考虑，也只是考虑最简单的固定回购费用的情形。

玖兰德、舒格尔（Jeuland，Shugan，1983）最先提出了利润共享契约能够实现供应链协调，但没有设计出具体的契约。莫蒂默（Mortimer，2008）从经济学角度对其进行了实证研究，发现利润分享契约使供应链的整体利润提高了7%。卡西恩、拉维威尔（Cachon，Lariviere，2005）认为管理成本过高，以及销售商营销积极性的降低可能会导致利润分享契约的失败，同时他们发现在价格敏感需求下，利润共享契约仍可以实现供应链的协调。格恰克等（Gerchak，Wang，2004）对利润分享契约和批发价格契约进行了对比，并提出了利润分享加剩余补贴的契约模型，可以更方便地实现供应链协调，增加各成员利润。乔恩、普罗斯（Chauhan，Proth，2005）利用利润分享契约设计了一个供应商－零售商参与度模型，假定客户需求对价格敏感，根据参与度对利润进行分配可以最大化联合利润并根据成员承担的风险大小来分配利润。谭佳音等（2012）考虑了基于渠道竞争和品牌竞争同时存在的供应链结构，探讨了零售商公平关切行为对收益共享契约协调效果的影响。通过模型构建和数值仿真，对零售商采取和不采取公平关切行为时的供应链总体收益水平进行了比较。杨德礼等（2011）通过设计基于商业信用的完全回购契约来促进零售商提高订购量，分析给出了该契约下的最优订货量和批发价格；在此基础上，为了合理分配供应链系统的总利润，建立了回购与收益共享联合契约模型，发现通过共享系数的变动能够实现供应链系统协调和渠道成员双赢。胡东波等人（2011）则是考虑在分散式供应链环境下，通过分析传统的收益共享契约无法协调供应链的原因，提出基于成本共担的收益共享契约模型，证明当努力水平影响方式为积的形式时，基于成本共担的收益共享契约能有效协调供应链。

相对于回购契约集中于回购价格的调整，数量弹性契约更关注产品订购量的调整，其在电子和计算机产业中得到广泛运用，如IBM、HP等公司。埃彭、莱尔（Eppen，Lyer，1997）在数量弹性契约的基础上建立了补偿协议，即销售商对超出市场需求的预定产品支付补偿金，以此可以同时提高供应商和销售商的期望收益并实现供应链协调。纽迪、巴斯克（Anupindi，Bassok，1995）将数量弹性契约扩展到销售商动态订货的情况，对于超出预订量部分，需支付较高的批发价格，其实质与卡西恩（Cachon）的提前订购契约相同。普兰贝克、泰勒（Plambeck，Taylor，2005）则研究了多个销售商的弹性数量契约，认为在多个销售商的情况下，很可能某些销售商的实际需求大于最初订购量，而其他销售商的实际需求小于最初订购量，这就给供应商和销售商之间的协调提供了一种可能性。劳等（Lau et al.，2008）研究了一个供应商向大量销售商供货的市场，供应商不需要同销售商协调，而专注于自身利益最大化。通过数量弹性契约，供应商可以淘汰大量小额订货量的销售商。此外，研究发现，数量弹性契约与数量折扣契约可以达到同样的期望利润。

在协调经典的报童模型时，收益共享契约和回购契约在分配供应链利润中的作用是等同的，都是通过诱使零售商订购超过他在批发价条件下的订购量来实现协调。但也都会增加信息的扭曲，导致零售商的努力降低。而收益共享和数量弹性契约都是通过给零售商一些下降趋势的保护来实现协调。另外，同回购契约和收益共享契约比起来，数量柔性契约能减少总的库存，且不容易导致信息扭曲。当然，各种模型在实现协调时的管理成本是不同的。批发价格契约易描述、操作简单、成本相对较低，其他契约协调的管理成本则较高。

第二节　创新型产品供应链契约协调的运作原理

创新型产品供应链契约协调的运作原理可从以下三个方面进行表述。

（一）创新型产品的供应链协调是一种双赢策略

供应链管理被称为面向 21 世纪知识经济时代的管理思想和方法，其中协调问题是供应链管理过程诸多问题中最为突出的难点问题。供应链协调问题指的是供应链成员利益矛盾的协调，它决定了成员企业的协作效率，是供应链管理中的核心问题。国外的研究和经验已经表明，实施供应链管理的主要障碍来自于组织内部和合作伙伴之间的协调。而且供应链协调管理贯穿供应链的整个生命周期，协调效果的好坏直接关系到供应链合作伙伴关系的稳定与活力。

供应链协调的重要性不仅体现在理论研究上，实践生活中更是如此。目前，中国供应链企业之间资源整合程度低，资源闲置浪费现象严重，造成企业运营成本高，企业对市场需求的反应能力低，导致企业整体竞争力削弱。而且，中国制造企业的原材料库存周期和成品平均库存期较长，生产企业在物流运营过程中的货损率也较高。中国许多制造企业均是大而全、小而全式企业，相互间缺乏协作，分工程度低，生产效率差。同时，企业销售链过长，无法迅速反映需求信息，顾客满意度较低。然而，在企业发展面临的众多问题中，最重要的还是中国制造业的研发能力太弱。研究和开发一项新产品、新技术常常受到企业自身能力、信息不完全、未来不确定性等因素的制约，存在很大的风险。因而，研究创新产品生产企业之间的协调就非常重要和必要。

供应链由不同的经济实体组成，各自有着不同的优化目标，整个供应链的管理只能通过这些独立的实体协调完成，然而这些实体之间的优化目标往往相互冲突，继而与系统整体优化目标相冲突，导致供应链效率降低。具体表现在预测不准确，产能利用率低，产品积压，客户服务水平不足，库存周转率低，库存成本增加，市场响应缓慢，订单交付不及时，客户满意度低（Ramdas，Spekman，2000）。费舍尔等人（Fisher et al.，1994）研究了美国的食品行业，结果显示供应链成员间缺乏有效协调会导致每年损失 300 亿美元。此外，学者们经研究发现，供应链协调可以缩短企业向顾客提供产品和服务的周期，增强企业竞争的时间优势；可以有效消除重复、浪费和不确定性，减少库存，缩短提前期，促进销售，提高客服水平，加快产品生产，降低制造费用，增强竞争的成本优势；可以提高企业对需求不确定性的响应度，维系客户的忠诚度，增强企业竞争的品牌优势；还可以使企业将自身有限的资源集中在核心业务上，增强竞争的专业优势。为此，培育一个良好的供应链协调机制将能有效改善供应链的整体绩效，是企业赢得竞争优势的重要源泉和提升竞争力的有效途径。

拉森（Larsen，2000）提出供应链协调是供应链成员基于网络共同计划、研发，相互交换信息和整合信息的过程，从而实现利润共享、风险共担的长期合作关系。西曼杜邦、斯里德哈兰（Simatupang，Sridharan，2002）认为供应链协调是一个合作的系统，是两个或两个以上相互独立的公司共同设计供应链的运作模式，来完成单个公司无法实现的任务，获取更大的成功。比蒙（Beamon，1998）将供应链协调定义为，供应链上的某个成员通过提供某种激励来试图改变另一个成员的行为。总之，供应链协调是一种双赢策略，能为成员各方都带来好处。

（二）创新型产品的供应链协调依赖企业之间的相互信任和密切合作

虚拟企业、战略联盟、企业生态等概念相继涌现，企业在商业上的界限变得日益模糊，使得超越企业基本组织单元的业务流程协调变得越来越重要。供应链相关理论技术的深入应用，使得企业由内部价值链优化转向外部供应链协作，从而减少垂直集成性，并通过对整个供应链的管理满足顾客日益变化的需求。当精益管理致力于减少企业内部各种形式的浪费时，供应链管理则关注于在价值链上消除这些浪费。因此，研究如何优化供应链资源配置，协调供应链利益相关者之间的关系，对于广大企业来说具有重要的现实意义。

供应链作为一种企业内外资源有效整合的组织模式，其效益发挥的重要前提是供应链成员之间的紧密合作与关系协调。一些国际知名企业都是因为选择了高度透明、紧密协作、彼此信赖的供应链合作体系而获得业务的稳步增长。但同时也应该看到，即便对于市场经济相对成熟的欧美国家而言，供应链成员之间的合作与协调问题同样困扰着许多企业。通过供应链协调契约的设计，保证信息在企业内外的畅通，实行分工合作、优势互补、利益共享，不仅可以使供应链企业以较低的成本进行沟通与交流，还可以帮助企业了解顾客的购买行为，及时响应顾客的需求，为供应链成员通过协调提高整条供应链的利润提供有效的方法与途径。特别是生产创新产品的企业，由于顾客需求的高度不确定性，企业风险较大，这就需要企业通过供应链协调和整合，努力发展自己的供应链网络，或者争取成为某个强大供应链网络中的一员。

（三）建立契约是创新型产品实现供应链协调的有效手段

为了提高供应链的整体性能，供应链中各成员不能只为追求自身利益最大化而相互竞争，而是应作为统一系统的一部分进行相互协调。供应链协调是供应链中主要成员重新分配权力利益、改进工作流程的一种工具，达到提升公司绩效的目的，如获得更高的边际利润，更好的服务水平和更快的客户响应。为了增加核心竞争力，锁定当前客户，很多企业纷纷从产品上创新和从商业模式上创新。然而，由于创新产品的市场需求难以预测，供应链中各成员享有的信息具有不对称性，在自身利益最大化的驱使下，供应链往往绩效不高，处于失调状态。为此，供应链主导厂商常利用最新技术和信息来推迟采购和制造，但更为有利的方法是设计有效的供应链契约来保证供应链上伙伴的利益一致。

创新产品的供应链具有高度需求不确定性、长产能导入期、高资本密集度、短产品生命周期等特点（赵天智，金以慧，2001）。帕德马纳班（Padmanabhan，1997）研究了创新产品的需求呈正态分布时对退货全部回购的定价机制。艾蒙斯（Emmons，1998）则进一步论述了创新产品需求量呈正态分布且与价格相关条件下的回购政策。胡等（Hu et al.，2009）考虑了创新产品供应链中供应商和零售商同时向客户提供有产能限制的易逝商品。研究表明在集中决策供应链中供应商将决定销售价格，而零售商只获得销售的代理佣金，而在分散决策供应链中，零售商和供应商会展开价格竞争。

第三节 创新型产品供应链契约协调的操作建议

一、创新型产品供应链契约的影响因素

与一般产品比较，创新型产品具有以下特征。

（1）产品生命周期短暂。企业根据自身情况，安排产品的快速更新，一部分是为了保证市场的领先地位，还有一部分是追随市场的领先者。而消费者一般存在从众心理，追随时代潮流，更倾向于升级的产品。

（2）价值衰退迅速。创新型产品具有较高附加值，在生产成本不断降低的同时，研发成本在不断上升。高沉没成本、低边际成本的特征使得创新型产品在价格变化上具有向下的刚性。

（3）高风险、高收益。高风险表现为高度的技术不确定性和市场不确定性。而知识的融入增加了产品的技术含量，提高了产品的性能和质量，从而获取了高利润。

（4）较强的产品替代效应。在我国创新型产品多为系列更新换代产品，可以向下兼容，拥有前代产品的一些特征功能，同时增加新的属性，所以有很强的产品替代效应。

在市场竞争日益激烈的今天，由于受到更多不确定因素的影响，创新产品的开发、生产、销售都受到了很多制约，传统的契约模式显然已不再适应其要求，而承诺契约强调契约执行的松散性，更加灵活多样，更适合创新产品的发展需求。承诺契约是一种关系契约，关系契约来自经济学的概念，是一种非正式契约或不完全的正式契约，它是非正式的协议和口头行为准则。承诺契约的

主要作用就是协调供应链行动主体彼此之间的关系，无法受到法律保护，但却能得到供应链上各成员企业的认可。承诺契约强调交易双方的合作互信关系，同时也要引入一定的约束机制，来实现供应链成员间的风险共担、利益共享，并为正式契约的最终制定提供良好的基础。

丹尼尔等（Daniel et al., 2007）研究了美国的汽车行业和电子行业，结果表明购买商的承诺契约和供应商的资产累计水平对购买商的绩效有重要作用。Kee – hung Lai 等人（2005）通过对 358 家供应商进行调查，研究了供应商的质量承诺对买卖双方关系维持的积极作用。伊丽莎白、坎迪斯（Elizabeth, Candace, 2006）从供应商的角度分析了承诺契约，并引入了零售商的缺货惩罚变量，结果表明在该契约下供应商可以做出最优的生产能力决策。侯艳红等人（2009）针对我国南水北调的市场化运作特点，分析了契约保障下的调水工程的运营管理体制特点，并基于适应性和可操作性的原则，对一般契约进行了筛选，认为最小化承诺契约和灵活订货量契约都能实现供应链的协调。因此，我们选择承诺契约作为协调创新产品供应链的代表。

创新型产品供应链契约协调大都没有考虑销售商努力水平对创新型产品需求的影响，这显然与实际情况不符。在现实生活中，促销努力是影响产品需求的重要因素之一，如零售商可以雇佣更多的营销人员对他们进行培训、对产品投入大量广告为创新产品设置更有吸引力的陈列展台，以及给创新产品安排更有优势的陈列位置等，这些活动都能有效刺激消费者的需求。特别是对于创新产品来说，这样的促销努力就显得更加重要，促销努力程度的大小很可能直接决定产品需求量的大小。这是因为不同于现有产品，创新型产品刚刚进入市场，还没有知名度，消费者对其并不了解，如果没有零售商的促销努力对其广为宣传，消费者很可能不会购买，显然制造商会面临大量亏损的境地，所以研究创新型产品的供应链协调一定要考虑促销努力对产品需求的重要影响。

然而所有的努力行为都会产生成本。制造商总是希望零售商做出更多的努力来吸引消费者购买产品，而零售商往往希望不要付出太多的努力成本，由此双方必然会产生一定的冲突。所以最好的解决方法就是制造商与零售商共担促销行为产生的费用。例如，制造商可以支付一部分广告费用，或者补偿给零售商一部分培训费用。然而，共担成本的协调方法还需要一些条件：制造商在不用耗费过多精力的前提下能观测到零售商的促销努力行为，以此来确定对零售商的补偿程度；同时，零售商的促销努力行为必须能够核实且量化，并能直接影响制造商的利润水平。现实中有很多情况都可以满足以上条件，如制造商通常可以直接观察到零售商是否在媒体上刊登了广告，若该广告主要宣传了制造商生产的创新产品，那么就可以说零售商的广告直接改善了制造商的收益水平。很多学者都对销售努力影响需求的情况做了相关的研究，奈特恩尼、卢迪（Netessine，Rudi，2000）考虑了一个广告费用共担的供应链协调问题。王、格恰克（Wang，Gerchak，2001）则把零售商在零售店的产品陈列空间（面积）作为一个销售努力变量，并让制造商以存货补贴的方式给予零售商一定的补偿。

二、创新型产品供应链契约的设计

产能决策和供应链协调对于创新型产品行业，一直是重点关注的问题。随着技术创新速度的加快，制造商们需要投入更先进的设备，更高技术的劳动力。同时由于面临着产品需求的高度不确定性，而带来了产能扩张的风险。为了尽可能快速地向市场推出创新型产品，制造商在建立产能时，总是不断寻找降低和分担风险的机会。

创新型产品需求波动大、产品时效性强，生产企业的制造能力会成为一个瓶颈约束。对于那些超过销售期的产品，其剩余价值将会丧失或变得很低，这对持有企业的库存管理提出了更高的要求和严峻的挑战。从零售商角度来看，为获得更准确的市场信息，企业将选择尽可能晚地订货，然而从制造商角度来看，由于企业制造能力有限，企业总是希望零售商尽可能早地订货，以合理安排生产，避免管理过量的库存。因此，为降低企业的交易成本和订货成本，创新产品的生产者和销售者要努力协调双方关于订货时间、订货批量等重要问题。

参考杜兰戈－和恩、矢野（Durango－Cohen，Yano，2006）提出的模型及思路，这一模型在承诺契约协调中有较好的代表性。考虑一个典型两级供应链系统，该供应链由一个制造商和一个零售商组成。供应链中生产和销售的产品是具有较长交货提前期、较高产品成本、较短销售季节和价格下跌较快的具有随机市场需求的创新型产品。在销售季节开始之前的一段时间内，制造商首先研发生产新的产品，研发费用为 T，产品生产成本为 c，批发价格为 w；零售商根据自己对消费者市场的了解及其销售经验预测该创新产品的需求量，然后向制造商提出预测订购量 λ，此时的 λ 并不是最终订购量，而是订购活动之前的一个预测值。同时，零售商还要向制造商承诺至少会购买一定比例的产品量，即至少购买 $\alpha\lambda$ 的产品数量，其中 $0 \leqslant \alpha \leqslant 1$；制造商根据零售商的预测量确定自己的生产数量 c_s，零售商最终销售产品的价格为 p。为了激励制造商增加生产量、零售商增大销售量，规定制造商不能满足零售商订购量时的单位惩罚成本为 c_s，零售商不能满足最终用户需求时的单位缺货损失为 c_r。

同时，创新型产品的期望需求 $D(u)$ 是一个关于零售商促销努力水平的函数，且 $D(u) \geqslant 0$，其中 u 是零售商的促销努力水平。为了反映需求的不确定性，创新型产品的实际需求量表示为 $X = D(u) \cdot \varepsilon$。其中，$\varepsilon$ 是一个服从均匀分布的正随机变量，其累积分布函数与概率密度函数分别为 $F(\varepsilon)$ 和 $f(\varepsilon)$，$F(\varepsilon)$ 是一个严格单调递增的连续可微函数，且 $F(0) = 0$。创新型产品实际需求 X 的概率密度函数可用 $g(x)$ 表示，则 $g(x) = \dfrac{1}{D(u)} f\left[\dfrac{\varepsilon}{D(u)}\right]$。

模型提出如下假设条件。

（1）供应链参与双方都是理性经济人，企业的目标是期望利润最大化，且制造商和零售商都是风险中性的（Thierry，Brahim，Sophie，2006）。通常，我们研究的重点不在风险偏好和目标函数方面，为了更好地获得有启发性的结果，大部分文献都采用企业风险偏好为中性、期望利润为最大化的假设。

（2）信息是对称的。尽管在现实中，完全信息是不存在的，但是对于战略合作双方可以在一定程度上共享信息，比如市场零售价格、需求、产品成本等。

（3）产品的市场价格 p，批发价格 w，制造商的单位惩罚成本 c_s 以及零售商的单位缺货损失 c_r 有内外部条件决定，对契约设计而言可假设他们是固定的。

（4）由于交易成本对创新产品供应链协调的影响不大，不考虑交易成本。

（5）零售商根据对产品需求的提前预测向制造商承诺至少会订购 $\alpha\lambda$ 的产品数量，且 $\alpha\lambda \leqslant K \leqslant \lambda$，根据实际情况，一般制造商的生产量不会多于零售商的预测量。

供应链协调的目标是确定制造商最优生产量和零售商最优订购量，使整个供应链系统的期望利润最大。这一结果在现实中往往因为供应链成员追求自身利益最大化而难以实现，但供应链集中决策能够避免利益分歧等情况，可以获得可能的最大利润，因此设计供应链契约就是为了改善分散决策时的不理想绩效使其达到集中决策时的期望利润水平，也可以说是供应链实现了协调。

基于以上内容，我们开始构建创新产品供应链协调的承诺契约模型。制造商提供给零售商的最终产品数量为

$$E(K) = E\{\min[K, \max(X, \alpha\lambda)]\} \qquad (10-1)$$

零售商的期望销售量为

$$S(K) = E(\min\{\min[K, \max(X, \alpha\lambda)], X\}) \qquad (10-2)$$

则制造商的期望收益可表示为

$$\pi_{s1} = wE(K) - cK - c_s E\{\max[\min(X, \lambda) - K, 0]\} - T$$

$$= w\left[\int_0^{\alpha\lambda/D(u)} \alpha\lambda f(\varepsilon)\mathrm{d}\varepsilon + \int_{\alpha\lambda/D(u)}^{K/D(u)} D(u)\varepsilon f(\varepsilon)\mathrm{d}\varepsilon + \int_{K/D(u)}^{\infty} Kf(\varepsilon)\mathrm{d}\varepsilon\right] - cK$$

$$- c_s\left\{\int_{K/D(u)}^{\lambda/D(u)} [D(u)\varepsilon - K]f(\varepsilon)\mathrm{d}\varepsilon + \int_{\lambda/D(u)}^{\infty} (\lambda - K)f(\varepsilon)\mathrm{d}\varepsilon\right\} - T$$

$$(10-3)$$

零售商的期望收益可表示为

$$\pi_{r1} = pS(K) - wE(K) - c_r E[\max(X - K, 0)] + c_s E\{\max[\min(X, \lambda) - K, 0]\} - u$$

$$= wD(u)\int_{\alpha\lambda/D(u)}^{K/D(u)} F(\varepsilon)\mathrm{d}\varepsilon - c_s D(u)\int_{K/D(u)}^{\lambda/D(u)} F(\varepsilon)\mathrm{d}\varepsilon - pD(u)\int_0^{K/D(u)} F(\varepsilon)\mathrm{d}\varepsilon$$

$$+ c_r D(u)\int_{K/D(u)}^{\infty} F(\varepsilon)\mathrm{d}\varepsilon + (p - w - c_s + c_r)K + c_s\lambda - u \qquad (10-4)$$

令 K_1^* 表示承诺契约下制造商的最优生产量，u_1^* 表示承诺契约下零售商的最优促销水平。根据优化理论可知 K_1^*、u_1^* 须分别满足式（10-5）和式（10-6）中的一阶条件

$$\frac{\partial\pi_{s1}}{\partial K} = w - c + c_s - (w + c_s) F\left[\frac{K}{D(u)}\right] = 0 \qquad (10-5)$$

$$\frac{\partial\pi_{r1}}{\partial u} = D'(u)\left[w\int_{\alpha\lambda/D(u)}^{K/D(u)} F(\varepsilon)\mathrm{d}\varepsilon - c_s\int_{K/D(u)}^{\lambda/D(u)} F(\varepsilon)\mathrm{d}\varepsilon - p\int_0^{K/D(u)} F(\varepsilon)\mathrm{d}\varepsilon\right]$$

$$+ D'(u)\left\{(p - c_s - w + c_r)\frac{K}{D(u)}F\left[\frac{K}{D(u)}\right] + w\frac{\alpha\lambda}{D(u)}F\left[\frac{\alpha\lambda}{D(u)}\right]\right\}$$

$$+ D'(u)\left\{c_s \frac{\lambda}{D(u)}F\left[\frac{\lambda}{D(u)}\right] + c_r \int_{K/D(u)}^{\infty} F(\varepsilon)\,\mathrm{d}\varepsilon\right\} - 1 = 0 \quad (10-6)$$

由式（10-5）和式（10-6）分别推导，可得式（10-7）和式（10-8）

$$K_1^* = F^{-1}\left(\frac{w-c+c_s}{w+c_s}\right)D(u_1^*) \quad (10-7)$$

$$\frac{1}{D'(u_1^*)} = (p - c_s - w + c_r)\frac{K_1^*}{D(u_1^*)}F\left[\frac{K_1^*}{D(u_1^*)}\right] + w\frac{\alpha\lambda}{D(u_1^*)}F\left[\frac{\alpha\lambda}{D(u_1^*)}\right]$$

$$+ c_s \frac{\lambda}{D(u_1^*)}F\left[\frac{\lambda}{D(u_1^*)}\right] + w\int_{\alpha\lambda/D(u_1^*)}^{K_1^*/D(u_1^*)} F(\varepsilon)\,\mathrm{d}\varepsilon - c_s \int_{K_1^*/D(u_1^*)}^{\lambda/D(u_1^*)} F(\varepsilon)\,\mathrm{d}\varepsilon$$

$$- p\int_0^{K_1^*/D(u_1^*)} F(\varepsilon)\,\mathrm{d}\varepsilon + c_r \int_{K_1^*/D(u_1^*)}^{\infty} F(\varepsilon)\,\mathrm{d}\varepsilon \quad (10-8)$$

三、创新型产品供应链契约的有效性验证

未对创新产品供应链进行协调时，也就是供应链系统处于分散决策的情况。分散决策中制造商和零售商都是独立的利益主体，制造商负责生产创新产品并提供给零售商，而零售商负责产品的销售。作为理性经济人，制造商和零售商的目标都是努力使得自身收益最大化，而不会考虑供应链的整体目标。此时零售商不提供任何订购量承诺，制造商也不承担缺货损失。制造商的利润是

$$\pi_s = wE[\min(K,X)] - cK - T$$

$$= w\left[\int_0^K xg(x)\,\mathrm{d}x + \int_K^{\infty} Kg(x)\,\mathrm{d}x\right] - cK - T$$

$$= w\left[\int_0^{K/D(u)} D(u)\varepsilon f(\varepsilon)\,\mathrm{d}\varepsilon + \int_{K/D(u)}^{\infty} Kf(\varepsilon)\,\mathrm{d}\varepsilon\right] - cK - T \quad (10-9)$$

零售商的利润可表示为

$$\pi_r = (p-w)E[\min(K,X)] - c_rE[\max(X-K,0)] - u$$

$$= (p+c_r-w)K - (p-w)D(u)\int_0^{K/D(u)} F(\varepsilon)\,\mathrm{d}\varepsilon$$

$$+ c_rD(u)\int_{K/D(u)}^{\infty} F(\varepsilon)\,\mathrm{d}\varepsilon - u \quad (10-10)$$

同理，令 K_s^* 表示制造商的最优生产量，u_r^* 表示零售商的最优努力水平，二者需分别满足以下条件

$$\frac{\partial \pi_s}{\partial K} = (w - c) - wF\left[\frac{K}{D(u)}\right] = 0 \qquad (10-11)$$

$$\frac{\partial \pi_r}{\partial u} = -(p - w)\left\{ D'(u)\int_0^{K/D(u)} F(\varepsilon)\mathrm{d}\varepsilon - D'(u)\frac{K}{D(u)}F\left[\frac{K}{D(u)}\right]\right\}$$

$$+ c_r\left\{ D'(u)\int_{K/D(u)}^{\infty} F(\varepsilon)\mathrm{d}\varepsilon + D'(u)\frac{K}{D(u)}F\left[\frac{K}{D(u)}\right]\right\} - 1 = 0$$

$$(10-12)$$

由式（10-11）和式（10-12）分别推导，可得

$$K_s^* = F^{-1}\left(\frac{w-c}{w}\right)D(u_r^*) \qquad (10-13)$$

$$\frac{1}{D'(u_r^*)} = (p - w + c_r)\left\{\frac{K_s^*}{D(u_r^*)}F\left[\frac{K_s^*}{D(u_r^*)}\right] - \int_0^{K_s^*/D(u_r^*)} F(\varepsilon)\mathrm{d}\varepsilon\right\} + c_r$$

$$(10-14)$$

在分散决策情况下，制造商产能不足的风险由其与零售商共同分担，而产能过剩的风险由制造商独立承担，由此产生的风险与收益的不匹配是造成供应链不能有效协调的根本原因。因此，设计的供应链契约重点在于可由零售商分担产能过剩的风险或对制造商给予相应补偿。

结论1　零售商的收益随着制造商生产量 K 的增加而单调递增。

证明： 根据式（10-4）中零售商收益函数的表达式，对其求制造商生产量 K 的导数，可得

$$\frac{\partial \pi_{r1}}{\partial K} = (w + c_s - p)F\left[\frac{K}{D(u)}\right] + (p - w - c_s + c_r) \qquad (10-15)$$

化简式（10-15），可得

$$\frac{\partial \pi_{r1}}{\partial K} = (p - w - c_s + c_r)\left\{1 - F\left[\frac{K}{D(u)}\right]\right\} + c_rF\left[\frac{K}{D(u)}\right] \qquad (10-16)$$

根据实际情况可知 $p > w$，$c_r > c_s$，又因为 $0 \leqslant F\left[\frac{K}{D(u)}\right] \leqslant 1$，所以式（10-16）的结果必大于0，即零售商的收益是制造商产量的增函数，也就是说制造商生产创新产品的数量越多，零售商的收益就越大。

结论2　相对于零售商未提前承诺订购量时的决策情形，承诺契约能够同时提高制造商和零售商的利润水平。

证明：未对创新产品的供应链进行协调时，整个供应链的利润函数为

$$\pi = (p + c_r - c)K - (p + c_r)D(u)\int_0^{K/D(u)} F(\varepsilon)\mathrm{d}\varepsilon - T - u \quad (10-17)$$

对式（10-17）中的 π 求 K 的一阶导数，可得

$$\frac{\partial \pi}{\partial K} = (p + c_r)\left\{1 - F\left[\frac{K}{D(u)}\right]\right\} - c > 0 \quad (10-18)$$

根据式（10-18）可知，供应链的总收益 π 是制造商生产量 K 的单调递增函数，随制造商生产产品数量的增加而增加。由式（10-13）可知，未对创新产品的供应链协调时，制造商的最优生产量是 $K_s^* = F^{-1}\left(\dfrac{w-c}{w}\right)D(u)$。而构建承诺契约模型后，制造商的最优生产量变为式（10-7）中所示，即 $K_1^* = F^{-1}\left(\dfrac{w-c+c_s}{w+c_s}\right)D(u)$。容易证明 $\dfrac{w-c+c_s}{w+c_s} > \dfrac{w-c}{w}$，又因为 $F(x)$ 为单调不减函数，故 $F^{-1}\left(\dfrac{w-c+c_s}{w+c_s}\right) > F^{-1}\left(\dfrac{w-c}{w}\right)$，即 $K_1^* > K_s^*$，所以 $\pi_s(K_1^*) > \pi_s(K_s^*)$，说明承诺契约提高了制造商的利润水平。再由命题 1 中零售商的收益是制造商生产量 K 的增函数，可知由 $K_1^* > K_s^*$ 同样能推出 $\pi_r(K_1^*) > \pi_r(K_s^*)$，即承诺契约同样提高了零售商的利润水平。综上所述，我们构建的承诺契约实现了供应链的协调，同时提高了制造商和零售商的利润水平。

四、考虑回购的创新型产品供应链契约的设计与验证

回购契约大量地用于对时间性要求较严的产品，如书籍、杂志、报纸、音像制品以及计算机软硬件等。创新产品由于技术水平的提高，产品的更新换代速度越来越快，生命周期越来越短，对时间的要求也愈加敏感，这都符合回购契约的作用和特征。回购契约能使零售商增强对创新产品的信心，在消费者对产品不熟悉的前提下敢于大量订购，帮助供应商迅速打开市场进行产品的推广。在促销努力影响市场需求的情况下，回购契约也使零售商能够放心进行促销努力活动，增加产品的销售量。然而传统的回购契约已证实不能有效协调供应链，所以在上一步模型的基础上引入回购契约，只需对上述设计的供应链契约进行适当的修正和调整。

模型的研究思路可以表述为：由于引入了回购契约，销售季节期末零售商

未售出的产品可以通过回购价格从制造商那里得到补偿，所以零售商会加大自己的预测订购量，也就是说当零售商预测订购量是 λ 时，承诺购买的创新产品数量将由上一步中的 $\alpha\lambda$ 增加为 $\beta\lambda$，其中 $0 \leqslant \alpha < \beta \leqslant 1$。

制造商和零售商的期望收益分别为

$$
\begin{aligned}
\pi_{s2} &= wE(K) - cK - c_s E\{\max[\min(X,\lambda) - K, 0]\} - bE\{\max[E(K) - X, \\
&\quad 0]\} - T \\
&= w\Big[\int_0^{\beta\lambda/D(u)} \beta\lambda f(\varepsilon)\mathrm{d}\varepsilon + \int_{\beta\lambda/D(u)}^{K/D(u)} D(u)\varepsilon f(\varepsilon)\mathrm{d}\varepsilon + \int_{K/D(u)}^{\infty} Kf(\varepsilon)\mathrm{d}\varepsilon\Big] - cK \\
&\quad - c_s\Big\{\int_{K/D(u)}^{\lambda/D(u)} [D(u)\varepsilon - K]f(\varepsilon)\mathrm{d}\varepsilon + \int_{\lambda/D(u)}^{\infty} (\lambda - K)f(\varepsilon)\mathrm{d}\varepsilon\Big\} \\
&\quad - bD(u)\int_0^{\beta\lambda/D(u)} F(\varepsilon)\mathrm{d}\varepsilon - T
\end{aligned} \tag{10-19}
$$

$$
\begin{aligned}
\pi_{r2} &= pS(K) - wE(K) - c_r E[\max(X - K, 0)] + c_s E\{\max[\min(X,\lambda) - K, \\
&\quad 0]\} + bE\{\max[E(K) - X, 0]\} - u \\
&= wD(u)\int_{\beta\lambda/D(u)}^{K/D(u)} F(\varepsilon)\mathrm{d}\varepsilon - c_s D(u)\int_{K/D(u)}^{\lambda/D(u)} F(\varepsilon)\mathrm{d}\varepsilon + bD(u)\int_0^{\beta\lambda/D(u)} F(\varepsilon)\mathrm{d}\varepsilon \\
&\quad - u - pD(u)\int_0^{K/D(u)} F(\varepsilon)\mathrm{d}\varepsilon + c_r D(u)\int_{K/D(u)}^{\infty} F(\varepsilon)\mathrm{d}\varepsilon \\
&\quad + (p - w - c_s + c_r)K + c_s\lambda
\end{aligned} \tag{10-20}
$$

令 K_2^* 表示引入回购契约后制造商的最优生产量，u_2^* 表示零售商的最优促销水平。根据优化理论，可知 K_2^*、u_2^* 须分别满足一阶最优性条件

$$
\frac{\partial \pi_{s2}}{\partial K} = w - c + c_s - (w + c_s)\, F\Big[\frac{K}{D(u)}\Big] = 0 \tag{10-21}
$$

$$
\begin{aligned}
\frac{\partial \pi_{r2}}{\partial u} &= \Big\{w\int_{\beta\lambda/D(u)}^{K/D(u)} F(\varepsilon)\mathrm{d}\varepsilon - c_s\int_{K/D(u)}^{\lambda/D(u)} F(\varepsilon)\mathrm{d}\varepsilon - p\int_0^{K/D(u)} F(\varepsilon)\mathrm{d}\varepsilon \\
&\quad + (p - c_s - w + c_r)\frac{K}{D(u)}F\Big[\frac{K}{D(u)}\Big] + (w - b)\frac{\beta\lambda}{D(u)}F\Big[\frac{\beta\lambda}{D(u)}\Big] \\
&\quad + b\int_0^{\beta\lambda/D(u)} F(\varepsilon)\mathrm{d}\varepsilon + c_r\int_{K/D(u)}^{\infty} F(\varepsilon)\mathrm{d}\varepsilon \\
&\quad + c_s\frac{\lambda}{D(u)}F\Big[\frac{\lambda}{D(u)}\Big]\Big\}D'(u) - 1 = 0
\end{aligned} \tag{10-22}
$$

由式（10-21）和式（10-22），得

$$K_2^* = F^{-1}\left(\frac{w-c+c_s}{w+c_s}\right)D(u) \qquad (10-23)$$

$$\frac{1}{D'(u_2^*)} = w\int_{\beta\lambda/D(u_2^*)}^{K_2^*/D(u_2^*)} F(\varepsilon)\,\mathrm{d}\varepsilon - c_s\int_{K_2^*/D(u_2^*)}^{\lambda/D(u_2^*)} F(\varepsilon)\,\mathrm{d}\varepsilon - p\int_0^{K_2^*/D(u_2^*)} F(\varepsilon)\,\mathrm{d}\varepsilon$$

$$+ b\int_0^{\beta\lambda/D(u_2^*)} F(\varepsilon)\,\mathrm{d}\varepsilon + c_r\int_{K/D(u)}^{\infty} F(\varepsilon)\,\mathrm{d}\varepsilon + c_s\frac{\lambda}{D(u_2^*)}F\left[\frac{\lambda}{D(u_2^*)}\right]$$

$$+ (p-c_s-w+c_r)\frac{K_2^*}{D(u_2^*)}F\left[\frac{K_2^*}{D(u_2^*)}\right]$$

$$+ (w-b)\frac{\beta\lambda}{D(u_2^*)}F\left[\frac{\beta\lambda}{D(u_2^*)}\right] \qquad (10-24)$$

结论 3   相对于零售商未提前承诺订购量时的决策情形，承诺契约增加了创新产品的需求量，而修正后的契约更进一步提高了产品需求量。

证明：由式（10-14）可知，在未提前承诺订购量时，受零售商促销努力影响的创新产品的最优需求量为 $D(u_r^*)$，建立契约模型后最优需求量变为式（10-8）中的 $D(u_1^*)$，对承诺契约修正后最优需求量又变为式（10-24）中的 $D(u_2^*)$。根据前文的假设条件易证，$\dfrac{1}{D'(u_2^*)} > \dfrac{1}{D'(u_1^*)} > \dfrac{1}{D'(u_r^*)}$，所以 $D'(u_2^*) < D'(u_1^*) < D'(u_r^*)$，又已知 $D'(u)$ 是减函数，因此 $D(u_2^*) > D(u_1^*) > D(u_r^*)$。

结论 4   相对于零售商未提前承诺订购量时的决策情形，修正后的承诺契约能够进一步提高制造商和零售商的利润水平。

证明：可参照结论 2 的证明过程。

合理供应链契约协调可以提高供应企业的绩效，虚拟企业、战略联盟、企业生态等概念相继涌现，企业在商业上的界限变得日益模糊，使得超越企业基本组织单元的业务流程协调变得越来越重要。供应链相关理论技术的深入应用，使得企业由内部价值链优化转向外部供应链协作，从而减少垂直集成性，并通过对整个供应链的管理满足顾客日益变化的需求。当精益管理致力于减少企业内部各种形式的浪费时，供应链管理则关注于在价值链上消除这些浪费。因此，研究如何优化供应链资源配置，协调供应链利益相关者之间的关系，对于广大企业来说具有重要的现实意义。

在现阶段经济生活中，企业组建联盟、构建供应链以及参与供应链越来越多，合作日趋成为企业发展的主旋律。但是，理论的发展明显滞后于实践的需要，供应链协调尤其是企业成员之间利润分配的实践活动缺乏理论的有效支持和指导。

参考文献

［1］ AFUAH A N. How much do your co – operators' capabilities matter in the face of a technological change ［J］. Strategic Management Journal, 2000 (21): 387 – 404.

［2］ AIHUI CHEN, YAOBIN LU, CHAU PYK, SUMEET GUPTA. Classifying, measuring and predicting the overall active behavior in social network sites ［J］. Journal of Management Information Systems, 2014, 31 (3): 213 – 253.

［3］ ANDERSON E, WEITZ B. The use of pledges to build and sustain commitment in distribution channels ［J］. Journal of Marketing Research, 1992, 29 (1): 18 – 34.

［4］ ANUPAM AGRAWAL, ARNOUD DE MEYER, LUK N VAN WASSENHOVE. Managing value in supply chains: case studies on the sourcing hub concept ［J］. California Management Review, 2014, 56 (2).

［5］ ANUPINDI R, BASSOK Y. Analysis of supply contracts with total minimum commitment and flexibility ［C］. the 2nd International Symposium in Logistics, University of Nottinham, England, 1995: 123 – 128.

［6］ AOKI, LENNERFORS. The new improved keiretsu ［M］. HBR, 2013.

［7］ BAKER W, SINKULA J M. The synergistic effect of market orientation and learning orientation on organizational performance ［J］. Journal of the Academy of Marketing Science, 1999, 27 (4): 411 – 427.

［8］ BEAMON B M. Supply chain design and analysis: Models and methods ［J］. International Journal of Production Economics, 1998, 55 (3): 281 – 294.

［9］ BENSA OUVEN KATRAMAN. Configurations of inter – organizational relationships: a comparison between U. S. and Japanese automakers ［J］. Management Science, 1995, 41 (9): 1471 – 1492.

［10］ BLAZEVIC V, LIEVENS A. Managing innovation through customer coproduced knowledge in electronic services: an exploratory study [J]. Journal of the Academy of Marketing Science, 2008, 36 (1): 138 – 151.

[11] BRABHAM D C. Moving the crowd at istockphoto: the composition of the crowd and motivations for participation in a crowd sourcing application [J]. First Monday, 2008, 13 (6): 2.

[12] BRESCHI S, LISSONI F. Knowledge spillovers and local innovation systems: a critical survey [J]. Industrial and Corporate Change, 2001 (4): 975 – 1005.

[13] BAGOZZI R P, DHOLAKIA U M. Open source software user communities: a study of participation in Linux user groups [J]. Management Science, 2006, 52 (7): 1099 – 1115.

[14] CACHON G, LARIVIERE M. Supply chain coordination with revenue sharing contracts: strengths and limitations [J]. Management Science, 2005, 51 (1): 30 – 44.

[15] CALLAHAN J, LASRY E. The importance of customer input in the development of very new products [J]. R&D Management, 2004, 34 (2): 107 – 120.

[16] CARR A S, KAYNAK H, HARLEY J L, ROSS A. Supplier dependence: impact on supplier's participation and performance [J]. International Journal of Operation & Production Management, 2008 (9): 899 – 916.

[17] CHAUHAN S S, PROTH J M. Analysis of a supply chain partnership with revenue sharing [J]. International Journal of Production Economics, 2005, 97 (1): 44 – 51.

[18] CHESBROUGH W H. Open innovation: the new imperative for creating and profiting from technology [M]. Harvard Business School Press, 2003.

[19] CHIA – CHI CHANG, HUI – YUN CHEN, I – CHIANG HUANG. The interplay between customer participation and difficulty of design examples in the online designing process and its effect on customer satisfaction: mediational analyses [J]. Cyber Psychology & Behavior, 2009, 12 (2): 147 – 154.

[20] CHO R, GERCHAK Y. Supply chain coordination with downstream operating costs: coordination and investment to improve downstream operating efficiency [J]. European Journal of Operational Research, 2005, 162 (3): 762 – 772.

[21] CHRISTIAN LUETHJE. Characteristics of innovating users consumer goods field: an empirical study of sport – related product consumer [J]. Technovation, 2004, 24 (9): 683 – 695.

[22] CHUNG S A SINGH, H LEE G M. Complementarity, status similarity and social capital as drivers of alliance formation [J]. Strategy Management Journal, 2000, 21 (1): 1 – 22.

[23] CHUNG S, KIM G M. Performance effects of partnership between manufacturers and suppliers for new product development: the supplier's standpoint [J]. Research Policy, 2003 (32): 587 – 603.

[24] CLARK K B, FUJIMOTO T. Product development performance: strategy, organization, and management in the world auto industry [M]. Boston: Harvard Business School Press, 1991.

[25] CLINTON S R, CLOSS D J. Logistics strategy: does it exist? [J]. Journal of business Logistics, 1997, 18 (1): 19 – 44.

[26] CLOSS D J, GOLDSBY T J, CLINTON S R. Information technology influences on world class logistics capability [J]. International Journal of Physical Distribution & Logistics Management, 1997, 27 (1): 4 – 6.

[27] COOPER R, SLAGMULDER R. Inter – organizational cost management and relational contest [J]. Accounting, Organization and Society, 2004 (29): 1 – 26.

[28] CRUM C. Facebook E – commerce: what online retailers have been looking for [N]. WebProNews, 2010.

[29] CURTY G R, ZHANG P. Social Commerce: looking back and forward [C]. Proceedings of the American Society for Information Science and Technology, 2012, 48 (1): 1 – 10.

[30] CUI A S, WU F. Utilizing customer knowledge in innovation: antecedents and impact of customer involvement on new product performance [J]. Journal of the Academy of Marketing Science, 2015 (3).

[31] CARR A S, KAYNAK H, HARLEY J L, ROSS A. Supplier dependence: impact on supplier's participation and performance [J]. International Journal of Operation & Production Management, 2008 (9): 899 – 916.

[32] DAMANPOUR F, GOPALAKRISHNAN S. The dynamics of the adoption of product and process innovations in organizations [J]. Journal of Management Studies, 2001, 38 (1): 45 – 65.

[33] DANIEL R, ROBERT B, BEVERLY B. The relationships between supplier development, commitment, social capital accumulation and performance improvement [J]. Journal of Operations Management, 2007 (25): 528 – 545.

[34] DAUGHERTY P J, STANK T P, ELLINGER A E. Leveraging logistics distribution capabilities: the effect of logistics service on market share [J]. Journal of Business Logistics, 1998, 19 (2): 35 – 51.

[35] DAUGHERTY P J, PITTMAN P H. Utilization of time – based strategies: creating distribution flexibility responsiveness [J]. International Journal of Operations & Production Management, 1995, 15 (2): 54 – 60.

[36] DAY G S. The capabilities of market – driven organizations [J]. Journal of Marketing, 1994, 58 (4): 36 – 53.

[37] DEMSETZ H. The theory of the firm revisited [G] // The nature of the firm. New York: Oxford University Press, 1991.

[38] DURANGO – COHEN E J, YANO C A. Supplier commitment and production decisions under a forecast – commitment contract [J]. Management Science, 2006, 52 (1): 54 – 67.

[39] ELIZABETH J D, CANDACE A Y. Supplier commitment and production decisions under a forecast – commitment contract [J]. Management Science, 2006, 52 (1): 54 – 67.

[40] ELLINGER A E. Improving marketing logistics cross – functional collaboration in the supply chain [J]. Industrial Marketing Management, 2002, 29 (1): 1 – 12.

[41] EMMONS H, GILBERT S. Returns policies in pricing and inventory decisions for catalogue goods [J]. Management Science, 1998, 44 (2): 276 – 283.

[42] EPPEN G D, LYER A V. Backup agreement in fashion buying——the value of upstream flexibility [J]. Management Science, 1997, 11 (11): 1469 – 1484.

[43] ESPER T L, FUGATE B S, DAVIS – SRAMEK B. Logistics learning capability: sustaining the competitive advantage gained through logistics leverage [J]. Journal of business Logistics, 2007, 28 (2): 57 – 81.

[44] EVON HIPPEL. Perspective: user tool kits for innovation [J]. Journal of Product Innovation Management, 2001, 18 (4): 247 – 257.

[45] FANG E. Customer participation and the trade – off between new product innovativeness and speed to market [J]. Journal of Marketing, 2008, 72 (4): 90 – 104.

[46] FANG E, PALMATIER R W, EVANS K R. Influence of customer participation on creating and sharing of new product value [J]. Journal of the Academy of Marketing Science, 2008, 36 (3): 322 – 336.

[47] FAWCETT S E, STANLEY L L, SMITH S R. Developing a logistics capability to improve the performance of international operations [J]. Journal of Business Logistics, 1997, 18 (2): 16 – 23.

[48] FISHER M L, RAMAN A, MCCLELLAND A S. Rocket science retailing is almost here: are you ready? [J]. Harvard Business Review, 1994, 72 (3): 83 – 93.

[49] FISHER M L. What is the right supply chain for your product? [J]. Harvard Business Review, 1997, 75 (2): 105 – 117.

[50] FORSMAN H. Balancing capability building for radical and incremental innovations [J]. International Journal of Innovation Management, 2009, 13 (4): 501 – 520.

[51] FANG Y, NEUFELD D. Understanding sustained participation in open source software projects [J]. Journal of Management Information Systems, 2009, 25 (4): 9 – 55.

[52] GANESAN S. Determinants of long – term orientation in buyer – seller relationships [J]. Journal of Marketing, 1994, 58 (2): 1 – 19.

[53] GERCHAK Y, WANG Y. Revenue – sharing vs. wholesale – price contracts in assembly systems with random demand [J]. Production and Operations Management, 2004, 13 (1): 23 – 33.

[54] GILBERT S, CVSA V. Strategic commitment to price to stimulate downstream innovation in a supply chain [J]. European Journal of Operational Research, 2003, 150 (3): 617 – 639.

[55] GLIGOR D M, HOLCOMB M C. Understanding the role of logistics capabilities in achieving supply chain agility: a systematic literature review [J]. Supply Chain Management: an International Journal, 2012, 17 (4): 438 – 453.

[56] GONCALVES C R, ZHANG P. Website features that gave rise to social commerce: a historical analysis [J]. Electronic Commerce Research and Applications, 2013, 12 (4): 260 – 279.

[57] GRANT R M. Prospering in dynamically competitive environments: organizational capability as knowledge integration [J]. Organization Science, 1996, 7 (4): 375 – 387.

[58] GRANT R M. Toward a knowledge – based theory of the firm [J]. Strategic Management Journal, 1996 (17): 109 – 122.

[59] GRAVES S C, WILLEMS S P. Optimizing the supply chain configuration for new products [J]. Management Science, 2005, 8 (51): 1165 – 1180.

[60] HAIR J, ANDERSON R E, TATHAM R L, BLACK W C. Multivariate data analysis (5th edition) [M]. Upper Saddle River: Prentice Hall, 1998.

[61] HAJLI M N. Social commerce for innovation [J]. International Journal of Innovation Management, 2014, 18 (4): 1 – 24.

[62] HENDERSON J, VENKATRAMAN M. Strategic alignment: a model for organisationaltrans formation through information technology [M]. New York: Oxford University Press, 1992.

［63］ HENKE J J, CHUN C. Increasing supplier driven innovation ［J］. MIT Sloan Management Review, 2010, 51 (2).

［64］ HERSTATTC, VONHE. From experience developing new product concepts via the lead user method: a case study in a low – tech field ［J］. Journal of Product Innovation Management, 1992, 9 (3): 213 – 221.

［65］ HONG ZHANG, YAOBIN LU, SUMEET GUPTA, LING ZHAO. What motivates customers to participate in social commerce? The impact of technological environments and virtual customer experiences ［J］. Information & Management, 2014, 51 (8): 1017 – 1030.

［66］ HONG ZHANG, YAOBIN LU, PING GAO, ZHENXIANG CHEN. Social shopping communities as an emerging business model of youth entrepreneurship: exploring the effects of website characteristics ［J］. International Journal of Technology Management, 2014, 64 (4): 319 – 345.

［67］ HU Q Y, WEI Y H, XIA Y S. Revenue management for a supply chain with two streams of customers ［J］. European Journal of Operational Research, 2009 (23): 582.

［68］ HUANG Z H, BENYOUCEF M. From e – commerce to social commerce: a close look at design features ［J］. Electronic Commerce Research and Applications, 2013, 12 (4): 246 – 259.

［69］ HULT G T M, HURLEY R F, KNIGHT G A. Innovativeness: its antecedents and impact on business performance ［J］. Industrial Marketing Management, 2004 (33): 429 – 438.

［70］ INEMEK A, MATTHYSSENS P. The impact of buyer – supplier relationships on supplier innovativeness: an empirical study in cross – border supply networks ［J］. Industrial Marketing Management, 2012 (10): 1 – 15.

［71］ JAMES S K, RICHARD E P. Logistics performance measurement in the supply chain: a benchmark ［J］. Logistics Performance Measurement, 2009, 16 (6): 785 – 798.

［72］ JEPPESEN L B. User toolkits for innovation: consumers support each other ［J］. Journal of Product Innovation Management, 2005 (22): 347 – 362.

［73］ JEULAND A P, SHUGAN S M. Managing channel profits ［J］. Marketing Science, 1983 (2): 239 – 272.

［74］ JIANG G Y, MA F C, SHANG J, CHAU P Y K. Evolution of knowledge sharing behavior in social commerce: an agent – based computational approach ［J］. Information Sciences, 2014 (278): 250 – 266.

［75］ JOHNSON T. Centrality of customer and supplier interaction in innovation ［J］. Journal of

Business Research, 2006 (59): 671 – 678.

[76] JOHNSEN T E. Supply network delegation and intervention strategies during supplier involvement in new product development [J]. International Journal of Operations & Production Management, 2011, 31 (6): 686 – 708.

[77] JUDITH M WHIPPLE1, ROBERT FRANKEL, PATRICIA J DAUGHERTY. Information support for alliances: performance implication [J]. Journal of Business Logistics, 2002, 2 (23): 67 – 82.

[78] KALLIO J, SAARINEN T. Measuring delivery process performance [J]. The Intentional Journal of Logistics, 2000, 11 (1): 75 – 87.

[79] KAMATH R, LIKER K J. A second look at Japanese product development [J]. Harvard Business Review, 1994 (11/12): 154 – 173.

[80] KAPLAN A M, HAENLEIN M. Users of the world, unite! The challenges and opportunities of social media [J]. Business Horizons, 2010, 53 (1): 59 – 68.

[81] KEE – HUNG LAI, CHENG T, YEUNG A. Relationship stability and supplier commitment to quality [J]. Production Economics, 2005 (96): 397 – 410.

[82] KIM D. Under what conditions will social commerce business models survive? [J]. Electronic Commerce Research and Applications, 2013, 12 (2): 69 – 77.

[83] KLEIN B, CRAWFORD R G, ALCHIAN A A. Vertical integration, appropriable rents and the competitive contracting process [J]. Journal of Law and Economics, 1978, 21 (2): 297 – 326.

[84] KURAWARWALA A A, MATSU H. Forecasting and inventory management for short life – cycle products [J]. Operations Research, 1996, 44 (1): 131 – 150.

[85] LARSEN S T. European logistics beyond 2000 [J]. International Journal of Physical Distribution and Logistics Management, 2000, 30 (6): 377 – 387.

[86] LAU A K W. Supplier and customer involvement on new product performance [J]. Industrial Management and Data Systems, 2011 (6): 910 – 942.

[87] LAU L, LAU H S, ZHOU Y W. Quantity discount and handling – charge reduction schemes for a manufacturer supplying numerous heterogeneous retailers [J]. International Journal of Production Economics, 2008, 113 (1): 425 – 445.

[88] LEE H L. Aligning supply chain strategies with products uncertainties [J]. California Management Review, 2002, 43 (3): 105 – 118.

[89] LENGNICK – HALL C A. Customer contributions to quality: a different view of the customer – o-

riented firm [J]. Academy of Management Review, 1996, 21 (3): 791 – 824.

[90] LEONARD BARTON D. Wellsprings of knowledge [M]. Boston: Harvard Business School Press, 1995.

[91] LEVIN D Z, CROSS R. The strength of weak ties you can trust: the mediating role of trust in effective knowledge transfer [J]. Management Science, 2004, 50 (11): 1477 – 1490.

[92] LI Y L. Theoretical development and empirical analysis [J]. International Journal of Operations & Production Management, 2012, 2 (32): 398 – 422.

[93] LIANG T P, TURBAN E. Introduction to the special issue social commerce: a research framework for social commerce [J]. International Journal of Electronic Commerce, 2011, 16 (2): 1 – 13.

[94] LIANG T P, HO Y T, LI Y W, TURBAN E. What drives social commerce: the role of social support and relationship quality [J]. International Journal of Electronic Commerce, 2011 – 2012, 16 (2): 69 – 90.

[95] LU C S, YANG C C. Evolutional key logistics capabilities for international distribution center operators in Taiwan [J]. Transportation Journal, 2006, 45 (4): 9 – 27.

[96] MAHONEY J T, PANDEAN R. The effects of Logistic Capabilities and Strategic Management [J]. Strategic Management Journal, 1992, 13 (5): 363 – 380.

[97] MALHOTRA A. Absorptive capacity configurations in supply chains: gearing for partner – enabled market knowledge creation [J]. MIS Quarterly, 2005, 1 (29): 145 – 187.

[98] MCIVOR R, HUMPHREYS P, CADDEN T J. Supplier involvement in product development in the electronics industry: A case study [J]. Journal of Engineering and Technology Management, 2006 (23) : 374 – 397.

[99] MENGUC B, AUH S, YANNOPOULOS P. Customer and supplier involvement in design: the moderating role of incremental and radical innovation capability [J]. Journal of Product Innovation Management, 2014, 31 (2): 313 – 328.

[100] MILNER M, KOUVELIS P. Order quantity and timing flexibility in supply chains: the role of demand characteristics [J]. Management Science, 2005, 51 (6): 970 – 985.

[101] MODI SMABERT V. Supplier development: improving supplier performance through knowledge transfer [J]. Journal of Operations Management, 2007 (25): 42 – 64.

[102] MOHR J J, FISHER R J, NEVIN J R. Collaborative communication in inter – firm relationships: moderating effects of integration and control [J]. Journal of Marketing, 1996, 60 (3): 103 – 115.

［103］ MORASH E, DROGE C, VICKERY S. Strategic logistics capabilities for competitive advantage and firm success ［J］. Journal of Business, 1996, 17 (1): 1 – 22.

［104］ MORASH E A. Supply chain strategies, capabilities and performance ［J］. Transportation, 2001, 41 (1): 37 – 50.

［105］ MORTIMER J. Vertical contracts in the video rental industry ［J］. The Review of Economic Studies, 2008 (75): 165 – 199.

［106］ MATHWICK C, WIERTZ C, DE RUYTER K. Social capital production in a virtual P3 community ［J］. Journal of Consumer Research, 2008, 34 (6): 832 – 849.

［107］ MA M, AGARW AL R. Through a glass darkly: information technology design, identity verification, and knowledge contribution in on line communities ［J］. Information Systems Research, 2007, 18 (1): 42 – 67.

［108］ NAMBISAN S. Designing virtual customer environments for NPD: toward a theory ［J］. The Academy of Management Review, 2002, 27 (3): 392 – 413.

［109］ NETESSINE S, RUDI N. Supply chain structures on internet: marketing – operations coordination ［J］. University of Pennsylvania working paper, 2000 (1): 189 – 204.

［110］ NG C. S – P. Intention to purchase on social commerce websites across cultures: a cross – regional study ［J］. Information and Management, 2013, 50 (8): 609 – 620.

［111］ NISHIGUCHI T. Strategic industrial sourcing ［M］. University of Tokyo Press, 2000.

［112］ NONAKA I. A dynamic theory of organizational knowledge creation ［J］. Organization Science, 1994, 5 (1): 14 – 37.

［113］ OLAONEL, BAKKEG. Implementing the lead user method in a high technology firm: a long – itudinal study of intentions versus actions ［J］. The Journal of Product Innovation Management, 2001, 18 (6): 388 – 395.

［114］ O'SULLIVAN A. Dispersed collaboration in a multi – firm, multi – team product – development project ［J］. Journal of Engineering and Technology Management, 2003 (20): 93 – 116.

［115］ PADMANABHAN V, PNG I. Returns policies: make money by making good ［J］. Sloan Management Review, 1995 (37): 65 – 72.

［116］ PADMANABHAN V I, PNG I. Manufacturer's returns policy and retail competition ［J］. Marketing Science, 1997, 16 (1): 81 – 94.

［117］ PASTERNACK B. Optimal pricing and returns policies for perishable commodities ［J］. Marketing Science, 1985, 4 (2): 166 – 176.

[118] PETERSEN K J, HANDFIELD R B, RAGATZ G L. A model of supplier integration into new product development [J]. Journal of Operations Management, 2003, 20 (4): 284 – 299.

[119] PETERSEN K J, HANDFIELD R B, RAGATZ G L. Supplier integration into new product development: coordinating product, process and supply chain design [J]. Journal of Operations Management, 2005, 23 (3/4): 371 – 388.

[120] PLAMBECK E L, TAYLOR T A. Sell the plant? The impact of contract manufacturing on innovation, capacity and profitability [J]. Management Science, 2005, 51 (1): 133 – 150.

[121] PROVAN K G. Embeddedness, interdependence and opportunism in organizational supplier – buyer networks [J]. Journal of Management, 1993 (19): 841 – 856.

[122] PORTER E C, DONTHU N. Cultivating trust and harvesting value in virtual communities [J]. Management Science, 2008, 54 (1): 113 – 128.

[123] RAMDAS K, SPEKMAN R E. Chain or shackles: understanding what drives supply chain performance [J]. Interfaces, 2000, 30 (4): 3 – 21.

[124] RAMAN A. Managing inventory for fashion products, quantitative models for supply chain management [M]. Kluwer Academic Publishers, 1999: 299 – 336.

[125] RAYPORT J F, SVIOKLA J J. Exploiting the virtual value chain [J]. Harvard Business Review, 1995 (11/12): 75 – 85.

[126] ROTHWELL R. Towards the fifth generation innovation process [J]. International Marketing Review, 1994, 11 (1): 7 – 31.

[127] SHANG K C, PETER B MARLOW. Logistics capability and performance in Taiwan's major manufacturing firms [J]. Transportation Research Part E, 2005, 41 (3): 217 – 234.

[128] SIAU K, ERICKSON J. The rise of social commerce [J]. Journal of Database Management, 2011, 22 (4): 1 – 7.

[129] SIMATUPANG T M, SRIDHARAN R. The collaborative supply chain [J]. International Journal of Logistics Management, 2002, 13 (1): 15 – 30.

[130] SPENGLER J. Vertical integration and antitrust policy [J]. Journal of Political Economy, 1950 (8): 347 – 352.

[131] SNYDER C R, CHEAVENS J, SYMPSON S C. Hope: an individual motive for social commerce [J]. Group Dynamics, 1997, 1 (2): 107 – 118.

[132] SONG L Z, SONG M, BENEDETTO C A. Resources, supplier investment, product

launch advantages, and first product performance [J]. Journal of Operations Management, 2011, 29 (1/2): 86 – 104.

[133] SONG M C, BENEDETTO A. Supplier's involvement and success of radical new product development in new ventures [J]. Journal of Operations Management, 2008 (26): 1 – 22.

[134] SOOD S. The death of social media in start-up companies and the rise of s-commerce: convergence of e-commerce, complexity and social media [J]. Journal of Electronic Commerce in Organizations, 2012, 10 (2): 1 – 15.

[135] STANK T P, LACKEY C R. Enhancing performance through logistical capabilities in mexican maquiladora firms [J]. Journal of Business Logistics, 2005, 26 (2): 27 – 45.

[136] STEFANTHOMKE, ERIC VONHIPPLE. Customers as innovators: a way of value creation [J]. Harvard Business Review, 2002, 80 (4): 74 – 84.

[137] STUMP R L, HEIDE J B. Controlling supplier opportunism in industrial relationships [J]. Journal of Marketing Research, 1996 (33): 431 – 441.

[138] SUZUMURA K. Cooerative and non – cooperative R&D in an oligopoly with spillovers [J]. American Economic Review, 1992 (82): 1307 – 1320.

[139] TAKEISHI A. Bridging inter – and intra – firm bounderies: management of supplier involvement in automobile product development [J]. Strategic Management Journal, 2001, 22 (5): 403 – 33.

[140] THIERRY M, BRAHIM C, SOPHIE D. Information sharing as a coordination mechanism for reducing the bullwhip effect in a supply chain [R], 2006: 2.

[141] TIWANA A, MCLEAN E R. Expertise integration and creativity in information systems development [J]. Journal of Management Information Systems, 2003, 22 (1): 13 – 43.

[142] TSAY A. The quantity flexibility contract and supplier – customer incentives [J]. Management Science, 1999, 45 (10): 1339 – 1358.

[143] TWIGG D. Managing product development within a design chain [J]. International Journal of Operations and Production Management, 1998, 18 (5): 508 – 524.

[144] UZZI B, LANCASTER R. Relational embeddedness and learning: the case of bank loan managers and their clients [J]. Management science, 2003, 49 (4): 383 – 399.

[145] VAN DEN BOSCH, VOLBERDA H, BOER M. Coevolution of firm absorptive capacity and knowledge environment: organizational forms and combinative capabilities [J]. Organization Science, 1999 (5): 551 – 568.

[146] WALTER A. Relationship – specific factors influencing supplier involvement in customer new

product development [J]. Journal of Business Research, 2003, 56 (9): 721 –733.

[147] WANG C, ZHANG P. The evolution of social commerce: the people, management, technology, and information dimensions [J]. Communications of the Association for Information Systems, 2012 (31): 105 – 127.

[148] WANG Y, GERCHAK Y. Supply chain coordination when demand is shelf – space dependent [J]. Manufacturing and Service Operations Management, 2001, 3 (1): 82 –87.

[149] WASTI S N, JEFFREY K, LIKER. Risky business or competitive power? supplier involvement in Japanese product design [J]. Journal of Product Innovation Management, 1997, 14 (5): 337 –355.

[150] WHIPPLE J M, ROBERT F, PATRICIA J DAUGHERTY. Information support for alliances: performance implication [J]. Journal of Business Logistics, 2002, 2 (23): 67 –82.

[151] WILLAMS D E. Integrating the conceptual domains of social commerce: a meta – theoretical perspective [J]. International Review of Retail, Distribution & Consumer Research, 2014, 24 (4): 361 –410.

[152] WILLIAMSON, OLIVER. The economic institutions of capitalism [M]. New York: Free Press, 1985.

[153] YADAV M, DEVALCK K, HENNIG – THURAU T, HOFFMAN D, SPANN M. Social commerce: a contingency framework for assessing marketing potential [J]. Journal of Interactive Marketing, 2013, 27 (4): 311 –323.

[154] YANG C C, PETER B M, LU C S. Assessing resources logistics service capabilities, innovation capabilities and the performance of container shipping services in Taiwan [J]. International Journal of Production Economics, 2009 (122): 4 –20.

[155] ZAHRA S A, NIELSEN A P. Sources of capabilities, integration and technology commercialization [J]. Strategic Management Journal, 2002, 23 (5): 377 –398.

[156] ZENG M, WILLIAMSON P. Dragon at your door: how Chinese cost innovation disrupting global competition [M]. Harvard Business Press, 2007.

[157] ZHANG C, LU H. Machine Learning and Cybernetics [C]. International Conference, 2006.

[158] ZHANG P, BENJAMIN R I. Understanding information related fields: a conceptual framework [J]. Journal of the American Society for Information Science and Technology, 2007, 58 (13): 1934 – 1947.

[159] ZHAO PAN, YAOBIN LU, SUMEET GUPTA. How heterogeneous community engage new-

comers？The effect of community diversity on newcomers' perception of inclusion：an empirical study in social media service ［J］. Computers in Human Behavior, 2014 （39）：100 – 111.

［160］ ZHENG X L, ZHU SH, LIN ZH X. Capturing the essence of word – of – mouth for social commerce：assessing the quality of online e – commerce reviews by a semi – supervised approach ［J］. Decision Support Systems, 2013 （56）：211 – 222.

［161］ ZHOU L, ZHANG P, ZIMMERMANN H D. Social commerce research：an integrated view ［J］. Electronic Commerce Research and Applications, 2013, 12 （2）：61 – 68.

［162］ ZOU Z H, YUN Y, SUN J N. Entropy method for determination of weight of evaluating in fuzzy synthetic evaluation for water quality assessment indicators ［J］. Journal of Environmental Sciences, 2006, 18 （5）：1020 – 1023.

［163］ ［美］艾尔巴比. 社会研究方法（第十版）［M］. 邱泽奇, 译. 北京：华夏出版社, 2005.

［164］ 蔡鉴明, 曾峰. 供应链物流能力的概念、特点以及影响因素 ［J］. 物流科技, 2006 （3）.

［165］ 陈安全, 孙菁. 基于用户体验的网络产品创新 ［J］. 价值工程, 2011 （4）：6 – 8.

［166］ 陈明. 企业文化、知识整合机制对企业间知识转移绩效的影响研究 ［J］. 科学学研究, 2009, 4 （27）：580 – 587.

［167］ 陈荣, 刘林. 基于资源基础观的物流能力及其灰色评价 ［J］. 技术经济, 2007 （3）：38 – 41.

［168］ 陈荣秋. 顾客中心的管理 ［J］. 管理学报, 2005, 2 （2）：138.

［169］ 陈信康, 兰斓. 基于消费者体验的产品创意维度构成及测量 ［J］. 管理评论, 2012 （6）：66 – 72.

［170］ 程晋石, 裴九芳. 3PL 企业物流能力灰色评价研究 ［J］. 安徽工程大学学报, 2011, 26 （1）：77 – 80.

［171］ 丁晶, 胡正华. 供应链物流能力的体系构建与评价系统研究 ［D］. 南京：南京航空航天大学, 2007 （5）：31 – 33.

［172］ 范哲, 朱庆华, 赵宇翔. Web 2.0 环境下 UGC 研究述评 ［J］. 图书情报工作, 2009, 53 （22）：60 – 63, 102.

［173］ 高忠义, 王永贵. 用户创新及其管理研究现状与展望 ［J］. 外国经济与管理, 2006 （4）：40 – 47.

［174］ 桂华明, 马士华. 供应链物流能力及提升途径研究 ［J］. 当代经济管理, 2007, 29

（4）：24－28.

[175] 国务院发展研究中心企业所. 振华重工成功之道［M］. 北京：机械工业出版社，2011.

[176] 贺厉锋. 食品制造企业物流能力分析与评价研究［D］. 北京：北京交通大学，2010.

[177] 黄海艳. 顾客参与对新产品开发绩效的影响：动态能力的中介机制［J］. 经济管理，2014（3）：87－97.

[178] 侯素霞，刘新铭. 模数数学在丹河水环境综合评价中的应用［J］. 生态环境，2008，17（4）：1411－1414.

[179] 侯艳红，王慧，马树建，等. 南水北调供应链最小订货承诺契约与灵活订货量契约研究［J］. 管理学报，2009，6（3）：299－302.

[180] 胡安辉. 供应链节点物流能力评价及协调研究［D］. 重庆：西南交通大学，2007.

[181] 胡东波，黎清毅. 努力水平影响需求的供应链收入共享契约研究［J］. 商业研究，2011（1）：63－68.

[182] 胡求光. 基于供应链的水产品物流评价指标体系构建［J］. 浙江工商职业技术学院学报，2009，8（2）：4－8.

[183] 胡世良. 产品创新实践与方法［J］. 信息网络，2010（6）：68－59.

[184] ［英］杰弗里·霍奇逊. 演化与制度［M］. 任荣华，等，译. 北京：中国人民大学出版社，2007.

[185] 纪雪洪，陈志祥，孙道银. 供应商参与、专用性投资与新产品开发绩效关系研究［J］. 管理评论，2015（3）：96－104.

[186] 蒋华，张淑君. 基于改进的 AHP 方法进行空调冷热源方案优选［J］. 流体机械，2005（5）：67－69.

[187] 姜君. 模糊综合评价模型——以白洋淀水环境质量评价为例［D］. 北京：首都师范大学，2011.

[188] 鞠彦辉，何毅. 社会化商务模式研究［J］. 现代情报，2012（11）：6－9.

[189] 孔婷，孙林岩，冯泰文. 营销—制造整合与新产品开发绩效关系实证研究——以新产品上市速度为中介变量［J］. 科技进步与对策，2014（22）：106－111.

[190] 梁雅丽，吴清烈. 基于能力的供应链物流优化途径研究［J］. 科技情报开发与经济，2007，17（3）：136－138.

[191] 李柏洲. 跨国企业集团的知识整合机制研究［J］. 科技进步与对策，2007，4（24）：156－159.

［192］利丰研究中心. 供应链管理: 香港利丰集团的实践 ［M］. 北京: 中国人民大学出版社, 2003.

［193］李海刚, 曲振斌, 孙臣臣. 知识管理系统接受行为对新产品开发绩效影响的实证研究 ［J］. 系统管理学报, 2014 (4): 472 - 480.

［194］李红, 吕本富, 申爱华. SNS 网站竞争生存及商业模式创新的关键因素实证研究 ［J］. 管理评论, 2012 (8): 79 - 87.

［195］李国鑫, 李一军, 李兵, 叶强. 我国电子商务用户网上购物行为的影响因素及其演变: 基于 2006 年与 2009 年数据的实证研究 ［J］. 管理评论, 2012 (7): 56 - 62.

［196］李隽波. 企业快速反应能力评价模型的构建 ［J］. 社会科学家, 2010, 9 (161): 116 - 122.

［197］李随成, 姜银浩. 用户参与产品创新的动因与方式 ［J］. 管理前沿, 2008 (1): 4 - 6.

［198］李随成, 姜银浩, 朱中华. 基于供应商参与的制造企业突破性产品创新研究 ［J］. 软科学, 2009 (1): 70 - 74.

［199］李随成, 高攀. 战略采购对制造企业知识获取的影响研究: 供应商网络视角研究 ［J］. 管理评论, 2012, 24 (6): 114 - 123.

［200］李随成, 李静, 杨婷. 基于供应商参与新产品开发的供应商选择影响因素分析及实证研究 ［J］. 管理评论, 2012, 24 (1): 146 - 154.

［201］李随成, 孟书魁, 谷珊珊. 供应商参与产品创新对制造企业技术创新能力的影响研究 ［J］. 研究与发展管理, 2009 (5): 1 - 10.

［202］李随成, 禹文钢. 制造商对供应商长期导向的前因作用机理研究 ［J］. 管理科学, 2011 (12): 79 - 92.

［203］李霞, 郭要梅, 宋维维. 用户参与产品开发对技术创新绩效的影响因素实证研究 ［J］. 北京邮电大学学报: 社会科学版, 2010 (6): 77 - 83.

［204］刘浩然. 供应商知识整合的产品创新绩效实证 ［J］. 工业工程与管理, 2007 (2): 29 - 34.

［205］刘洁莹. 微博传播力及其营销应用研究 ［J］. 新兴媒体, 2013 (2): 75 - 77.

［206］刘小群, 马士华, 基于供应链绩效的企业物流能力量化分析 ［J］. 系统工程理论方法应用, 2006, 15 (6): 490 - 494.

［207］刘先勇, 袁长迎, 段宝福, 等. SPSS 10.0 统计分析软件与应用 ［M］. 北京: 国防工业出版社, 2002: 102 - 103.

［208］刘洋, 叶静思. 成都市各区县物流能力评价——基于因子分析法 ［J］. 现代商业, 2011 (9).

［209］刘志学．现代物流手册［M］．北京：中国财富出版社，2001．

［210］李晓梅，刘志新．我国基金经理投资口碑效应研究［J］．管理评论，2012，24
（3）：17－23．

［211］卢云帆，鲁耀斌，林家宝，亓小林．社会化商务中顾客在线沟通研究：影响因素和
作用规律［J］．管理评论，2014（4）：111－121．

［212］马慧，杨德礼，王建军．随机需求下基于商业信用的回购与收入共享联合契约协调
研究［J］．运筹与决策，2011，20（5）：79－84．

［213］马士华，陈铁巍．基于供应链的物流服务能力构成要素及评价方法研究［J］．计算
机集成制造系统，2007（14）：744－750．

［214］马士华，陈习勇．供应链环境下的物流能力构成及特性研究［J］．管理学报，2004，
1（1）：107－111．

［215］马士华，孟庆鑫．供应链物流能力的研究现状及发展趋势［J］．计算机集成制造系
统，2005（3）：301－307．

［216］马士华，林勇，陈志祥．供应链管理［M］．北京：机械工业出版社，2000：37－67．

［217］马士华，赵婷婷．物流能力要素与供应链绩效关系实证研究［J］．工业工程与管
理，2007（5）：105－109．

［218］宁磊．汽车企业供应链物流能力研究［D］．武汉：武汉理工大学，2007．

［219］潘佳，刘益，李瑶．顾客参与新产品开发中顾客角色探究［J］．科技管理研究，
2014（24）：75－80．

［220］秦远建，袁鹏程．面向产品创新的供应链性能评价体系研究［J］．现代管理科学，
2006（2）：9－11．

［221］任重．基于开源软件的用户创新动机研究综述［J］．四川理工学院学报，2012，27
（2）：51－55．

［222］闰秀霞，孙林岩，王侃昌．物流能力成熟度模型研究［J］．管理学报，2005，2
（5）：551－554．

［223］单福彬．基于灰色层次分析法的第三方物流企业服务能力评价研究［J］．廊坊师范
学院党报：自然科学版，2011（8）：77－80．

［224］申风平，田志伟，张鹏．基于产品需求类型的供应链精敏能力分析［J］．中国管理
信息化，2010，13（16）：93－95．

［225］申文，马士华．基于时间的供应链物流运作能力计划模型研究［J］．运筹与管理，
2007（3）：20－25．

［226］宋伟．提高物流能力是企业发展的新战略［C］．中国（福州）国际现代物流研讨

会，2005.

[227] 苏芬媛. 网络虚拟社区的形成：MUD之初探性研究［D］. 台湾：交通大学传播新闻所，1996.

[228] ［美］唐纳德·J. 鲍尔索克斯，戴维·J. 克劳斯. 物流管理——供应链过程的一体化［M］. 1版. 林国龙，宋柏，沙梅，译. 北京：机械工业出版社，2002：3-5.

[229] 唐要家，唐春晖，杨坦能. 电信主导运营商价格压榨的竞争效应［J］. 中国工业经济，2012（4）：37-49.

[230] 陶晓波，宋卓昭，张欣瑞，吕一林. 网络负面口碑对消费者态度影响的实证研究——兼论企业的应对策略［J］. 管理评论，2013，25（3）：101-110.

[231] 谭佳音，李波. 零售商公平关切对收益共享契约供应链协调作用的影响研究［J］. 华东经济管理，2012，26（6）：118-121.

[232] 王侃昌，闫秀霞，同建民. 物流能力成熟度模型研究［J］. 商业研究，2006（4）：171-174.

[233] 王莉，方澜，王方华，等. 网络环境下客户参与对产品开发绩效的影响研究［J］. 管理工程学报，2007（4）：95-135.

[234] 汪鸣，冯浩. 我国物流业发展的政策研究［M］. 北京：中国计划出版社，2002.

[235] 汪涛，郭锐. 顾客参与对新产品开发作用机理研究［J］. 科学学研究，2010（9）：1383-1387，1412.

[236] 汪涛何，昊诸凡. 新产品开发中的消费者创意［J］. 管理世界，2012（2）：80-91.

[237] 王霞，牛海鹏. 企业微博营销中品牌曝光度对网络口碑的影响研究［J］. 管理评论，2013，25（5）：116-122，135.

[238] 王杨，杨佳. 突发事件应急物流保障能力评价研究［J］. 物流工程与管理，2011，10（208）：108.

[239] 王振兴. 供应链契约研究进展综述［J］. 商业时代，2012（8）：33-34.

[240] 昊隽. 第三方物流企业能力成熟研究［J］. 中国软科学，2009（11）：139-146.

[241] 巫汝春. 港口物流能力评价体系研究［D］. 武汉：武汉理工大学，2008.

[242] 吴明隆. 结构方程模型［M］. 重庆：重庆大学出版社，2009.

[243] 吴伟. 企业产品创新过程中的用户参与机制研究［J］. 开发研究，2010（4）：130-133.

[244] 吴伟. 产品创新中用户参与的动力机制研究［J］. 技术经济与管理研究，2010（6）：79-83.

[245] 吴伟. 我国企业吸纳用户参与新产品开发的对策研究［J］. 科技管理研究，2010（12）：143-146.

［246］吴永林，李雅荣．特斯拉、比亚迪与 Better Place 的协同创新战略比较［J］．企业管理，2015（5）：69－72．

［247］谢毅，彭泗清．品牌信任和品牌情感对口碑传播的影响：态度和态度不确定性的作用［J］．管理评论，2014（2）：80－91．

［248］徐和清．消费者参与制造企业产品创新研究［J］．消费经济，2010，26（3）：46－49．

［249］徐岚．顾客为什么参与创造？——消费者参与创造的动机研究［J］．心理学报，2007（2）：343－354．

［250］杨丽英，韦新梅．浅谈企业产品微博营销策略［J］．经济视角，2011（4）：39－40．

［251］杨曦东．战略导向、组织学习对产品创新的影响研究［J］．管理评论，2010（4）：47－54．

［252］杨依依，陈荣秋．从封闭创新到开放创新——顾客角色、价值及管理对策［J］．科学学与科学技术管理，2008（3）：115－119，182．

［253］姚山季，王永贵．顾客参与新产品开发的绩效影响：产品创新类型的调节效应［J］．商业经济与管理，2011（5）：89－96．

［254］姚山季，王永贵．顾客参与新产品开发对企业技术创新绩效的影响机制——基于 B2B 情境下的实证研究［J］．科学学与科学技术管理，2011（5）：34－41．

［256］姚山季，王永贵，来尧静．顾客参与新产品开发及其结果影响的综述［J］．科技管理研究，2011（7）：221－224．

［257］姚山季，王永贵．顾客参与新产品开发及其绩效影响：关系嵌入的中介机制［J］．管理工程学报，2012（4）：39－48，83．

［258］虞晓芬，傅玳．多指标综合评价方法综述［J］．知识丛林，2004，1（179）：117－120．

［259］［美］约瑟夫·熊彼特．经济发展理论——财富创新的秘密［M］．杜贞旭，等，译．北京：中国商业出版社，2009．

［260］张诚．基于模糊物元的中部六省物流能力分析［J］．中国流通经济，2011（4）：25－29．

［261］张德茗．企业隐性知识学习与沟通机制研究［D］．长沙：中南大学，2006．

［262］张德鹏，张凤华．顾客参与创新激励体系模型构建及策略研究［J］．商业研究，2013（4）：63－67．

［263］张光明．物流能力对物流绩效作用机理研究［J］．科技管理研究，2006（11）：210－212．

［264］张军，高成冲，宋爱平．供应链管理（SCM）的协同品质评价的研究［J］．机械制造与研究，2004（11）．

［265］张冕，鲁耀斌．文化认同对社会化商务用户行为的影响研究［J］．华东经济管理，

2014 (5): 105 - 108, 148.

[266] 张颂. 基于虚拟社区的用户创新网络构建 [J]. 管理学刊, 2012, 25 (2): 88 - 91.

[267] 张晞. 微博营销 [J]. 企业管理, 2010 (11): 84 - 87.

[268] 张晓飞, 董大海. 网络口碑传播机制研究述评 [J]. 管理评论, 2011 (2): 88 - 92.

[269] 张欣, 姚山季, 王永贵. 顾客参与新产品开发的驱动因素: 关系视角的影响机制 [J]. 管理评论, 2014 (5): 99 - 110.

[270] 张新国, 陈漫. 顾客参与、战略柔性与产品创新关系研究 [J]. 科技进步与对策, 2014 (12): 105 - 109.

[271] 张永成. 开放式创新下的组织网络能力建构 [D]. 沈阳: 东北大学, 2011.

[272] 赵天智, 金以慧. 供应链协调控制机制 [J]. 清华大学学报: 自然科学版, 2001, 41 (10): 19 - 22.

[273] 周健明, 陈明, 刘云枫. 知识惯性、知识整合与新产品开发绩效研究 [J]. 科学学研究, 2014 (10): 1531 - 1538, 1551.

[274] 周涛, 鲁耀斌, 张金隆. 移动商务网站关键成功因素研究 [J]. 管理评论, 2011 (6): 61 - 67.

[275] 朱德全, 宋乃庆. 教育统计与测评技术 [M]. 重庆: 西南师范大学出版社, 2008.

[276] 朱桂芳. 浅议物质激励与精神激励 [J]. 科技情报开发与经济, 2008 (16): 165 - 167.

[277] [日] 竹内弘高, 野中郁次郎. 知识创造的螺旋——知识管理理论与案例研究 [M]. 李梦, 译. 北京: 知识产权出版社, 2006: 45 - 150.